현대해양 · 이주홍문학재단 공동기획

향파 이주홍 선생의 다양한 편모

- 해양인문학의 뿌리를 찾아서

책머리에

향파 선생이 돌아가신 지가 벌써 35년이 지났다. 살아 생전에 시작되었던 향파 아동문학상 시상식도 42회째를 지났으니, 세월의 흐름은 어찌할 수 없는 모양이다. 한 문학인이 남긴 문학의 세계는 시간의 흐름에 따라 깊고 넓어져 가기 마련이다. 한 문학인이 남긴 작품들이 오고 오는 세대에 새롭게 읽혀지고 해석되기 때문이다.

그런데 향파 선생의 경우는 시간이 지날수록 그가 남긴 문학에 대한 연구나 논의가 깊고 넓어져 나가기보다는 점점 쇠하여져 가는 형편이다. 부산지역 문학사로 볼 때, 향파 이주홍 선생이 남겨놓은 부산 문학사에서의 흔적은 결코 가볍지 않은데 왜 이런 현상이 계속되고 있는가? 전통적인 책에 의존하는 문학을 문화의 변방으로 내몰아버린 영상시대의 특성 때문이기도 하다. 그러나 좀 더 깊이 생각해보면, 지역문학 연구자들의 태만이 더 큰 원인이다. 자기가 활동하고 있는 지역문학의 토대에 대한 근원적 관심이 덜했기 때문이다. 지역문화에 대한 제대로 된 인식의 부족함이 더 큰 문제라는 것이다. 지역 공동체가 함께 보전하고 가꾸고 키워나가야 할 지역 정신사의 일부를 내팽개쳐온 형국이다. 이러한 지역문학의 파행적인 현실들은 이곳 저곳에서 산견된다. 제대로 된 부산 지역문학사도 아직 존재하지 않으며, 부산지역 문학의 대표격인 향파와 요산에 대한 평전도 아직 내놓지 못한 곳이 부산이다. 이는 참으로 부끄러운 일 중의 하나이다. 문학정신을 기리기 위해 문학관은 마련해서 운영하고 있으면서, 그 주인공인 문인의 평전도 마련하지 못했다는 것은 어떤 이유로 설명해도, 그것은 변명이 될 수밖에 없다. 필자 역시 지역에서 활동하고 있는 연구자의 한 사람으로서 책임을 통감한다.

이러한 지역 문학에 대한 부채의식은 오랜 동안 필자의 마음을 힘들게 해왔다.

그러나 그 과제를 온전히 풀어낼 역량과 시간을 제대로 갖지 못했다. 오직 힘든 과제로만 남아 있었다. 그런데 월간《현대해양》에서 <향파와 해양인문학>을 논의해볼 기회가 생겼다. 이 원고들을 그 동안 몇 년째 연재해오면서 단편적이나마 향파 이주홍 선생의 면모를 조금이나마 정리할 수 있었다. 온전한 전모의 파악은 아직도 먼 상태이지만, 이 원고들을 모아 일차적으로 향파의 편모라도 내보이는 것이 지역문학 연구자의 도리라고 생각하여, 이 어설픈 원고들을 한 권의 책으로 묶게 되었다. 빈 곳도 많고 더 섭렵해야 할 자료들도 아직 많이 남아있어 아쉽기만 하다.

    1부는 해양문학에 대한 관심을 제일 먼저 구체적으로 논의한 향파의 논의들을 해양인문학이란 관점에서 정리한 내용이고. 2부는 향파의 작품 중 주로 동화를 중심으로 그의 문학작품을 인문학적 관점에서 해석해본 것이다. 3부는 향파가 주관하고 발행해왔던 매체를 중심으로 그 매체들의 성격과 의미들을 살펴보았다. 4부는 향파의 삶과 문학을 간략하게 개관해본 것이다. 향파 선생의 다양한 편모들이 모여 앞으로 전모를 보여줄 수 있는 평전의 토대가 될 수 있는 계기가 된다면 하는 기대를 해보지만, 시간과 건강이 이를 담보해줄 수 있을지 가늠할 수는 없다.

    덜 익은 원고들을 추슬러 한 권의 책으로 엮어낸《현대해양》송영택 대표와 출판실무를 맡아 수고한 박종면 국장과 김엘진 기자에게 고마움을 전한다.

2022. 6. 1
부산의 여름 바다가 열리는 날에
남송우

추천사

향파 선생이 남긴 해양인문학 정신이 새롭게 조명되길

류청로 이주홍문학재단 이사장·부경대 명예교수

필자는 70학번으로 부산수산대학에 입학하고서 20대 초반의 당찬 패기로 마치 무법자처럼 교정을 누비고 다녔다. 그때 향파 선생은 늘 하늘, 수평선에 시선을 고정한 채 교정을 걷고 있었던 모습으로 머릿속에 남아 있다.

향파 선생은 71년 8월에 정년퇴임하였기에 필자와의 만남은 짧았지만, 남겨진 인상은 강렬했다. 향파 선생은 대한민국의 건국과 격변기, 그리고 산업화 시대에 바다의 아들을 키워내던 부산수산대학에서 국어를 가르치며 일생을 보낸 분이다. 그 시절 그는 수산–해양계 대학에서 국어를 가르치는 유일한 정교수였고, 전공학과에 소속되지 않은 유일한 교수였다. 어떤 교수가 대학에서 교육자로, 예술가로, 문학자로 이만큼 성실한 삶을 보여줄 수 있었을까? 향파 선생의 삶의 방식, 교육의 방식, 문학과 예술의 방식은 매우 특별하였다.

그는 거칠고, 가난하고, 열정과 패기만 가득 찬 무법자 같은 수산대 학생들을 그대로 인정하고 관조자의 입장을 지켜 주었던 좋은 선생님이었다. 선생님 자신이 문학의 모든 분야, 서화, 출판, 연극에 이르기까지 탁월한 재능을 몸소 학생들에게 보여주면서 전파하는 모습은 누구나 흉내 내기 어려운 것이었다.

작은 대학 그러나 대한민국 유일의 수산대학, 그 시절 그는 우리를 무법자들이라고 부르며, 어루만지고 해양인문학의 샘물로 패기와 도전과 정의라는 무기를 장착해 주었다. 향파 선생은 '수대학보'와 학예지 '백경' 등 정기간행물은 물론, '백경극회', 해양문학회 등의 동아리, 미술, 서예 부문에 이르기까지 학생들의 문학, 문예 분야에 일일이 관여하면서 지도와 지원의 틀을 짜 주었다. 필자가 연극부에 가입해 학생들은 '모비딕', '탈선 춘향전' 등 수많은 무대를 향파 선생님과 같이했지만, 왜 수산대생이 연극에 열심인지에 대해서는 누구도 이의를 제기하지 않았다. 진주 개천예술제에서 우리 공연이 극찬을 받았을 때, 우리 모두는 적지 않게 당황했었다. 이 행사의 심사위원 중 한 사람이 당대 희곡-연극계를 선도했던 차범석 교수였기 때문이다. 대학에서 '백경-모비딕'이라는 대작을 공연한 것,

지금 생각해 보면 파격의 예술을 대학생들이 해내고 있었던 것이다. 그것도 아무것도 모르는 극본 초보가 바다와 관련된 전공을 수행하고 있다는 패기 하나로 대본을 고쳐서 격을 파괴하도록 허락해 준 것부터가 향파 선생의 포용이 아니었겠는가? 지금 와서 생각해 보면, 우리는 한국연극을 반세기나 앞서서 시험하고 있었고, 겁 없이 극을 파괴하는 무법자들이었다.

향파 선생은 그런 모습조차도 관조하는 모습으로 지켜봐 주셨다. 아니 그렇게 철저하게 이끄신 것 같다. 향파라는 거목이 버티고 있었기에 우리는 그 아래에서 자유로울 수 있었다. 향파는 우리에게 인문학 시스템을 다 갖춘 대학 캠퍼스보다 훨씬 더 튼튼한 문학, 예술의 맛을 느낄 수 있는 기회를 제공하면서 학생들이 싫어하지 않을 정도로만 관여하였다. 뿐만 아니라, 모든 학보, 학예지의 표지부터 서

시, 연극 팜플랫부터 당대 최고위 수산학자들의 개인사에 이르기까지 치밀하고 자상하게 좋은 글로 수산대학을 아니 바다를 예찬해 주었다. 향파는 이 시대 진정한 해양인문학의 창시자고 지휘자였다.

그의 시, 소설, 수필, 아동문학에 등장하는 바다는 매우 다양하다. 향파의 바다는 새우부터 고래까지, 수평선에서 방파제까지, 섬과 갯마을에서 항구도시 부두까지, 행진곡에서 연가(갈매기처녀: 이미자)에 이르기까지 모든 것이 담겨 있었다.

필자는 향파 이주홍 선생이 만들어 놓은 마르지 않는 샘터에서 많이 즐기고 놀았던 무법자였다. 해양문학회에서 시, 소설, 희곡, 연극부에서 연출과 희곡을 손질하면서 대금연주를 특기로 하였다. 어떤 연극경연에서 당시의 유일한 음향기기인 녹음기가 갑자기 고장이 나는 바람에 극의 음향을 대금 하나로, 그것도 무대 뒤에서 진땀을 흘리며 즉흥적인 연주로 극을 마무리 한 기억도 있다.

수산대생이 전국대학생 글짓기 대회에 당당히 입상하는가 하면, 대학학보라는 유일한 문학마당에서 수상한 학술상, 원양실습기 필화사건에 이르기까지 나는 향파 선생이 마련한 무대를 마음껏 누리고 즐긴 무법자였다. 향파 선생이 없었다면 이런 마당은 애초에 존재할 수 없었다. 향파 선생은 그렇게 무법자들에게 인문학적 소양을 심어준 깊은 바다의 마르지 않는 샘이었고 구난 전문가였다. "바다에 너희의 삶이 있고 바다가 너희들의 무대이니, 그곳에 반드시 바다문학이 있을 것이라."

내가 수산대학의 마지막 제자, 마지막 무법자라면 이제 향파 선생을 세상에 좀 더 드러내야 할 책임이 있다. 그는 바다를 전문으로 하는 모든 이들과 가장 친하게 교분하고 소통한 아동문학가, 소설가, 예술인이었다.

그의 논리대로라면 그 자신이 이미 바다문학, 바다 예술가였다. 한국에 이런 교육자, 해양인문학자가 존재했다는 것을 지금까지 돌아보지를 못했다. 그가 우리를 관조하였듯이 이제 우리가 그를 관조하는 일을 시작해야 한다. 이런 시점에서 남송우 교수가 그 동안 《현대해양》에 연재한 향파의 해양인문학에 대한 글들을 다시 재구성하여 『향파 이주홍 선생의 다양한 편모』를 출간하게 되어 다행스럽게 생각한다. 이를 매개로 향파 선생이 남긴 해양인문학의 정신이 새롭게 조명되길 기대해본다. 이와 함께 아직도 여전히 깊이 묻혀있는 향파 선생이 남긴 다양한 작품들이 제대로 평가되는 계기가 마련되길 함께 기원한다.

목차

Ⅰ. 향파와 해양인문학

향파 이주홍과 유년의 문학 수업   12
해양문학을 통해 해양인문학에 이르는 길   19
향파 선생의 바다인식   24
바다는 생명의 원천이자 생명을 삼키는 공간   28
죽음을 넘어선 바다에 대한 집념   33
바다를 향한 관심은 노래가사 작시로 번져   37
바다로 나아가는 청년상   41
물고기를 의인화한 동화의 세계   45
멸치 이야기   49
동화 「꼬리 긴 물고기」에 나타난 동심   53
숭어와 광어 탄생 이야기   57
동시 속의 바다 노래   61
「아침 새우」에 나타난 동화적 상상력   66

Ⅱ. 향파 문학과 인문정신

인문학으로서의 문학   74
등단작품 「배암새끼의 무도」가 지니는 의미   78
개구리와 두꺼비 이야기의 현재성   83
연극활동과 인문교육 정신   88
향파가 생각하는 문학정신이란?   92
소설 속 일상에 부대끼는 인간상   97
수필에서 확인하는 시적 감수성   101
방파제에서 펼쳐진 사랑 이야기   105
「섬에서 온 아이」 속에 숨긴 동심   110
「청어 뼈다귀」에 얽힌 가난한 이들의 삶의 실체   115
소년소설 「도둑섬과 김장군」에 나타나는 영웅담   119

소년소설 「아름다운 고향」에 나타나는 역사의식	124
「피리부는 소년」에 나타난 고통의 의미	129
역사 속 인물을 인문정신으로 재구성	134
이순신 장군을 활용한 어린이용 연극	138
「메아리」에 담긴 생태학적 사유	143
이주홍이 그려낸 어머니상	148
개미가 부지런해진 사연	153
소가 된 게으름뱅이 이야기	159
「우렁이 아내」가 주는 현재적 의미	164
소년소설「정만서 무전여행기」에 나타난 익살들	169

Ⅲ. 향파와 매체

『갈숲』에 스민 향파의 인생 가을 내음	176
『갈숲』에 실린 향파의 일기가 지닌 문화사적 의의 (1)	181
『갈숲』에 실린 향파의 일기가 지닌 문화사적 의의 (2)	186
『갈숲』에 실린 향파의 일기가 지닌 문화사적 의의 (3)	191
『갈숲』에 실린 향파의 일기가 지닌 문화사적 의의 (4)	196
1960년대 《문학 시대》가 지닌 문예지로서의 성격	201
향파 이주홍 선생이 주관한 동인지 《윤좌》	255
《윤좌》 속에 남겨진 향파 선생의 흔적 (1)	332
《윤좌》에 남겨진 향파 선생의 흔적 (2)	337

Ⅳ. 향파의 삶과 문학

향파 이주홍의 삶과 문학	344
향파와 요산 문학의 근저 더듬기	371
향파 이주홍과 소파 방정환	397

I.
항파와 해양인문학

향파 이주홍과 유년의 문학 수업

향파는 1906년 경남 합천에서 태어나 1987년 부산에서 작고하기까지 80여년의 생애는 외세의 침략과 식민지 지식인으로서의 삶을 살았고, 해방기의 좌우익의 이데올로기의 대립과 한국전쟁을 겪으면서, 인간의 삶의 본질을 시, 소설, 수필, 희곡, 회화, 서예 등 다양한 예술적 장르를 통해 형상화시켰다.

향파의 문학활동은 60년에 이르고, 그가 남긴 작품집만도 200여 권이 넘는다. 한국문학사에서 보기 드문 문학적 자취를 남긴 작가이다. 그런데 향파에 대한 평가는 그렇게 다양하게 이루어지지 못했다. 그 이유는 여러 가지가 있겠지만, 해방후 부산으로 근거지를 옮겨 지역에서 활동을 평생 해왔다는 점과 그가 문학 전 장르에 걸쳐 다양한 작업을 했기에 총체적인 평가가 제대로 이루어지지 못했기 때문이다. 그리고 소설가로서보다는 아동문학가로서의 활동이 부각되었기 때문으로 보인다.

그런데 다행이 그가 남긴 자료들이 정리되어 부산에는 향파 이주홍 문학관이, 합천에는 향파 이주홍 아동문학관이 개관됨으로써 향파에 대한 평가작업을 위한 토대를 어느 정도는 갖추고 있어 다행이다. 그는 부산의 소설문학과 아동문학 그리고 희곡문학에 지대한 영향을 끼친 부산 문단의 거목이다. 평생 그가 교육자로서의 길을 걸었다는 점에서 그가 남긴 아동문학의 현장성과 현실성이 지닌 교육적 가치는 한국 아동문학사에서 높이 평가될 수밖에 없다. 이러한 그의 문학적 토대를 이해하기 위해서 그의 유년의 문학 수업에 대해 살펴본다.

한 작가의 문학적 토대는 그의 유년의 삶의 공간과는 떼어놓을 수 없는 깊은 상관관계를 지닌다. 유년기의 삶의 체험이 한 문학가의 토대를 형성하기 때문이다. 유년기 고향의 산천도 그러한 중요한 하나의 요소이지만, 그가 기거했던 집은 더욱 내밀한 연관성을 유지한다. 삶의 터전이요, 자신의 꿈의 산실과 같은 공간이었기 때문이다. 그래서 오랜 세월이 지난 이후에도 그 집은 가슴 깊이 자리하고 있다. 향파 선생이 성장한 이후에 그려본 「舊家幻想」은 단순한 시골의 초가집이 아니었다.

나는 그 초가집에서 물러나지 않을 것이다. 여름이면 썩은 지붕에 피(稗)가 자라고, 겨울이면 참새들이 처마를 쑤시던 집, 거기서 대부분의 뜨는 해를 보고, 거기서 대부분의 지는 달을 본 집. 거기서 여동생이 장티푸스로 죽고 거기서 어린 맏이가 경풍으로 죽었다 하더라도 아버지 어머니로부터 꾸중을 듣고 치사를 듣고 했던 집. 원고지 쓰는 법을 익히고 호롱불에 콧구멍이 까맣도록 바이올린에 열중했던 그 집. 신작로에서 자갈을 밟고 오르면 타작마당 끝에 포플라 한 그루가 서 있고 아래가 논인 좁은 길을 걸어 바른쪽으로 꺾인 돌층계를 올라 다시 바른쪽으로 돌아서면 나직한 대사립문이 반기는 합천군 합천면 금양리 공공번지 아랫 배양골의 외딴집. 한국 전토를 청기와로 단장하란대도 나는 내 어린 시절이 잠들고 있는 그 초가집을 고스란히 지키고 있을 것이다.

「舊家幻想」 중에서

그러나 향파 선생의 경우는 집만이 문학적 꿈을 간직하게 한 공간은 아니었다. 그가 딩굴던 초원 역시 그의 문학적 꿈의 산실이었다.

열 대여섯 살 됨직한 어린 소년은 풀밭에 누워서 잡지를 보느라 삼매경에 들어 있다. 소년은 가끔 얼굴 위로부터 책을 걷고는 공상에 잠긴 맑은 눈으로 바다빛 푸른 하늘을 쳐다본다. 어디선지 뻐꾸기 소리가 흘러온다. 함박꽃처럼 피어오르는 하얀 구름송이에 눈이 지치면 소년은 가벼운 한숨을 남기면서 다시 책을 얼굴로 가져간다. 눈으로 보이는 실재 외에 세상에는 또 하나의 세계가 존재한다는 것을 소년은 이 때에 다시 한 번 확신한다. <예술세계>, 이런 사치스런 어휘를 쓸 수 있는 소년은 아니었다. 그러나 적어도 그런 걸 거라는 것만은 스스로 규정하고 또 자신했다. 시라는 것이 뭣인가를 소년은 알만했다. 이것은 경이의 개안이었다. 인간은 시라는 세계에도 참여할 수 있는 또 하나의 의미, 신통한 영물이란 것을 소년은 발견했다. 소년의 눈빛은 놀라리만치 광채를 뽐내고 가슴은 뿌듯하게 부풀어 올랐다. -중략- 시라는 글자에서 오는 실감이 이렇듯 향기롭고 황홀한 것이었을 줄은 물론 소년으로서는 상상도 못하던 일이었다. 인간으로 태어난 고마움과 기쁨을 소년은 비로소 만끽했다. 기미 만세 다음 해인 1921 여름의 어느 오후의 일이었던가. 빈한하고 고독하던 소년 이주홍은 그 때 풀밭에 누워서 시 잡지《금성》을 읽고 있었다.

「예술과 인생」 중에서

향파 선생이 고향의 풀밭에 누워서 읽었다는《금성》은 사실 1923년 손진태(孫晉泰)·양주동(梁柱東)·백기만(白基萬)·유엽(柳葉, 또는 柳春燮) 등이 창작시와 해외시의 소개와 번역을 위하여 창간한 동인지이다. 편집인 겸 인쇄에 유엽, 발행인에 일본인 야나미사와 미치코(柳美澤美子), 장정은 안석주(安碩柱)가 맡았다. 그런데 이 동인지인 잡지는 1923년 11월 9일 대동인쇄주식회사에서 인쇄하여 그 해 11월 10일 금성사에서 발행하였고, 1925년 5월 통권 제3호로 종간되었다. 그러므로 향파 선생이 1921년 여름인가라고 회상하고 있는 연도는 1923년 이후로 추정해야 맞을 것 같다. 제2호(신년 특대호, 전 118면)는 1924년 1월 25일 발행되었고, 제3호는 1924년 5월 24일 발행되었으니, 읽은 책이 창간호인지 2, 3호인지 확실하지는 않다.

발행 동기는 당시 일본 와세다대학(早稻田大學) 문과에 다니던 문예동인들이 여름방학으로 귀국하였는데, 마침 관동대지진이 발생하여 험악해진 일본 국내 사정 때문에 일본으로 건너가지 못하고 서울에 모여《금성》지의 발간에 착수하였다. 2호는 인쇄소가 한성도서주식회사로 바뀌었고, 3호 때는 편집인은 양주동, 저작 겸 발행인은 일본인 야마구치(山口誠子)였는데, 이상백(李相佰)과 이장희(李章熙)가 새로 동인으로 가담했다. 창간 이래로 실무는 거의 유엽이 처리했는데, 제3호에 와서 양주동이 편집 책임을 맡았다.

금성이라는 제호는 여명을 상징하는 샛별의 뜻과, 사랑의 여신 비너스(Venus)의 뜻을 합친 것으로, 여기서 《금성》 동인들의 청년다운 낭만적 취향과 분위기를 짐작할 수 있다. 창간호의 <육호잡기 六號雜記>(편집후기에 해당)에는 《금성》지가 "시가요조(詩歌謠調)의 창작과 특히 외국 시인의 작품 소개와 번역, 기타 소품을 중심으로 엮어진다."고 밝히고 있다.

주요 내용은 청소년적인 낭만을 읊은 시작품들이 대부분의 지면을 차지하였으며, 「기몽 記夢」·「꿈노래」(양주동의 처녀작)·「영원의 비밀」(이상 창간호)·「악도 惡禱」(제2호)·「풍경」(제3호) 등 양주동의 시작품들, 그리고 백기만의 「꿈의 예찬」>(창간호)·「거화 炬火」(제2호)·「은행나무 그늘」(제3호) 등이 있다.

또한 유엽의 「낙엽」(창간호)·「감상(感傷)의 단편」·「소녀의 죽음」, 손진태의 「만수산(萬壽山)에서」(창간호)·「처녀의 비밀」(제2호), 이장희의 「실바람 지나간 뒤」(제3호), 이상백의 「내 무덤」(제3호) 등으로, 모두 낭만적 기질과 감정을 표현한 것들이다.

표현상의 특징으로서는 시적 감흥의 직설적 토로나 서술로 인하여 탄력성이 떨어지는 약점은 있으나, 한편, 백기만의 「청개구리」(창간호)와 손진태의 「별똥」(제2호)·「키쓰와 포옹」(제3호) 등은 동시(童詩)의 창작을 시도한 점에서 흥미를 끈다.

그래서 《금성》은 일정한 사조나 주의를 내세우지 않고, 눈에 뜨일 만한 동인들의 공통 경향도 없었다. 당시의 문단을 풍미했던 우울·퇴폐·감상에서 벗어나 보다 밝고 건강한 분위기의 작품을 싣고 있다. 이 점이 《금성》의 특색이라면 특색이라 할 수 있다고 일반적으로 평하고 있다. 이런 면에서 《금성》은 《창조》·《폐허》·《백조》에 이어 다음 세대의 문학적 관심을 집약하고 창작과 번역을 겸한 동인지였다고 볼 수 있다.

시가 중심이었던 《금성》을 통해 세상을 새롭게 개안하던 어린 시절을 회상하고 있는 향파의 수필은 그의 문학적 근저의 한 부분을 읽어낼 수 있는 부분이다. 시를 통해 예술세계가 있다는 또 다른 세계에 대한 인식은 그를 예술가의 삶으로 이끈 동인이었다고 본다. 그런데 꿈만 꾼다고 예술가로 변신할 수 있는 것은 아니다. 문학가는 실제적인 글쓰기의 과정을 통과해야 한다. 이런 측면에서 향파의 유년의 학습은 그의 문학적 토대를 이해할 수 잇는 아주 중요한 선이해가 된다.

서당에서는 첨 동문선습으로부터 시작해서 통감, 논어, 맹자, 중용 그리고 여름엔 연주시와 고문진보를 배우면서 훈장님이 시키는 대로 한시를 지었다. 엄청나게 무리한 분량으로 배우기도 했거니와 몇 시간을 달아 훈장 앞에 꿇어 앉아서 논어 20권을 한자의 빠짐없이 암송했었던 것을 생각하면 당시의 서당교육이 얼마나 잔인한 주입식이었던가를 짐작할 수 있다.

그러나 여름 동안의 시작 시간만은 한없이 재미가 났었다. 훈장은 때마다 나의 시에 관주와 비점을 찍으면서 극구하여 칭찬을 해 주시었다. 때문에 이 동안만은 동무 아이들로부터 猜疑와 敬遠의 적이 되어야 하는 것도 어찌할 수 없는 노릇이었다. 이 때가 내게 있어서 제일 행복한 때이기도 했거니와 아버님께서 이 불초자에게 가장 큰 기대를 가지셨던 것도 이때를 빼놓고는 다시 없으리라 생각된다.

「예술과 인생」 중에서

공식적인 공부의 시작이 서당으로부터 비롯되었다는 것은 향파의 문학적 자양분이 동양의 고전에 뿌리할 수밖에 없었던 이유이기도 하다. 특히 시에 대한 재질과 기량은 그의 문학의 토대가 되었음도 짐작해볼 수 있다. 그러므로 향파의 다양한 작품 속에 등장하는 문학적 세계들은 그의 이러한 유년의 꿈들이 문학적 세계로 재창조된 것임을 이해할 수 있다.

해양문학을 통해 해양인문학에 이르는 길

　세계 각국이 바다로 관심을 돌리기 시작하면서, 신해양시대가 전개되고 있다. 바다가 새로운 경쟁의 영역이 되고 있다. 삼면이 바다이면서, 반도국인 한국 역시 신해양시대를 적극적으로 열어나가야 할 지리적 조건을 갖추고 있기에 바다에 대한 관심이 고조되고 있다. 그러나 지금까지 육지 중심의 사유를 지속해온 인류는 바다 역시 육지를 대했던 태도와 시선으로 바다를 바라보는 선에서 크게 벗어나지 못하고 있다.

　이는 신해양시대에는 어떤 시각으로 바다를 인식하고, 이해해야 할지에 대한 근원적 고민을 하지 못한 결과이다. 바다가 지구촌의 70% 이상을 차지하고 있다는 사실에서부터 우리는 그 동안의 육지 중심의 사유로부터 벗어나야 한다.

　특히 지구촌의 생태계가 전체적으로 파괴되어 여러 문제를 야기하고 있는 현실 속에서는 바다를 새롭게 인식하고, 육지와 바다를 함께 사유할 수 있는 시선이 필요하다. 그렇지 않고는 지구촌이 직면한 생태계파괴를 근원적으로 해결하기가 힘들기 때문이다.

이런 관점에서 최근 논의들이 일기 시작한 해양인문학은 새롭게 모색해 나가야 할 영역이다. 육지 중심의 사유가 남긴 갈등과 문제를 바다가 지니고 있는 원형적 이미지를 중심으로 인간이 추구해야 할 삶의 가치를 모색해 나간다는 것이다.

그런데 해양인문학을 구체화해 나가는 과정에서, 우리가 고려하고, 논의의 중심에 놓아야 할 요소의 하나가 해양문학이다. 바다에서 혹은 바다와 관련된 수많은 경험을 바탕으로 한 이야기들은 인간의 삶에 있어서, 어떤 삶이 우리가 지향해야 할 삶의 방향인지 사유할 수 있는 근거를 제공해 주기 때문이다.

이런 점에서 논의의 대상이 될 수밖에 없는 인물이 향파 이주홍 선생이다. 향파 이주홍 선생은 1949년 이후 부산수산대학(현 부경대학교)에 재직하면서, 바다로 나아가 일할 학생들을 가르쳤다. 해방 이후 일차산업도 제대로 활성화되어 있지 못한 시절에 수산업에 종사할 전문 인재들을 교육하면서 문학을 중심으로 학생들의 가슴에 꿈과 비전을 심어주었다.

그러므로 향파 선생의 관심은 일차적으로 바다로 향할 수밖에 없었다. 그리고 문학 활동을 하는 문인으로서 해향문학에 대한 관심은 자연스러웠다. 학위 없는 대학교수 향파 선생은 1906년 경남 합천에서 태어났다. 1924년에 일본으로 건너가 노동을 하며 고학을 했다. 1929년 <조선일보> 신춘문예에 「가난과 사랑」이 입선되면서, 문단활동을 시작했다.

이후 서울로 귀환하여 동화로부터 시, 소설, 시나리오, 희곡 등 다양한 장르에 걸쳐 문학활동을 전개했다. 해방 후 부산 동래중학교 교사를 하다가, 1949년에 부산수산대학으로 자리를 옮겼다. 대학 학사학위도 없는 향파 선생이 대학교수가 될 수 있었던 것은 오로지 그가 지닌 문화 예술에 대한 역량 때문이었다.

특히 향파 선생은 문학을 중심으로 학생들의 교양수업을 진행하면서, 문학이 인간에게 있어서 무엇이며, 문학이 왜 필요한지를 다양한 작품들을 통해 들려주고, 보여주었다. 이 학생들이 대부분 바다와 관련된 영역에서 일을 해야 했기에 향파 선생은 바다문학에 대한 개념을 설정할 필요가 있었다.

향파 선생은 「해양문학의 개발」(백경 13집, 1972년 5월 6일)에서 해양문학론을 나름의 입장에서 제시하고 있다. 여기에 제시된 개요를 정리하면, 다음과 같이 요약될 수 있다.

우리 국토가 3면이 바다로 싸여 있기에 바다에 관심을 기울일 수밖에 없는 환경이지만, 우리의 해양문학의 사정은 어렸다기보다도 차라리 있어 본 적이 없다고 말하는 것이 솔직한 고백이다.

서양에는 지중해나 오대양을 배경으로 한 해양문학의 걸작들이 많은데, 왜 우리의 사정은 해양문학이 빈곤한 것일까 라고 문제를 제기하고 있다. 생활이 있는 곳엔 예술이 있기에 우리에게도 남에게 밀지지 않을 많은 양의 문학 유산이 있다고 주장한다. 또, 민요나 가사를 위시해서 구비문학으로서의 신화나 전설 민담 등에서 흥미로운 바다 이야기를 발견할 수 있다고 주장한다.

그리고 근래에 와서도 현역 작가들이 해양에 관련된 작품을 창작하고 있다는 점을 높이 평가하고 있다. 그 구체적인 작품으로 김용호의 「남해찬가」. 서정주의 「수로부인의 설화」, 송지영 작가의 장보고를 주제로 한 「대해도」 등을 거론하고 있다. 현대문학에서의 해양문학의 가능성을 다음과 같이 제안하고 있다.

"쇄국적으로 굳혀 있는 겨레의 좁은 시야를 자유의 보고인 바다의 활무대로 넓혀주어야 한다. 그러기 위해서도 먼저 바다를 알려주는 일이 필요하고, 바다가 그리움의 이상향이 되도록 해주는 일이 필요하고, 아직도 베일에 싸인 채 고독해 있는 바닷사나이들의 사무친 사정들을 독자들에게 전해주는 일이 무엇보다 긴요하다. 뛰어난 바다문학은 이 사명을 수행하는 데에 가장 탁월한 수단이 된다. 그러나 뛰어난 바다문학이 저절로 생겨나기를 기다리는 것은 과일이 제물로 익어서 입안에 떨어져 주기를 기다리는 것과 다를 바가 없다. 목마르게 해양문학이 기다려지는 이 시점에서는 기획적인 유도책을 쓰는 것도 효과적인 일이리라. 그것은 정부가 앞장을 서도 좋고 바다나 혹은 문학에 관계있는 기관이 주동이 되어도 무방하다. 상당한 포상제도를 마련해서 좋은 작품을 구하는 길도 있겠고, 자의에서 써진 우수한 작품들을 골라 그 작가를 특별히 우대해주는 길도 있을 것으로 믿어진다."

이 시대를 사는 해양인과 문인들이 이 일을 제대로 감당할 때, 한국의 해양문학은 새로운 단계로 진입해갈 수 있을 것이다.

향파 선생의 바다인식

향파가 펼쳐놓은 작품들 속에서 해양인문학적 해석을 펼쳐내려면, 우선 향파가 인식한 바다에 대한 논의가 우선되어야 한다. 그가 태어난 고향이 합천이란 점에서, 유년 시절에 바다를 경험해본 적이 없었던 것은 자연스럽다. 그의 고백을 들어보면, 15살이 되어서야 바다를 직접 눈으로 확인한 것으로 드러난다.

내가 진작 이 장자(莊子)의 소요유편(逍遙遊篇)을 읽었더라면 바다라는 것이 얼마나 큰 것이란 공간개념이 생겼을지도 모르는 일이지만 사방을 산으로 에워싼 두메고을 합천(陜川)에서 어린 날을 보낸 나는 바다라는 것이 큰 못만큼 밖에 안 되는 것으로만 알고 있었다. 합천에는 잉어가 많이 나기로 유명한 정양(正陽) 못이 있다. 그래서 바다라는 것이 아무리 넓다하더라도 그 정양(正陽) 못 몇 개쯤이나 되는 것이겠거니 생각하고 있었던 것이었다.

(「하늘과의 對話者」중에서, 수대학보 75호, 1966년 9월 25일)

유년 시절 향파는 바다의 모습을 육지에서 바라본 물이 담긴 못 몇 개가 합쳐져 있는 공간쯤으로 인식했다. 육지 그것도 산골에 묻혀 살면서, 한 번도 바다를 보지 못한 사람들이 바다를 인식하는 바를 알 수 있다. 바다가 어찌 못 몇 개의 크기로 설명될 수 있으랴. 향파의 바다 인식은 실제 바다 속에 서게 됨으로써 제대로 된 바다와 만난다.

내가 바다를 처음 본 것은 열다섯 살 때 인천엘 가서다. 그러나 고학을 하느라 밥을 몇 때씩이나 굶던 때의 기아의 여행이어서 그 훤출히도 넓은 바다는 도리어 내게 고독과 절망과 두려움만 몰아다 주었다. 그러다가 정말 바다다운 바다는 몇해전인가 국도(國島)에 가서 실감할 수가 있었다. 내가 발을 붙이고선 그 섬 이외엔 글자 그대로 일망무제한 대공간! 바다는 영기(靈氣)를 품고서 저 장장한 하늘과 대화 하고 있는 오직 하나만인 생명체인 것을 느낄 수가 있었다. 세월의 증언자 바다! 바다는 어구(漁具)와 산호(珊瑚)의 울안이기 전에 먼저 이 지저분한 육지에 대한 냉엄한 비평자인 것 같게만 생각이 된다.

(「하늘과의 對話者」중에서, 수대학보 75호, 1966년 9월 25일)

향파가 정말 바다다운 바다를 인식하게 된 것은 국도에서라고 밝히고 있다. 그런데 그 국도에서 인식한 바다는 영기를 품고서 저 하늘과 대화하고 있는 오직 하나만인 생명체이다. 그리고 세월의 증언자이며 지저분한 육지에 대한 냉엄한 비평가이다.

이는 어떤 의미로 바다를 해석하고 있는 것일까? 전통적으로 인간은 하늘과 땅을 세계인식의 기본적인 인식틀로 여겨왔다. 그러므로 천지인(天地人)이란 삼재사상은 오랜 동안 우리의 문화 속에 흘러내리고 있었다. 우주의 중심체를 천지(天地)로 인식하고 있었던 것이다.

그런데 향파는 바다 한 가운데 위치해 있는 섬의 경험을 통해 천지인의 개념을 벗어나고 있다. 천지인을 넘어 천해 지인(天海地人)의 사유를 하고 있다. 즉, 땅보다 바다가 우선적이며, 바다는 땅을 비판할 수 있는 냉엄한 비평가로서 부각되고 있다. 다시 말하면 바다와 하늘을 우주의 중심체로 인식하고 있는 것이다. 이렇게 하늘만 바라보고 사는 자들의 삶의 모습을 한 편의 시로 노래하고 있어 주목된다.

바람벽 같은 / 바위 새에

새집 같이 / 붙어 있어

열네 집 / 집집마다

고구마만 / 먹고

꽃 피면 / 봄이 온가

피를 뿜어 / 동백인데

날 새면 / 미역 따고

또 날 새면 / 홍합 따고

올 이도 / 갈 데도 없이

한바다에서 하늘하고만 사는 / 내 고장 국섬

「국도에서」

(수대학보 12호, 1957년 4월 10일)

*이 시는 「팔손이 나무 통신- 국섬에 사는 미지의 여인에게」로 개명되어 발표되기도 했다.

향파가 바다를 제대로 인식한 계기를 마련해준 국도는 경상남도 최남단에 위치한 작은 섬이다. 섬의 왼쪽 위로는 통영의 욕지도가 있고, 오른 쪽에는 매물도가 있다. 바로 앞은 망망대해인 대한해협이다. 임진왜란 때 한 주민이 이곳에서 나는 대나무를 가지고 화살을 만들어 수군과 주민들과 함께 싸워 이겼다고 해서 나라에서 이 섬을 보배라면서 지어준 이름이 국도라고 전한다.

이 섬에서 향파가 사유한 바다는 한 마디로 말하면, 하늘 하고만 사는 곳으로 명명될 수 있다. 천지(天地)에 대한 인식은 사라지고 천해(天海)에 대한 사유만 가능하게 한 공간이란 것이다.

그러므로 바다를 통해 천지인의 삼재를 넘어서는 천해지인의 사유를 내보이고 있는 셈이다. 그러나 이 바다 한 가운데서도 인간의 삶의 일상이 계속되고 있고, 생명의 생성과 소멸이 지속되고 있다는 점에서, 또한 바다는 세월의 증언자가 되고 있다.

그리고 모든 삶의 리듬이 자연의 순리에 따라 진행되고 있기에 인위에 의해 부자연스러워지고 더러워진 육지의 삶을 되비춰줄 수 있는 비평적 거울이 될 수 있는 공간으로 바다는 인식되고 있다.

바다는 생명의 원천이자 생명을 삼키는 공간

　바다는 무한히 열린 보고의 공간이다. 이 공간 속엔 인간이 유용하게 활용할 많은 것들이 산재해 있다. 그 중 인간에게 우선적인 대상은 식용으로 활용할 수산물이었다. 이 바다 고기를 잡기 위해 수산대학 졸업생들은 먼 바다로 나아가 원양을 개척하기 시작했다.

　근해가 아닌 원양은 바다개척자들에게 항상 평온한 공간은 아니었다. 망망대해에서 발생하는 위험한 풍랑과 맞서야 하는 때가 많았다. 바다는 자신이 품고 있는 바다 생물들을 건져내는 인간을 향해 한번씩 반격을 가했다.

　노한 바다는 배를 삼키고 인간을 수장시키기도 했다. 지금과 같이 배의 안전성이 확보되지 못하고 통신망이 허술했던 1960년대만 하더라도 변화무상한 바다가 내보이는 상황 변화에 민첩하게 대응하기는 쉽지 않았다. 그래서 원양어업을 개척하던 초창기에는 바다에서 목숨을 잃은 자들이 많다.

　1960년 당시 한국수산업의 기적적 고도성장을 주도한 원양어업의 개척과 발달이 부산수산대학 졸업생들에 의해 이루어졌는데, '제2지남호' 사고는 남태평양 다랑어 연승어업에 있어서의 최초 어선 조난 사고였다.

1963년 12월 30일 일어났던 사고로 어선은 침몰하고 선원 전원이 남태평양의 고혼이 되었다. 선장 강정주씨(어업학과 13기생)를 포함하여 최초로 부산수대 졸업생 4명이 바다에서 희생된 사고였다.

이 사고를 접하고 향파 이주홍은 「제2지남호의 영웅들」(1964년 1월 18일 사모아 희생자들의 위령제에서 읊은 조시, 『백경』 7집에 이 시는 게재. 1965, 1, 20)이란 시로 고혼이 된 제자들을 위무했다. 생명을 삼킨 바다를 통해 바다가 내재한 또 다른 측면을 인식하지 않을 수 없었을 것이다. 이를 확인할 수 있는 시가 다음의 조시이다.

지금은 바람을 재우고 / 저 창창한 하늘을 더부러

슬픈 영혼들을 / 달래고 있는가 바다는…

지구의 광장, 남태평양의 사모아 / 지금은 망년된 노기를 걷고

사나이들을 오라 / 손짓하고 있는가 바다는…

1내지 2미터 / 미친 휘오리바람에

몸을 물 밑으로 감춘 / 우리의 개척자 제2지남호…

장한지고 바다에서 나 / 바다에서 자라고

바다와 싸우다 져버린 / 의 생령들…

때는 1963년 12월 30일 / 곳은 라카항가 섬에서

북동방 세 시간 반의 지점 / 겨루던 창이 꺾여졌더란 말인가

어쩌자 검은 바다 속으로 수직해 / 영원히 돌아올 길 없는

침묵의 항해를 해간 제2지남호 / 오후 5시 20분이면

아직 태양도 / 제 몸을 불사르고 있을 시간

외로워라 조국은 그 때 너무나 아득한 곳에 있었고

아리랑도 이 날은

장송(葬送)의 우정을 잊고 있었구나

그러기에

그러기 때문에 뼈에 사무쳐 오는 것

이 속에는

가문과 기백을 자랑하는

수대의 영웅도 넷…

젊음을 꽃으로 흩어버린

영광의 기수

수대의 영웅들은

목메이도록 찾아 부르고 있는

이 동기들의 소리를

듣는가 못 듣는가

선장 강정중

항해사 강동안

실습항해사 김철승

실습항해사 송세배

그러나 그대들은

보람을 꽃다발로

가슴에 안고

고이 잠들라

여기 영웅들의 이름을 불러가며

영웅들이 간 길을

뒤받아 나아갈

무수한 후속부대들이 대기해 있나니

머리 위를 감도는

갈매기의 조곡을 들으면서

영웅들은 화석된 역사로

찬찬한 산호림의 주인

아아 긴 세월과 영생할

용감한 바닷사나이의 영웅들은

푸르른 남태평양의 물결 위에

영원한 문자되어

하얗게 살으리라.

반 세기가 훨씬 더 지난 1960년대 원양 어업 개척을 위해 남태평양으로 나갔다가 희생된 수대 졸업생 4명을 위해 지은 조시이다. 이 시의 핵심은 이들을 영웅으로 칭하고 있다는 점이다. 이들의 희생이 있었기에 한국의 수산업이 터를 잡았기 때문이다. 어찌 원양어업 중에 희생된 자들이 이들 뿐이랴. 이후로 바다에서 바다와 맞서 일하다가 생명을 잃은 자가 한둘이 아니다. 그러므로 이 조시는 바다를 삶의 터로 삼고 일하다가 바다 속에 묻힌 뭇 사람들을 위한 조시이기도 하다.

그러므로 바다는 무한에 가까운 뭇 생명들을 거느리며 생동하는 생명의 공간이지만, 바다를 개척하는 자들의 생명을 앗아가는 죽음의 공간이기도 한 것이다. 향파 이주홍은 원양어업 개척을 위해 원양에 나가 일하다가 바다에 수장된 젊은 제자들의 죽음을 통해 이를 절실하게 인식하고 있는 것이다.

죽음을 넘어선 바다에 대한 집념

　　부경대학교(전 수산대학교) 교정에는 다른 대학에서 찾아보기 힘든 백경탑이 자리하고 있다. 이 백경탑은 1971년 5월 15일 수산대학 개교 30주년을 맞아 세워졌다. 오대양을 누비며 험한 조업 환경과 숱한 역경을 헤치며 바다를 일구다 바다에 꽃다운 젊음을 바친 수대 남아들의 영혼을 기리기 위해 세운 것이다. 당시 동창회와 학생들이 뜻을 모아 수산대학 교정 내 바다와 가장 가까운 위치에 이 기념비를 세웠다. 이 때 향파 선생은 비의 휘호 '백경'과 함께 백경탑 비문에 다음과 같은 시를 남겼다.

　　장한 넋들

　　　-백경위령탑 비문
　　장한 넋들
　　校庭을 메아리치는
　　종소리를 듣고 있는가

*大西洋*에서 *印度洋*에서

*北洋*에서 *南太平洋*에서

온 누리의 바다에서

파도와 싸우다 꽃으로 진

*水大南兒*의 *英雄*들이여

그대들의 고귀한 뜻

*代代*의 후배의 가슴에 심겨진 채

오늘도 우리는 여기

한 기둥 탑신이 되어

바다를 지켜보고 섰노니

길이 편안하여라

우리는 바다의 아들

그대들 용감한 뱃 사나이는

영원히 우리들과

함께 있으리라.

    이 백경탑에 새겨진 바다를 향한 수대 남아들의 정신도 몇 십 년의 세월이 지나면서, 시대의 흐름에 따라 많이 퇴색 되어 갔다. 그들은 땅 끝 망망대해 푸른 바다 속에 자취없이 사라져 가고 그들을 결코 잊지 않을 것이라는 시비에 각인된 약속도 희미해져 간 것이다.

    이 정신을 다시 고쳐세우기 위해 40년의 세월이 지난 2011년 5월 15

일 수대어업학과(현 부경대학교 해양생산시스템관리학부) 설립 70주년을 맞아 백경탑을 부경대학교 정문 가까이 숲 동산 곁으로 이전 준공하였다. 이들의 영혼을 기리고 정신을 이어가기 위해 부경대 교수, 동문 학생이 뜻을 모아 준공한 것이다.

이렇게 면면하게 이어져 가고 있는 바다 개척의 정신은 향파 선생이 바다에서 희생된 젊은 수대 남아들을 안타깝게 기리고 있기도 하지만, 끝없이 바다를 향한 집념을 노래한 정신에 힘입은 바가 크다.

향파 선생은 백경 위령탑 비문에 바다에서 산화한 그들을 향한 위령의 시도 지었지만, 결코 수대인은 바다를 외면할 수 없음을 노래하고 있기 때문이다. 「바다에의 歸去來」가 이를 잘 보여주고 있다.

바다에의 歸去來

돌아가리라 / 돌아가리라
珊瑚城에 / 무지개 걸고
鼓樂으로 / 瑞然히
아침을 / 열거니

돌아가리라 / 돌아가리라
가슴마다 / 꽃을 달고
고래랑 / 새우랑
얼려 추는 / 盛筵이거니

아니 가고 / 어이리

숨 막히는 / 密室

짧고도 긴 / 물의

旅窓이여 / 펄럭이는

旗(ㅅ)발로 / 저렇듯 애타게

손짓하는 / 사무친

水宮의 / 慶祝場으로

나는 가리라 / 두고 온 고장

榮光된 / 그 이름아

바다의 / 아들들.

(수대학보 140호, 1973년 5월 10일)

이 시의 정신에 기대어 아직도 부경대학교 해양생산 시스템 관리학부 학생들은 오대양을 누비고 있다.

바다를 향한 관심은 노래가사 작시로 번져

　향파의 바다에 대한 관심과 애정은 근원적으로 당시 수산대학에서 바다로 나아갈 학생들을 가르쳤다는 점에서 비롯됨을 무시할 수 없다. 주로 교양국어 수업을 통해 학생들을 만났다. 수업 시간마다 딱딱한 이론 강의보다는 고전을 통해서 인간의 본질과 삶의 근원적인 사유를 학생들에게 안내한 것으로 전한다. 그래서 바다를 삶의 중심에 두고 살아가야 할 학생들에게, 어떻게 바다에 대한 꿈과 미래에 대한 도전 정신을 키워줄 것인가가 향파 선생의 주 관심사였다. 1960년대만 하더라도 수대 전체 학생들의 수는 많지 않았다. 그러나 이 학생들을 하나로 묶어줄 매개가 많지 않았다. 운동회나 축제는 있었지만, 이때 함께 부를 노래도 없는 상황이었다. 그래서 향파 선생은 학생들이 전체로 모여 함께 행사를 할 때, 함께 할 행진곡의 필요성을 느끼고 이를 작시하고, 이상근 작곡자에게 의뢰하여 1966년 개교 25주년을 맞아 행진곡 <바다의 아들>을 창작했다. 1966년 5월 25일자 수대학보(제 72호)에는 악보와 함께 이 행진곡이 갖는 의미를 다음과 같이 기록하고 있다

행진곡 <바다의 아들> 제정에 부치는 말

개교 이십오 년만에 본 대학 행진곡 <바다의 아들>이 제정됨은 대학 기풍 설립 및 대학생활 개선에 있어 획기적인 모멘트가 된다고 생각할 수 있다. 학생자치회예산 중 삼 만원의 경비로 그 동안의 준비를 거쳐 십오일 개교기념식 전에 발표됨으로 인하여 경사스러운 축제를 더욱 호화롭게 장식했는데 앞으로 남은 과제는 보급문제 뿐이다. 본 대학 동창회 및 재학생 전원이 함께 입 모두어 행진곡을 부르면서 발맞출 때의 켐퍼스를 생각하며 본사에서는 새로 제정된 행진곡의 곡과 가사를 전재한다. 아무쪼록 모두가 함께 부를 수 있는 행진곡이 산과 땅을 울려 바다에 메아리쳐 나갈 수 있기를 빈다

바다의 아들

-이주홍 작시/이상근곡(수대학보 72호, 1966, 5, 25)

1. 하늘 끝 닿은 수평선 저쪽 아스라이 날 오라 손짓하는 곳
거기가 내 가는데 불틤길 무대 파도 따위 덤벼온다 겁낼 것이냐

2. 꿈부푼 젊음을 노래에 싣고 갈매기로 길벗해 떠나는 아침
바다야 소리쳐라 발갛게 타라 청춘은 사를수록 더욱 피너니

후렴

달려라 앞으로 앞으로 세계의 바다로 날려라 펄럭펄럭펄럭 수산대학 깃발을

물에서 물에서 솟아 물에서 지는 태양과 같이 우리는 뱃사나이 바다의 아들

<바다의 아들>은 행진곡답게 가사 내용이나 분위기가 힘차고 역동적이다. 무엇보다 젊은 학생들에게 바다는 자신들이 개척해 나가야 할 세상이기에 용기를 가지고 힘차게 나아가야 함을 강조하고 있다. 특별히 뱃사나이면서 바다의 아들이라는 점을 노래의 마지막에 강렬하게 강조함으로써 수대학생들의 정체성을 분명하게 밝혀주고 있다. 그래서 이들이 젊은이로서 희망의 나래를 펴고 바다로 나아갈 수 있는 힘을 북돋우고 있다. 지금은 이 행진곡을 기억하는 학생들이 거의 없다. 그러나 60년대 당시의 수대학생들의 기상을 엿볼 수 있는 행진곡이라 생각한다면, 이런 정신으로 배우고 바다로 향했기에 그들은 바다에서 산화할 수 있었던 것이다. 지금의 한국 수산업이 그 시절에 이 행진곡으로 가슴을 불태웠던 학생들이 있었기에 가능한 것이다. 이는 한 편의 노래가 젊은이들의 가슴에 바다를 향한 남다른 열정을 어떻게 심어주었는지를 생각하게 한다.

향파 선생은 학생들에게 뿐만 아니라, 일반인들을 위한 바다 노래도 작사를 했다. 이것이 1984년 작인 <갈매기 처녀>이다. 이 가사에 박춘석

이 곡을 붙여 가수 이미자의 노래로 불려졌다. 정감어린 대중가사로서 서민들의 일상적인 삶의 애환을 서정화하고 있다.

갈매기 처녀

-이주홍 작사, 박춘석 작곡/이미자 노래(1984)

1. 높고 낮은 파도따라 사연들도 많은데
비에 젖은 선창가를 서성대는 저 사람
인생이 그런 건 줄 처음부터 몰랐던가
아 - 아 - 처음부터 몰랐던가
또 한 사연 풀어놓고 갈매기는 떠나네

2. 오고가는 뱃길따라 사연들은 많은데
밤이 깊은 부둣가를 홀로 가는 저 사람
인생이 슬픈 건 줄 처음부터 몰랐던가
아 - 아 - 처음부터 몰랐던가
또 한 사연 풀어놓고 갈매기는 떠나네

바다로 나아가는 청년상

　바다를 향해 나아가 큰 꿈을 펼쳐야 할 대학생, 청년들에게 향파는 어떤 기상을 요구하고 있었을까? 1954년 7월 23일자 <수산 타임스>에 실린 한 편의 글은 그 당시 학생들을 향한 향파의 기대가 고스란히 담겨져 있다. 바다를 개척해야 할 학생들을 향한 마음가짐을 설파하고 있다. 그 글은 <청년의 향기>라는 제목의 칼럼이다. 그는 이 글의 서두에서 "순수하고 정직하고 야성적인 곳에 청년다운 매력이 있다. 반대로 지나치게 약고 경계심이 많고 타산적인 청년은 벌써 청년으로서의 경지를 떠나 있는 것이다"라고 말한다. 어찌보면 이러한 명제는 아주 고전적이고 전통적인 청년상이라 할 수 있다. 그래서 지금, 이곳에서 9포 세대로 살아가고 있는 젊은이들에게는 먼 얘기로 들릴 수도 있다. 특히 순수하고 정직하기만 해서는 현실을 제대로 살아가기 힘든 세대들에게는 더욱 그러하다. 그런데도 향파는 서두에서 제시한 자신의 청년상을 글을 마무리하면서도 다시 강조하고 있다.

"향기있는 청년!

향기를 청년의 한 미덕으로 하기 위해서 오늘날의 청년들은 좀 더 순박하고 좀 더 정직하고 좀 더 야성적이어서 발전성 있는 내일을 우리들에게 보장하고 예고하여 주어야 할 것이다".

서두에서는 청년의 상을 객관적으로 제시하고 있다면, 결론 부분에서는 청년은 우리에게 그러한 상을 보장해주어야 할 것으로 더 강하게 청년의 역할을 강조하고 있다. '좀 더'라는 수사를 달긴 했지만, 향파는 왜 이렇게 청년의 순박성, 정직성, 그리고 야성을 중요시했을까? 향파는 "청년으로서의 창의성이 없는 곳에선 진보성 있는 아무 다른 명일의 역사를 바랄 수가 없게 되는 때문이다"라고 말한다. 세계 역사의 발전은 창의성과 진보성을 지닌 청년들이 개척해왔음을 향파는 인식하고 있었다. 새로운 역사를 추동하는 근원적인 힘은 청년들이 지닌 순박성, 정직성에 기초한 야성이었다는 것이다. 이 힘이 역사를 새롭게 만들어 나간다고 보았던 것이다. 그런데 이 야성은 단순한 야성이 아니라, 순박성과 정직성을 지닌 야성이어야 함을 강조하고 있다. 이러한 야성만이 역사를 제대로 바꾸어 나갈 수 있는 힘이 있기 때문이다.

그래서 향파는 수업 시간에 교실에 들어와 수강을 하면서, 제대로 수업에 집중하지 않고 딴전을 피우는 학생들에 대해서는 단호하게 단죄를 내리고 있다.

"어떤 교실에 들어가 보면 어떤 학생들은 필기도 않고서 지껄이는 교수의 입만 멍히 쳐다보고 있는 것이 눈에 뜨인다. 과목과는 관계도 없는 잡지 등을 뒤적거리고 있는 자도 없지 않다. 마치 길바닥에서 광고판을 쳐다보듯 하고 있다. 극장 막간에 나와 내주의 상연예고를 듣고 있는 눈표정 그대로다. 어떤 심정에서 그러는 것인지 정말로 이해하기 곤란하다. 이러고서도 대학이 징병기피소란 말을 변박하려 든다면 넌센스 이상이다".

비참한 남북간의 전쟁을 치른 후, 일부 청년들이 학교에 적을 두는 것으로 군대 입대를 기피했던 사회 현상을 비판하고 있다. 이런 정신으로는 미래의 사회를 짊어지고 나갈 청년으로서는 자격미달이라는 점을 강조하고 있는 것이다. 순박과 정직에 바탕을 둔 야성을 지닌 청년이라면 이러한 모습은 보이지는 않을 것이란 판단이 작용하고 있다. 그래서 순박, 정직을 바탕으로 야성을 갖지 못하고 물욕에만 영리한 청년을 향해 비판의 화살을 겨누고 있다.

"그러니까 그들의 세계관이나 생활정신이란 것도 형편없이 산만멸렬하다. 물욕이란 것에 대해서도 청년들이 오늘날처럼 영리했던 적은 없었다. 사람 다루는 데 있어서도 이토록 기술적이었던 시절은 일찌기 없었다. 청년으로서의 순박성은 벌써 이미 없어져 버린 지 오래다. 그러나 여하튼 슬픈 일이다. 탄식할 문제다. 청년이 순박하지 않고 청년이 정직하지 않고 청년이 야성적인 패기가 없는 곳에서 우리가 그들에게 무엇을 기대할 것인가?"

　50년이란 반세기가 지난 지금, 지금, 이곳의 청년들의 모습은 어떠한가? 그 시대나 지금의 대학생들의 형편이나 변한 것도 있지만, 여전한 것도 있는 듯하다. 특히 졸업 이후에도 취업이 불투명해진 이 시대 상황 속에서 대학생들의 순박하고 정직한 야성을 보기는 쉽지 않은 것 같다. 청년들에게 현실이 너무 힘들기 때문이다. 그러나 시대의 상황이 변하든 변하지 않든 어느 시대나 순박하고 정직한 야성을 가지고 자기 미래를 준비하는 청년은 있다. 50년 전 이런 정신을 가지고 바다를 개척했던 청년들은 반 세기가 지난 후에 세계의 바다를 누비며 대양을 정복했다. 세계 곳곳에서 야성으로 새로운 세계를 개척했다.

　50년 전의 시대를 생각하면, 지금은 그 상황이 많이 바뀌었다. 지금이 힘들고 어렵다고 하더라도, 그 여건은 그때와 비교하면 훨씬 나을 수 있다. 지금, 이곳의 청년들이 50년 전 향파 선생이 주문했던 <청년의 향기>를 품을 수는 없을까? 순진하고 정직하고 야성을 지닌 청년으로 자신의 미래를 당차게 개척해 나가는 세계 속의 청년으로…

물고기를 의인화한 동화의 세계

　향파 이주홍은 오래 전부터 유래되어 오던 이야기를 기본으로 해서 창작 동화 작업을 많이 시도했다. 이를 일명 전래 동화라고 하기도 한다. 그러나 전래된 이야기를 그대로 재구성하는 것이 아니라, 새로운 차원으로 또 다른 하나의 세계를 창조해낸다는 점에서, 상상력을 극대화하는 작업의 결과물이다.

　재미있고, 익살스러우면서도 교훈적인 옛이야기들을 현재화하는 작업을 시도한 것이다. 향파는 동물이나 곤충, 그리고 식물을 대상으로 동화 작업을 시도하기도 했지만, 물고기를 대상으로 동화작업을 시도하기도 했다. 그 이야기의 하나가 「가자미와 복장이」, 「청어 뼉따귀」 등이다. 이 중 「가자미와 복장이」를 먼저 살펴보자.

　가자미에 대한 재미있는 이야기가 있는데, 가자미와 넙치는 불같은 성격 때문에 아웅다웅 서로 다투는 일이 많았다. 어느 날 아름다운 유리구슬이 가자미와 넙치 집의 중간에 떨어지자 유리구슬을 값진 것으로 생각하고 가자미는 오른쪽으로, 넙치는 왼쪽 자기집 방향으로 힘껏 당겼다. 너무 힘을 쓰다 보니 오기가 생겨 눈에까지 힘이 들어갔다. 이때 문어가 무슨 일인가 구경하러 와보니 가자미와 넙치사이에 자신의 동생이 있는 것을 보고 화를 내며 동생(유리구슬)을 안고 갔다. 가자미와 넙치는 문어에게 유리구슬을 뺏긴 후 신경질이 나서 서로의 집에 들어가 며칠을 앓아 누웠다. 가자미가 외출준비 하려고 거울을 보니 자기 눈이 오른쪽으로 몰려 있는 것을 보고, 깜짝 놀라 밖에 나가 넙치를 만나 보니 넙치의 눈도 왼쪽으로 몰려 있는 것을 알았다. 따라서 다른 물고기들은 눈이 한쪽으로 몰려 자신들을 노려보는 가자미와 넙치를 싫어해 같이 놀아 줄 친구가 없어서 가자미와 넙치는 서로를 위로하며 사는 사이좋은 사촌이 될 수밖에 없었다고 한다.

이와 같이 옛날 우리 조상들은 가자미의 여러 가지 설화와 해학 등을 재미있게 표현했고, 그 이야기가 지금까지 전해져 오고 있다. 이러한 가자미에 대한 이야기를 향파 이주홍은 「가자미와 복장이」에서 적절하게 원용하고 있다. 말 그대로 전래되는 이야기를 단순히 재구성하는 선이 아니라, 새로운 차원으로 창조해내고 있다. 그 이야기의 대강은 다음과 같다.

누군가 어깨를 툭치기에 돌아다봤더니 아침밥 때 까먹어 줬던 작은 새우들이 양편에서 칠우를 호위하듯 떠오고 있는 것이었다. 두부 장사를 하는 가자미와 기름 장사를 하는 복장이는 앞뒷집에 사는 친구이다. 그러나 이름만 친구이지 실제는그렇지 않다. 서로의 집에서 상대방의 물건을 외상으로 갖고 와서는 절대로 갚지 않는 욕심쟁이들이다. 어떻게 하면 상대에게 더 큰 손해를 입힐 수 있을까 고민하는 자들이다. 그런 중 물난리가 나서 사고를 당했다. 그 바람에 가자미는 몸이 납작해지고, 복장이는 몸이 뚱뚱하게 불어버렸다. 그리고 바다로 흘러간 둘이는, 영영 원수가 된 채로 바다에서 살았다. 지금도 생선 가게에 가 볼라치면, 가자미와 복장이는 늘상 서로 흘겨만 보고 있는 것이다.

"여어, 한 쪽으로 두 눈을 몰아붙인 병신 납작이?"
"여어, 배불뚝이 영감, 안녕하신가?"
그러다가 나중엔 꼬옹한 눈을 노려보면서 이를 악문다.
"너 이놈, 내 집에 와서 깨 훔쳐 먹었지!"
"너 이놈, 두고보자, 내 집에 와서 콩 훔쳐 먹은 도둑노움!"

지나친 욕심을 부리다가 결국은 파멸에 이르렀지만, 반성은커녕 상대를 서로 원망만 하는 모습을 보여주고 있다. 끝까지 자신들의 입장을 고집하는 모습을 견지하고 있다. 이런 가자미와 복장이의 모습을 통해서 어린 아이들에게 분명한 교훈의 메시지를 보여주고 있다.

이는 단순히 아이들을 향한 이야기를 넘어서서, 가자미와 복장이의 이야기를 통해서, 욕심으로부터 자유롭지 못한 모든 인간들의 본성을 익살과 해학으로 풍자하고 있는 것이다.

두 물고기가 보여주는 욕심으로 인한 우스꽝스러운 언행들을 바라보는 독자는 입가에 웃음을 짓게 된다. 이러한 풍자가 물고기를 통해서 이루어지고 있다는 점에서, 향파의 바다에 대한 관심을 다시금 확인할 수 있다. 바다 속에 생존하고 있는 수많은 어족들 중 의인화할 수 있는 대상들을 선정하여 이야기로 꾸밈으로써 아이들에게는 웃음을 지을 수 있는 계기를 만들고 있다.

향파는 아동들을 주인공으로 이야기를 만들어나가기도 했지만,「배암새끼의 무도」,「호랑이 이야기」,「청개구리」,「개구리와 뚜꺼비」 등 동물을 대상으로 한 작품을 많이 창작했다. 이렇게 육지에 서식하는 동물뿐만 아니라, 바다에 살고 있는 물고기들에 대한 이야기를 의인화함으로써, 인간 삶의 본질적인 방향을 돌아보게 하는 작업을 하고 있다.

특히 의인화를 통해 익살과 해학, 풍자가 자연스럽게 표출되게 한다는 점에서 향파 동화의 특징이 있다. 이러한 향파 창작 동화의 특징은 어린이들에게 웃음을 제공함과 동시에 해학과 재치, 삶의 지혜를 불어넣어 주려고 한 점에서 높이 평가되고 있다.

멸치 이야기

향파 선생은 아동을 위해 많은 동화를 창작했다. 그런데 그 동화의 소재로 사용된 대상들이 다양하다. 그 중의 하나가 「멸치」이다. 이 작품은 1939년 5월 9일에서 12일까지 《동아일보》에 연재되었다. 전체 구성이 상중하 세 부분으로 나뉘어져 있는데, 어부의 그물에 잡혀 결국 사람에게 먹히고 마는 어린 멸치의 삶의 과정을 재미있게 그린 동화이다.

새끼 멸치가 엄마 멸치와 함께 바다 속에서 살고 있었다. 그런데 어부들이 바다 속에 내린 그물을 피해 가는 도중에 새끼 멸치가 엄마의 말을 듣지 않고, 그물을 구경하다가 그 그물에 걸려들고 만다. 새끼 멸치는 발버둥을 치면서 다시 원래의 자신이 살던 바다로 돌아가려고 하지만, 그물에 싸여 배 바닥에 내팽개쳐져 고기잡이 배에 실려 항구로 들어온다.

이후에 이리저리 끌려다니면서, 새끼 멸치는 몸이 바짝 말라 죽은 상태가 된다. 몸은 죽었지만, 마음은 살아있는 존재로 멸치를 의인화시켜 이야기를 전개해나간다. 새끼 멸치가 말려져 푸대에 담겨지고, 이후 물고기 도가집에 보내어져서, 시골 점방집으로, 이후에는 시골 가정집에 팔려가 결국 식탁 위에 올려진다.

그 과정을 따라가 보자. 우선은 마른 멸치가 푸대에 담겨진다. 이때 새끼 멸치는 이제 우리 집에 돌려보내어지나 하고 기뻐한다. 자기 생각으로는 엄마 말 잘 안 듣고 이렇게 잡혀와서 지옥살이를 당했으니, 이제는 엄마 말을 잘 들을 것 같아 엄마에게로 돌려보내는 줄로 알았다. 그러나 멸치가 온 곳은 바다 속 멸치 나라가 아니라, 어느 큰 물고기 도가집으로 보내진 것이다. 그곳에는 온갖 물고기들이 다 있었다. 고향 바다에서 보던 문어, 전복, 명태, 홍합, 상어, 복어, 가오리, 청어 등 많은 종류의 고기가 있어, 새끼 멸치는 고향에 돌아온 듯 반가워했다.

거기에서 건대구 영감을 만나 대화를 나누게 된다. 대화를 통해 건대구 영감이 왜 여기까지 오게 되었는지를 알게 되었다. 그리고 자신이 살던 곳의 근황도 듣게 된다. 최근에 잡혀들어온 애꾸눈이 새끼 명태를 통해 들은 고향 소식은 참담한 지경이었다. 건대구 영감의 입을 통해 들려지는 소식은 암담했다. "우리 동리는 씨도 없이 망해 버렸단다. 늙은 놈 젊은 놈 할 것 없이 반치나 잡혀가구 학교도 쓰러지고 미역공원에 운동장도 헐어져 버리구" 이 소식에 새끼 멸치는 엄마에 대한 그리움에 눈물을 흘린다.

이 순간도 오래 가지 않았다. 그 다음 날 새끼 멸치는 그곳에서 시골마을 점방으로 팔려갔다. 그 점방에는 새끼 멸치가 생전에 보지 못한 온갖 물건들이 즐비했다. 밤, 대추, 사과, 생강, 과자, 사탕, 미역, 족어,

양초, 비누, 실, 종이, 연필, 양말, 고무신 등을 파는 잡화상이었다. 새끼 멸치는 점방을 드나드는 사람들의 모습과, 그들이 동그란 모양을 한 돈을 주고 물건을 바꾸어 가는 것을 이상스럽게 여겼다. 바다에 살던 새끼 멸치의 눈에는 육지에서의 사람들의 삶이 별스럽게 보인 것이다. 아무리 보아도 새끼 멸치 입장에서는 과자나 과일을 바꾸어 가는 동그란 것이 과자나 과일보다는 나을 것이 없어보였기 때문이다.

　밤이 깊어지면서 심심해진 새끼 멸치는 고향 친구인 족어와 이야기를 나누고자 하나, 족어는 잠이 들어 옆에 있는 방망이와 대화를 나눌 수밖에 없었다. 서로 통성명을 하고 나눈 대화 중 새끼 멸치가 관심을 보인 것은 세상 구경이었다. 방망이가 추천하는 가장 좋은 세상 구경은 사람 목구멍 구경이었다. 사람 목구멍 구경을 추천한 방망이는 추천한 후에 요절할 듯이 웃었지만, 새끼 멸치는 그 웃음의 의미를 이해하지 못했다.

　그 다음 날 비가 내리기 시작했다. 비가 많이 내려 항아리에 갇혀있던 숭어 새끼는 항아리 물이 넘쳐 항아리 밖으로 굴러떨어져 개천으로 흘러들어갔다. 이 광경을 보면서, 새끼 멸치도 그 물 속에 풍덩 빠져 고향 바다로 가고 싶어졌다. 그러나 바짝 말라버린 몸이 조금도 움직이지 않았다. 그런 가운데 점방에 멸치 사러 온 어린 아이의 손에 의해 새끼 멸치는 어느 시골 가정 집으로 갔다. 그 집 방 가운데에는 숯불이 타오르는 화로가 놓여 있고, 그 옆에는 남빛 냄비가 놓여 있었다. 물이 담긴 냄비 속에 새끼 멸치가 들어갔다. 순간 새끼 멸치는 물을 만나 기뻐했다. 몸은 움직일 수 없었지만, 곧 엄마를 만날 수 있을 것이란 기대를 했기 때문이다. 조금 있으니, 그 물 속에 무우와 마늘과 고춧가루가 들어왔다. 새끼 멸치는 이들에게 바다로 함께 가서 좋은 구경을 시켜주리라고 말하기도 했다. 곧 바다가 가까워오는 줄 알았다.

그런데 물이 펄펄 끓기 시작하면서, 새끼 멸치는 뜨거워 견딜 수가 없었다. 결국 죽을 지경을 넘긴 새끼 멸치는 숟가락에 의해 사람의 목구멍 속으로 사라지고 만다. 방망이가 알려준 세상에서 가장 좋은 구경거리라는 사람의 목구멍 속은 새끼 멸치의 존재가 완전히 사라지는 곳이었다.

이렇게 가장 힘없고 보잘 것 없는 한 마리의 새끼 멸치 이야기를 통해 향파 선생은 무엇을 얘기하려고 했을까? 일차적으로는 바다 속의 고기 이야기를 의인화시킴으로써 아동들의 상상력을 최대한 자극하려는 아동문학적 기능을 발휘하고자 했을 것이다. 새끼 멸치가 어부들에게 잡혀 육지에 올라와서 결국 사람들의 식탁에 놓이고, 사람들의 먹이가 되기까지의 과정에서 새끼 멸치가 펼치는 상상력은 아이들의 상상력을 자극하기에 충분하기 때문이다.

그러나 이보다 더 근원적인 토대는 이 이야기의 시대적 배경과 상황에 있다. 일제강점기인 1939년 전후의 상황은 우리나라가 일제의 압박에 신음하던 최정점의 시기였다. 일제에 완전히 먹혀 숨도 쉬기 힘든 시간들이 계속되던 때였다. 힘없이 먹히기만 하던 새끼 멸치의 운명과도 같았던 우리 민족의 슬픈 역사가 이 동화 속에는 고스란히 스며있는 것이다.

동화 「꼬리 긴 물고기」에 나타난 동심

　향파 선생은 아이들에게 많은 동화를 들려주기를 원했다. 그 형식은 동화라는 작품을 통해서였지만, 작품 구성상 읽히기보다는 들려주는 형식을 취하기도 했다. 그래서인지 구전되었던 전래동화를 많이 창작했다. 옛날부터 전해내려오는 할아버지·할머니가 들려주는 구전된 이야기들이다. 재미와 지혜가 결합된 생명력이 긴 이야기들이다. 이런 이야기를 어떻게 아이들에게 생동감 있게 전해줄 것인가를 고민할 결과, 향파 선생은 들려주는 이야기식의 동화기법을 사용하기도 했다. 이런 형식이 그가 펴낸 『톡톡 할아버지』 동화집에 집중적으로 실려있다. 이 이야기들 중에 「꼬리 긴 물고기」를 한번 들어 보자.

　톡! 톡! 톡!
　자, 벽장문은 두드려 놓았다만 오늘은 또 무슨 얘기가 튀어나오려나 너희들 한번 알아맞춰 보겠나? 하! 요 자식은 왜 생글생글 웃고만 있어! 모르겠나? 이 바보들아 오늘은 개구리 얘기야. 개구리가 울고 있는 얘기

야, 뭐 개골개골 우는 거 아니냐구? 천만에! 엉엉 눈물을 흘리면서 운다는 얘기야. 그럼 자. 내가 얘길 할 테니 가만히 들어 보라구!

<톡! 톡! 톡!> 이라는 문을 두드리는 소리로 시작해서 이야기를 문 밖으로 끌어내는 식으로 이야기를 시작한다. 즉 이야기를 들어 줄 아이들을 상대로 서로 소통하는 화법을 사용함으로써 이야기를 듣는 아이들을 이야기 마당으로 자연스럽게 끌어들이고 있다.『톡톡 할아버지』동화집에 실려있는 대부분의 동화는 이런 방식으로 이야기 보따리를 풀고 있다. 여기에 실린 많은 동화들이 부산문화방송의 <어린이 극장> 프로그램에서 낭독되었다는 매체의 특성을 감안한다면, 방송용으로는 이런 형식이 유리할 수도 있었을 것이다. 그러나 중요한 것은 이런 형식이 전래동화가 지닌 구전의 특성에 잘 어울린다는 점이다. 전래동화가 지닌 구전성을 활용함으로써 아이들에게는 이야기의 전달성을 극대화할 수 있는 효과를 지니고 있기 때문이다.

이렇게 시작된 이야기는 용왕님이 살고 있는 물 속의 세계로 아이들을 인도한다. 용왕이 모든 물고기들을 불러모아 잔치를 베풀었다. 잔치상에 불려온 물고기는 도미, 가자미, 복쟁이, 문어, 방어, 곤어, 갈치, 족어, 고등어, 전어, 상어, 고래, 청어, 새우, 게, 풍장어, 전복, 낙지, 오징어, 준치, 가재, 멸치, 꺽정이 등 물에 사는 모든 생물들이 다 모였다.

이들이 모두 모여 술과 떡과 과일, 고기 등을 마음껏 먹고, 장구치고 피리 불고 춤추고 노래 부르며 즐겁게 하루를 보냈다. 그런데 이들 중에 술이 많이 취한 갈치가 혼자 신이 나서 춤을 추고 돌아다니다가 그만 실수를 해서 그 긴 꼬리를 가지고 용왕님의 눈을 때렸다. 이로 인해 용왕님의 눈이 멀어졌다. 화가 난 용왕은 게와 가재를 불러 꼬리있는 물고기는 다 잡아들이라고 명령을 했다. 그래서 게와 가재는 꼬리가 긴 물고기를 잡으러 나섰다. 그런데 게와 가재가 꼬리 긴 물고기를 잡으려고 해도 걸음이 느린 이들이 물고기를 잡을 수가 없었다.

게는 빨리 간다고 생각했지만 옆으로 기어가고, 가재는 뒤로 걸어가는 재주밖에 없었다. 꼬리 긴 물고기를 잡으러 나갔지만 놀림만 당했다. "게 선생님 안녕하십니까? 오늘은 어찌 그리 앞으로 바로 걸어오십니까?" "가재 아저씨 아니십니까? 뒷걸음 쳐 오시느라 매우 수고하셨습니다. 그렇게 뒷걸음으로 걸으시면 하루에 몇 리나 걸으십니까?" 이렇게 계속 놀림만 당하고 꼬리 긴 물고기 한 마리도 잡지를 못했다. 그래서 게와 가재는 의논을 했다. 이 물속에 있는 물고기는 너무 걸음들이 빨라서 잡을 수 없으니, 물 밖에 나가서 육지에 있는 물고기를 잡기로 했다.

이런 결정을 하고 게와 가재가 육지로 나가려고 하니, 장난꾸러기 물고기 아이놈들이 쫄쫄 뒤를 따라오면서 또 놀리기 시작했다. "벌써 꼬리 있는 물고기 다 잡으셨어요?"라고. 그러나 게와 가재는 이에 아랑곳하지 않고 육지로 나왔다. 이들이 육지에 나와 논두렁에 올라서 이마의 땀을 닦고 있는데, 어디서 훌쩍 훌쩍 우는 소리가 들렸다. 뭔가 하고 내려다보니 파아란 옷을 입은 개구리가 울고 있는 것이다.

게와 가재가 왜 우느냐고 물었다. 그러니 개구리는 "꼬리 있는 물고기를 잡으러 다닌다고요"라고 답했다. 그러자 게와 가재는 "그래, 넌 꼬리가 없잖아"라고 물었다. 이에 개구리는 말하기를 "나야 꼬리가 없지만 올챙이 생각을 하니까 눈물이 난다고요"라고 대답했다. 이 말을 들은 게와 가재는 개구리에게 다시 대꾸한다. "하 요놈 좀 봐! 제 궁둥이에도 어제까지 꼬리가 달려 있었던 건 잊어버리고서 뭐! 나야 꼬리가 없지만이라고?" 그리고 이야기를 들려주는 톡톡 할아버지는 "개구리 올챙이 쩍 생각을 못한다." 하는 말이 그래서 생겨난 거야 라고 이야기를 끝맺음 한다.

이 짧은 한 편의 동화를 통해 우리는 몇 가지 의미를 정리할 수 있다. 우선은 물고기를 이야기 대상으로 설정함으로써 아이들에게 흥미를 유발시키는 방식을 채택하고 있다는 점이다. 사람들의 이야기를 대신할 물고기들을 등장시킴으로써 아이들의 상상력을 추동하고 있는 것이다. 향파 선생은 세계에 존재하는 수많은 대상들을 의인화함으로써 아이들의 동심을 확대시키고 있다.

또 하나의 특징은 우리에게 알려진 사실이나 현상들을 재미있는 이야기를 통해 해명함으로써 아이들의 생각을 넓혀주고 있다는 점이다. 즉 재미있는 이야기를 통해 어떤 현상이나 사실을 새롭게 이해하게 함으로써 이야기가 지닌 장점을 최대한 활용하고 있다. 이런 점에서 『톡톡 할아버지』는 평생 동화를 쓴 이주홍 선생 자신의 별칭이라 해도 무리가 없다.

숭어와 광어 탄생 이야기

향파 선생이 어린 아이들에게 들려주는 이야기는 다양하다. 특히 옛날 이야기를 원 재료로 해서 새로운 이야기를 구성하는 방식은 흥미롭다. 그리고 흥미를 자아내는 기법은 웃음을 짓게 한다. 향파 선생은 바다에 사는 생물들에 관심이 많았는데, 그 물고기들이 어떻게 탄생하게 되었는지를 옛 이야기를 통해 풀어내고 있어 상상력의 힘을 맛보게 한다. 「숭어와 광어」 이야기가 그 중의 한 편이다.

이 동화의 제목은 「숭어와 광어」이지만, 이야기의 시작과 그 중심은 숭어나 광어 이야기가 아니다. 엉뚱하게 방귀 이야기로 시작하고 있다. 너무나 엉뚱한 소재를 통해 한 편의 유기적 이야기를 꾸며내고 있다.

옛날 황해도에 성이 방가라고 하는 처녀가 살고 있었는데, 이 처녀의 방귀가 굉장했다고 한다. 한번은 산골짝에 나물을 캐다가 방귀를 뀌었더니, 그 방귀가 너무나 위력이 대단하여 나무 위에 있던 꿩이 놀라 두 마리나 굴러떨어졌다고 한다. 방귀소리에 놀라 기절을 한 것이다. 그래서 그걸 주워서 집에 와서 부모님께 드렸다고 한다. 그런데 부모는 그걸 어떤 몹쓸 놈 한테서 얻어왔느냐고 화를 내며, 되려 큰 매를 가지고 와서 때리려고 했다. 이 처녀는 너무 억울해서 부모님께 자신의 방귀 시험을 해보자고 했다.

　이 처녀는 부모를 데리고 먼 들판에 나가 방귀 시험을 했다. 부모를 허리띠로 한데 묶어 놓고서 뭉! 하고 방귀 한 자리를 뀌었다. 그러자 하늘이 무너지는 듯하고 모래와 돌이 날리면서 묶어놓은 부모가 어디론가 날아가버렸다. 집으로 돌아가 보니 부모님이 집 마당에 떨어져서 기절해 있었다. 부모를 주물러서 깨우니, 부모가 하는 말이 "아까는 분명히 들판에 있었는데 우리가 언제 집으로 왔을까" 하고 의안이 벙벙했다. 딸이 "저의 방귀 바람에 날려왔어요"라고 말했다. 그래서 부모는 딸이 정말 천하에 드문 방귀를 가진 것을 알게 되었다.

　이 딸이 열아홉 살 때 배풍헌이란 사람의 아들에게로 시집을 갔다. 이 처녀는 시집은 갔지만, 무엇보다도 방귀가 늘 걱정이었다. 함부로 뀌었다가는 어떤 일이 벌어질지 모르기 때문이다. 그런데 하루는 무더운 여름날 밤에 집 식구들이 함께 마당에서 자리를 깔고 누워 자는데, 하늘에서 딱따그르르 하고 천둥이 쳤다. 이때, 이 며느리는 이때다 싶어 그동안 참았던 방귀를 뭉! 하고 뀌었다. 그러자 같이 자던 시부모는 기절을 해서 나자빠졌고, 남편은 길가 재 무더기 속에 가서 파묻혔고, 종 아이는 몇 시간 뒤에 비실비실하고 돌아와서는 주인에게 "그 놈의 방귀 때문에 앞으로 저는 죽고 말 것 같아요. 그러니 저는 오늘로 이 집을 나가겠어요"라고 말했다.

그런데 재미나는 일은 이 소문을 듣고는 강 건너에 사는 풍초관이란 방귀 선수 한 사람이 방귀 시합을 하자고 찾아온 것이다. 풍초관은 "이 사람이 당신 방귀 잘 뀐단 소문을 듣고서 오늘 밥을 싸 가지고 시합을 하러 왔으니 한번 겨루어 봅시다"라고 말했다. 이 말을 들은 풍헌집 며느리는 집 안에서 이 소리를 듣고 방귀를 뀌었다. 그러자 집 대문짝이 넘어졌다. 그 순간 풍초관은 대응해서 방귀를 뀌어 겨우 대문짝을 도로 세웠다. 대문짝은 바로 세웠으나, 풍초관은 속으로는 겁이 났다. 이 세상에서는 자기의 방귀를 이길 사람이 없다고 생각했는데, 자기보다 더 강한 방귀를 가진 자가 나타났기 때문이었다.

그래서 오래 있다가는 무슨 일을 당할지 몰라 슬슬 눈치를 보아 내빼려고 했다. 그렇지만 그대로 돌아섰다간 풍헌집 며느리가 내다보고서는 가만히 두지 않을 것으로 생각했다. 그래서 만일의 경우를 생각해서 단단한 무장을 결심했다. 옆집에 몰래 들어가서는 방앗공이를 하나 빼어가지고 나왔다. 만일에 무슨 일이 생기면 방앗공이로 쏘아 주려고 한 것이다. 그래서 풍초관은 자기 궁둥이에다 방앗공이를 끼었다. 그리고는 강을 건너가기 시작했다. 그런데 강을 건너가다 뒤를 돌아다보니 배풍헌 집 며느리가 궁둥이에다가 키를 대고 돌아서 있었다

이 때 풍초관은 내가 먼저 방귀를 뀌어야지 하고. '퉁'하고 뀌었다. 그 순간 배풍헌 집 며느리도 동시에 '퉁'하고 방귀를 뀌었다. 그러자 방앗공이와 키가 강 한가운데서 서로 부딪혀 떨어졌다. 그런데 방앗공이는 그 때부터 숭어가 되고, 키는 그때부터 광어가 되었다는 얘기다.

이 이야기를 마무리하면서, 향파 선생은 "정말일까?"라고 물음표를 남기고 있다. 왜 이런 질문을 던지고 있는 것인가? 사실 방귀 이야기와 숭어와 광어가 탄생하는 이야기는 그 상관성을 찾기가 쉽지 않다. 우선은 방귀의 위력이 사람을 날려버릴 정도라는 것은 현실적으로 불가능하다. 오직 상상의 공간 속에서만 가능한 이야기다. 이런 상상의 세계는 현실 세계를 현실 논리와 이성적 판단에 의해 이해하는 어른들에게는 단지 우스개 소리에 불과하다. 그러나 어린이들에게는 이런 상상의 세계가 흥미진진할 수밖에 없다. 그리고 어린이들의 상상력을 극대화시킨다. 그래서 동화는 어린이들의 상상력을 키우는데 가장 좋은 매개가 될 수밖에 없다.

특히 방앗공이가 숭어가 되고, 키가 광어가 되었다는 이야기는 현실성을 갖기 힘들다. 현실성을 갖기는 힘들지만, 어린이들은 그럴 수도 있다는 상상을 할 수 있다는 점이다. 세계에 존재하는 모든 사물이나 대상이 다 상통할 수 있다는 생각을 할 수 있다는 것이 동화의 세계가 가진 특장이다. 이 특장이 어린이들의 생각을 키우고 끝없는 상상의 공간을 날아다닐 수 있는 근원적 힘이 된다. 이 힘을 너무나 잘 알고 있었기에 향파 선생은 다양한 방식으로 옛 이야기들을 오늘의 이야기로 풀어내고 있었던 것이다.

동시 속의 바다 노래

향파의 공식적인 글쓰기는 동화였다. 그가 동화로서 등단하고 난 이후에는 소설과 희곡, 시나리오, 수필 등 전 문학 장르에 이르는 활동을 펼쳤지만, 역시 힘주어 진력한 영역은 아동문학이었다. 아동문학 중 동화에 쏟은 열정이 대단했다. 그런데 그는 동시에도 관심을 가졌다. 그래서 그는 동시집 『보리밭에서』(1983), 『현이네 집』(1983) 등을 출간하였다. 동시 중에서도 바다를 노래한 동시 몇 편을 통해 어린이들에게 전해주는 바다의 모습을 엿보기로 한다.

여름바다

여름이면 우린
물고기가 되죠
진종일 바닷물에서만
놀고 지내니까요

갈매기들도 우릴

친군 줄로 아나봐요

머리 위를 감돌면서

노랠 해 주니까요.

아이들의 여름 생활은 여름 바다와 뗄 수 없다. 더위를 피해 시원한 바다로 나아가야 하기 때문이다. 그래서 아이들은 온 종일 바다에서 시간을 보낸다. 그러한 아이들의 생활상을 물고기가 된 모습으로 이미지화하고 있다. 그리고 바다를 나는 갈매기가 아이들의 친구가 되고 있는 상황을 노래한다. 동시의 특징은 인간이나 사물이 쉽게 동일화된다는 점이다. 이는 아이들의 순진무구한 시선으로 세계를 바라볼 수 있기 때문이다. 아이들과 물고기가 동일시되고 갈매기와 이이들이 친구가 될 수 있는 세계는 동시의 세계에서만 가능하다. 인간이 물고기와 갈매기란 인간 아닌 다른 대상과 공감하고 소통할 수 있는 세계가 동시의 나라인 것이다.

이런 아이들의 동심으로 볼 때, 아이들이 원하는 것 중의 하나는 바다를 체험하는 배타기이다. 배타기의 경험이란 아이들에게 무서움과 설렘을 함께 동반하면서도 무한히 열린 미지의 공간을 향한 꿈을 실현시키는 일이기도 하다.

배타기

퐁퐁퐁

퐁퐁퐁

어디까지 가- 나-

가는대로 가다가

대마도까지 가- 지-

퐁퐁퐁

퐁퐁퐁

어디까지 가- 나-

가는대로 가다가

철새 만나서 놀- 지-

 무한하게 펼쳐진 바다 위를 배는 끝 간데 없이 나아갈 수도 있지만, 바다 가운데 위치한 섬에 도달하거나 또 다른 항구를 찾아 정박하기도 한다. 그런데 아이들의 생각으로는 부산항에서 멀리 떨어져 있는 이국땅 대마도까지도 갈 수 있다고 상상한다. 이는 꼭 가야 할 목적지가 대마도가 아니라, 배를 타고 어디론지 가다보면 대마도까지도 갈 수 있다는 열린 바다 공간에 대한 인식을 드러내는 부문이다. 또 <가다가 철새를 만나서 놀지>라고 제안한 것은 아이들의 바다에 대한 순수한 감정을 표현한 것이다. 아이들에게 바다는 육지에서처럼 일의 공간이 아니라, 놀이터로 인식되고 있기 때문이다. 그래서 아이들에게 바다 뿐만 아니라, 바다와 인접해 있는 선창가도 좋은 놀이터가 되고 있다.

바다의 아이들

아버지는

고기 잡으러

바다에

나가시고

어머니는

고기 팔러

자갈치에

나가시고

배 매인

선창가가

놀이터인

우리는

바다의 아이들.

　일을 위해서 부모가 다 떠난 자리에는 아이들만 남는다. 그들이 집을 나서면 바로 선창가이다. 그들이 늘상 드나드는 바닷가 선창은 이들의 놀이터가 된다. 그리고 그 놀이터에 펼쳐진 그물이 아이들의 놀이 기구가 된다.

그물

고기잡이 아저씨는
배 타고 나가고
해변에는 그물만
햇볕을 쬐며 쉬누나
우리도 그물 안에 들면
고기가 될까
용 용 잡아봐라
말도 못하는 그물아.

햇볕에 말리기 위해 펼쳐쳐 있는 선창가 그물 속으로 들어가 놀고 있는 아이들의 풍경이 눈에 선하게 떠오른다. 지금은 이런 장면을 보기도 힘들어졌지만, 향파가 선창가 아이들을 바라볼 수 있었던 시절에는 흔한 장면이다. 고기처럼 그물 속에 갇혔다가 다시 그물을 헤치고 밖으로 나오는 아이들의 장난스런 놀이는 선착장 주위에 사는 아이들만 경험할 수 있는 놀이이다. 세월이 많이 흘러 인공적인 기묘하고도 거대한 놀이동산 놀이기구에 길들여진 지금의 아이들은 상상하기도 힘든 자연과의 놀이이다.

「아침 새우」에 나타난 동화적 상상력

　「아침 새우」(수대학보, 201호, 1979. 9. 19)는 칠우란 어린이의 아침 밥상에 오른 새우 이야기에서 시작된다. 칠우가 이걸 먹어 보는 건 처음이었다. 남비 뚜껑을 열어 봤을 때 칠우는 놀라움과 함께 반가움이 왔었다. 주인공 칠우는 처음 먹는 이 새우의 모습에 약간 겁에 질린 모습을 보인다. 새우의 긴 털이 먹기에 불편할 뿐만 아니라, 제법 단단한 껍질을 지닌 새우를 제대로 씹어 먹는 데도 불편하기 때문이다. 그래도 칠우는 엄마의 말씀따라 아침 밥상에 오른 새우를 먹었다. 새우를 먹으면서 칠우는 새우와 대화를 시작함으로써 동화가 지닌 상상력을 통해 새로운 세계가 펼쳐지게 된다.

　　큰놈부터 골라먹고 보니까 뒤에 남은 것은 꼭 같은 크기의 작은 새우들뿐이었다.
　　"이게 뭐야 살도 없이 맨 껍데기하고 수염뿐이잖아"
　　새우를 입으로 가져갈 때마다 속으로 투덜거리니까 새우가 말대꾸를 했다.

"조그만 게 웬 말이 많아!"

큰 새우는 살도 많아 먹는 데 큰 불편이 없지만 작은 새우들은 긴 수염에 비해 먹을 살이 그렇게 많지 않다. 새우를 먹는 어린 칠우의 입장에서는 이런 새우는 먹기 힘들 뿐만 아니라 귀찮은 존재가 될 수도 있다. 그래서 작은 새우를 먹을 때마다 투덜거리기 시작한다. 그러자 새우가 이에 대해 말을 건넨다. 사람과 새우가 서로 말을 주고 받음으로써 동화의 세계가 실질적으로 펼쳐지기 시작한다. 동화란 그 어느 장르보다 상상력을 바탕으로 하는 문학 세계이다. 즉 사람과 새우가 서로 말을 주고 받을 수 있는 새로운 세계를 펼쳐내는 것이 동화에서는 가능하다. 그런데 칠우와 새우 사이의 대화는 서로 갈등하는 관계로 진전됨으로써 새로운 이야기의 세계로 나아가게 된다.

"뭐라구?"
"먹기 싫음 안 먹으면 될 게 아니야"
"내가 뭐랬게?"
"맨 껍데기뿐이다 수염뿐이다 금방 그러지 않았어"
"그래 내말이 거짓말이야? 속에 살도 적게 들어 있는 주제에 이 수염 길이가 뭐야. 제 몸 길이보다도 더 긴 이 수염이 그래 잘된 거야."

칠우와 새우 사이의 언쟁은 갈수록 그 거리가 서로 멀어지는 양상을 보인다. 긴 수염 때문에 먹기 싫으면 안 먹으면 되지 않겠느냐고 새우는 반문을 하고, 칠우는 살도 적게 들어 있는 긴 수염만 있는 새우가 마음에 들지 않음을 내세운다. 사람의 입장에서는 새우의 살을 먹는 것이 중요하기에 제대로 먹을 수도 없는 수염은 현실적으로 귀찮은 존재이다. 그러므로 칠우는 철처하게 사람의 입장에서 새우를 평가하고 있음을 볼 수 있다. 그러나 새우들은 사람들이 별로 중요하지 않게 생각하는, 자신들이 지니고 있는 수염이 얼마나 중요한 지를 강변한다.

> 새우들은 웃으면서 옆에 있는 저희 동물들을 집적였다.
> "이것 봐! 이 꼬맹이가 우리 수염이 긴 걸 흉보고 있어"
> 그 말을 듣고서 한 새우가 입을 비쭉했다.
> "제 까짓게 우리 수염 긴 까닭을 알기나 할 거야?"
> 그러더니 칠우를 보고 턱을 쑥 내밀었다.
> "우리는 이 수염 때문에 바다 속에서 양반 대우를 받고 있는거야, 알았어?"

사람들이 별로 생각하는 새우가 지닌 수염이 자신들에게는 얼마나 중요한 지를 말하고 있다. 새우는 수염 때문에 바다 속에서 양반 대우를 받고 있다는 것이다. 이런 까닭을 어린 칠우는 알지 못한다고 항변한다. 칠우는 새우의 긴 수염을 흉보고 있지만, 자신들에게는 그것이 양반 대우를 받는 토대가 된다는 것이다. 이러한 새우들의 강변에 대해 칠우 역시 계속해서 언쟁을 이어가고 있다.

 그 말에는 칠우도 지고 싶지 않았다.
 "어이구 사람 웃기지 말라고, 자칭 수염 때문에 양반 대우를 받고 있다고? 옛날이라면 몰라도 지금 세상엔 양반이란 게 없어. 수염 기르는 사람도 없단 말야"
 그러자 다른 새우 한 마리가 말을 가로 채 받았다.
 "없는 것도 자랑인가? 양반이 없으니까 수염도 안 기르고 있는 것일 테지 뭐"

 칠우의 입장에서는 지금은 수염 때문에 양반 대접을 받는 시대가 아니라는 것이다. 그러나 새우는 여전히 수염은 양반의 상징임을 주장한다. 이러한 칠우와 새우사이의 언쟁 속에서 우리는 사람과 새우 사이의 거리를 느끼면서도 대화 속에 나타나는 입장의 차이가 한 편의 동화를 펼쳐나가는 갈등 구조의 핵심임을 알 수 있다.
 그런데 이 동화의 매력은 칠우와 새우 사이의 언쟁을 통한 갈등 구조에서 끝나는 것이 아니라. 새우를 통해 전혀 경험하지 못했던 바다의 세계가 지닌 의미를 꿈으로 경험하게 된다는 점이다. 아침에 먹었던 새우들이 살아나 바다 속에서 칠우와 함께 헤엄쳐 다니는 이 작품의 마지막 장면은 바다란 공간이 지닌 원초적 생명성을 떠올리게 하기 때문이다.

그날 밤 꿈에 칠우는 둥둥 바다 속을 헤엄쳐 떠다니고 있었다. 기분이 그렇게 상쾌할 수가 없었다. 여러 종류의 물고기들과 함께 무성한 미역숲 다시마숲을 벗어나니까 이번엔 사슴뿔같이 생긴 빨간 산호숲이 앞으로 앞으로 걸어 오고 있었다.

누군가 어깨를 툭치기에 돌아다봤더니 아침밥 때 까먹어 줬던 작은 새우들이 양편에서 칠우를 호위하듯 떠오고 있는 것이었다.

Ⅱ. 향파 문학과 인문정신

인문학으로서의 문학

　향파 선생은 여러 칼럼을 통해 문학이란 것이 인간에게 무엇인가 라는 질문을 자주 했다. 이런 질문에 답하는 글 중의 하나가 「내일에의 동경 - 어째서 문학은 인생의 창일 수 있는가」이다. 그는 우선 인간을 무엇인가를 끊임없이 찾고 창조하는 존재로 파악하고 있다. 인간에게 있어 중요한 본질의 하나로 생각과 창조를 내세우고 있는 것이다. 문학을 통해 세상을 바라보고자 했던 향파에게는 자연스러운 현상이다.

　사람은 태고로부터 늘 뭔가를 생각하면서 살아왔다. 그리고 사람은 그 생각한 바에 따라서 늘 뭔가를 만들어 보거나 또 그 만들어진 것으로써 늘 뭔가를 시험해 왔다. 결국 인간의 역사는 사유와 행동의 연속인 것 외의 다른 것이 아니었다. 그것은 인간이 뭔가를 부단히 찾고 있다는 사실의 반영이었다.

　그러면 인간이 이러한 탐구를 지속하고 있는 이유는 무엇인가? 보다 나은 인간다운 삶을 구가하기 위해서라고 본다. 보다 나은 인간다운 삶을 구가한다는 것은 다른 말로 바꾸면, 인간의 본질적인 삶을 추구한다는 것이다. 인간은 본질적인 가치를 추구하고자 하지만, 부조리한 현실은 인간의 삶을 늘 비본질적인 상태로 나아가게 하는 요인이 되고 있기 때문이다. 달리 말하면, 인간의 삶이란 본질적인 것과 비본질적인 것 사이를 오가며 인간다운 삶을 탐색하는 과정이라 할 수 있다. 인문학은 인간이 어떻게 하면 인간다운 삶을 살아갈 수 있는지에 대한 근원적인 질문이다. 이런 근원적 질문에 대해 문학은 생생한 인간 삶의 속살을 하나의 이야기를 통해 보여줌으로써 인간이 지향해야 할 본질적인 삶의 방향을 성찰하게 한다. 이러한 성찰과 탐색은 문학만의 역할은 아니다. 그래서 향파 선생은 인간이 추구하는 학문이며, 기술이며, 종교며, 예술 등 모든 영역이 궁극적으로 추구하는 것은 '보다 인간적인 생활'을 실현하는 것이란 점을 강조하고 있다.

그러면 인간이 그처럼 끝날 줄을 모르도록 찾고 있는 것은 무엇인가. 그것이 무엇이기로 인간은 이렇도록 소란스레 학문이며, 기술이며, 종교며, 예술이며로 목숨을 내걸듯 해 활동을 하고 있는 것일까. 그러나 여기에 대한 대답은 아주 짧은 한마디 말로써 충분하다. 그것은 보다 인간적인 생활의 만족에 대한 동경, 그것이다. 더 좀 구체적인 설명을 가하란다면 그것은 인간의 능력이 성취할 수 있는 최고의 최선의 최미(最美)의 생활을 실천하겠다는 꿈인 것 뿐이다. 우리의 사회가 복잡하고 아무리 다양하다 하더라도 모든 문화의 선봉은 한결같이 '보다 인간적인 생활'이란 이 하나의 지표를 향해서만 겨누어지고 있음에 불과하다.

사람이 사람답게 살겠다는 자각에서가 아니라면 어떤 역사학도 어떤 사회학도 어떤 심리학도 어떤 철학도 이 세상에는 필요가 없게 될 것이다.

인간이 현실 속에서 추구하는 삶의 궁극적인 지점은 사람이 사람답게 사는 일임을 분명하게 제시하고 있다. 모든 영역의 궁극적인 지향점은 이 하나에로 모아져야 한다는 것이다. 그런데 향파 선생은 특별하게 문학이 그 어느 부문보다도 인간다운 삶의 가치를 구현하는 일에 대해 더 많은 요구를 받고 있다고 판단한다. 그 이유는 문학이 지향하는 바가 우선은 고차적인 인간생활에의 동경을 그리고 있고, 그 문학 작품을 읽는 독자들은 최고로 완전한 세계에 접할 수 있기 때문으로 본다.

오늘날 문학이 어느 부문의 요구보다도 더 많은 일반의 주문을 받고 있는 듯한 사실도 필경엔 이보다 고차적인 인간생활에의 동경에다 그 기인을 두고 있다. 문학에 대한 진정한 이해야말로 읽는 사람을 한걸음 앞당겨서 인간이 그리고 있는 최고로 완전한 세계에 접근시켜줄 수가 있기 때문이다.

향파 선생의 지적처럼 오랜 생명을 지닌 명작은 인간이 도달할 수 있는 최고의 삶의 가치를 지니고 있다. 그래서 그 명작을 제대로만 읽고 이해한다면, 인간이 구현할 수 있는 최고의 삶의 가치를 공유할 수 있다. 문제는 우선 그러한 수준의 작품을 작가가 창조할 수 있어야 한다는 점이고, 그 다음은 독자가 작품이 제시하고 있는 그러한 삶의 가치에 공감하고 진정으로 이해할 수 있어야 한다는 것이다. 여기에 문학을 통한 인문학적 가치의 생성이 가능하게 된다. 문학 현상은 작품의 생산자인 작가만이 존재한다고 해서 가능하지 않다. 작가를 통해 형상화되는 작품이 존재해야 하고, 그 작품을 읽어줄 수용자인 독자가 현실적으로 나타나야 완성된다. 어쩌면 독자와 만나지 못한 작품은 작품으로서의 의미를 지닐 수가 없다. 독자와의 만남을 통해 작품은 완성되는 것이다.

그런데 다양한 편차를 지닌 독자들이 동일한 한 작품을 통해 이해하고 읽어내는 수준은 다를 수밖에 없다. 이 다름은 옳고 그름이 아니라, 선이해의 차이가 빚는 차이일 뿐이다. 독서 현상에서 나타나는 이 차이를 메우는 방법으로 우리는 전통적으로 독서토론이란 메뉴를 즐겨 사용하고 있다. 독서토론은 개인적 편차를 보완할 수 있는 길임과 동시에 스스로 실천력을 내장할 수 있는 힘이기 때문이다. 그러므로 토론은 요즘 유행하고 있는 강의 위주의 인문학을 실천적 인문학으로 전환시켜나가는 매개로 활용할 수 있다. 인문학의 궁극적 목적은 사람이 사람답게 사는 삶을 지향함이다. 이를 위해서는 깨닫는 차원의 인문학 공부만으로는 부족하다. 깨달은 바를 실천할 수 있는 힘이 담보되지 않는 인문학은 화려한 지식의 향연은 될 수 있을지 모르지만, 우리 사회의 삶의 가치를 근본적으로 바꾸어 내지는 못한다. 몇 십년 전의 향파 선생의 문학을 통한 인문학의 필요성을 엿듣는 이유이다.

등단작품 「배암새끼의 무도」가 지니는 의미

　작가에게 있어, 등단작품은 여러 가지 차원에서 의미를 갖는다. 작가로서의 출발을 알리는 공식적인 선언임과 동시에 앞으로 전개될 작품 세계의 예표일 수도 있기 때문이다. 향파 선생이 첫 등단 작품을 발표한 매체는 《신소년(新少年)》이다. 1928년 5월에 나온 이 잡지에 향파 선생은 「배암새끼의 무도」를 발표했다. 등단작품의 성격도 중요하지만, 그 작품이 발표된 매체 역시 중요하다. 매체의 성격은 수록되는 작품들의 경향과 내용에 따라 결정되기 때문이다.

　《신소년(新少年)》은 1923년 10월, 《어린이》보다 7개월 뒤에 창간되어 1934년 5월(?)까지 11년간이나 발행된 장수한 소년잡지이다. 1923년 12월 3일자로 발행된 제3호의 판권장을 보면, 편집인 김갑제(金甲濟), 발행인 다니구찌(谷口貞次郎, 이문당 대표), 인쇄자 노기정(魯基禎), 인쇄소 한성도서, 발행소 신소년사, 총발매소 이문당(以文堂, 서울·관훈동 130), A5판 50면, 정가 15전으로 기록되어 있다. 「신소년사」 주소가 '이문당'과 같은 것으로 보아 잡지는 이문당에서 나왔는데, 발행인 '다니구찌'가 이문당 대표로 기재된 데에는 의문점이 남아있다. 왜냐하면 이문당의 설립자는 당대의 재력가인 이석구(李錫九 1880~1956)인 것으로 알려져 있기 때문이다. 여러 가지로 추측해볼 수 있으나 지금 그때의 사정을 아는 사람은 없다. 이문당은 일제 말기에 자진 폐업했다고 전한다. 지금 성균관대학교 캠퍼스 한 자리에는 많은 재산을 기부한 그를 기리는 〈학봉(學峯) 이석구선생 기념비(李錫九先生紀念碑)〉가 서 있다. 그의 아들이 소설가요, 국문학자로 숙명여대 총장서리를 지낸 이능우(李能雨)이다. 윤고종(尹鼓鍾 1914~? 전 조선일보 문화부장)이 쓴 『아동잡지소사(小史)』(《아동문학》배영사, 1962)에서는 최남선의 《소년》을 비롯하여, 1920년대에 나온 《어린이》·《신소년》·《새벗》·《별나라》 등을 주로 다루었는데, 그중 《신소년》을 다음과 같이 평가했다.

"《신소년》은…… 첫인상으로 볼 때, 그 당시 일본에서 나오고 있던 강담사(講談社)의 《소년구락부(俱樂部)》나 실업지일본(實業之日本)사에서 나오던 《일본소년》과 비슷한 편집체제를 가진 잡지였다. 편집체제가 일본의 그것을 연상케 할 뿐이고, 내용은 어디까지나 독특한 것이었다. 일본의 소년잡지들이 그들의 충군애국(忠君愛國) 관념을 고취하고, 강조한 것과는 반대로, 우리의 민족사상을 교묘하게 고취하는 가지가지의 기사를 빈틈없이 싣고 있었던 것이다. 그것은 총독부 당국의 눈을 어떻게든 벗어나려는 고심이 엿보이는 기사들이었다. 그 한 예를 1926년의 《신소년》 정월호에 실린 소화(小話) 한 토막에서 엿볼 수 있었다. '……개성(開城)의 옛이름은 송도(松都)인데 송도의 어린이들은 한 가지 자랑을 가지고 있다. 물건을 살 때에는 절대로 외국 사람 가게에서 사지 않는 일이다. 같은 값이 아닌 비싼 값으로도 우리나라 사람 가게에서 사야 속이 후련하다……'는 줄거리인데, 개성사람들은 일본인 가게에서는 물건을 사지 않는다는 이야기를 반일(反日)에 결부시킨 것이다."

《신소년》 창간사는 '민족'이다 '독립'이다 하는 말 대신에, '장래 조선의 주인이 되어 조선을 다스려 갈 300만 소년'이 있음을 일깨워주고 있다.

"우리 조선은 3백만 소년을 가졌습니다. 우리는 충심으로써 여러분 소년을 사랑하며 또 존경하나이다. 장래 조선의 주인이 될 사람도 여러분 소년이요, 이 조선을 맡아서 다스려갈 사람도 여러분 소년이올시다. 우리 조선이 꽃답고 향기로운 조선이 되기도 여러분 소년에게 달렸고…….

창간 초기의 편집주간은 신명균(申明均 1889~1941)이 맡았고, 이어 김갑제·이주홍(李周洪 1906~1987) 등이 맡았다. 어린이들에게 미래의 조국을 기대하며, 민족주의의 정신을 고취시키기 위해 창간한 이 잡지의 편집주간까지 맡았던 향파 선생은 이 작품을 통해 무엇을 어린이들에게 심어주고자 했을까?

이야기의 주체는 어미 뱀과 새끼 뱀 세 마리이다. 어미 뱀은 매일 먹이를 잡으러 나가는데, 하루는 늦게 돌아왔다. 그 때 제일 큰 새끼뱀이 엄마가 잡아먹는 개구리를 자기들도 먹고 싶어한다.

다음 날 엄마가 나가고 난 뒤에 이 새끼 뱀들은 큰 형의 꼬임에 속아 맛있다는 개구리를 잡으려 밖으로 나가게 된다. 개구리를 발견한 이 새끼 뱀들이 그 개구리를 잡으려 하지만 개구리는 도망치고 대신 제일 작은 뱀 새끼가 까치에 물려가고 말았다. 동생을 잃은 뱀새끼들은 슬퍼기도 하고. 엄마의 꾸중이 걱정이 되어 엄마가 돌아오자 거짓말을 했다. "막내 새끼 뱀은 아침에 개구리가 먹고 싶다고 해서 나갔는데, 아직도 돌아오지 않고 있다"고. 엄마는 슬프지만 다른 짐승에게 잡아먹혔다고 단념을 하고는, 남은 새끼 뱀들에게는 다시 한번 밖에는 나가지 말라고 당부를 한다. 그리고는 다음 날은 염려가 되어 광에 있는 개구리 한 마리를 갖다주면서, 너희들은 이것을 아직은 먹을 수가 없으니, 가지고 놀기만 하라고 부탁을 하고 집을 나갔다.

집에 남은 두 형제 뱀새끼는 그 개구리를 문밖에 나가 풀 위에 얹어놓고는 개구리 주위를 빙빙 돌면서 재미나게 춤을 추며 놀았다. 한참 놀다가 다리도 아프고 몸도 피곤해져 잠깐 쉬다가 형제는 내기를 했다. 느릅나무 끝까지 먼저 다녀오는 이가 개구리를 독차지하기로 했다. 동생 새끼 뱀은 땀을 흘리며 열심히 기어오르다가 형이 뒤따라 오는지를 확인해 보았다. 그런데 형새끼 뱀은 보이지 않고 나무 밑에서 캑캑거리는 소리만 들렸다. 형은 혼자 남아서 개구리를 먹다가 목에 걸려서 캑캑거리고 있었던 것이다. 동생 새끼 뱀은 나무 위에서 형을 보고는 '나를 속이고, 엄마의 말씀을 듣지 않으면 그렇게 돼'라고 중얼거리며 춤을 추고 있는 모습이 이 작품의 마지막 장면이다.

향파 선생은 이 작품을 통해, 자라나는 어린아이들에게 엄마의 말에 순종하는 하는 것이 얼마나 중요하며, 다른 사람을 속이는 거짓말을 해서는 안 된다는 교훈을 전해주고 있다. 그러나 이 작품이 갖는 더 중요한 의미는 향파 선생은 평생 시, 소설, 희곡, 수필, 고전번역 등 다양한 장르의 글쓰기를 해왔지만, 아동문학을 중심에 두고 있었던 이유를 이 첫 등단작품을 통해 확인할 수 있다는 점이다. 즉 향파 선생이 문단에 발을 들여놓으면서 시작한 아동문학의 뿌리를 만날 수 있다는 것이다.

개구리와 두꺼비 이야기의 현재성

동화의 힘은 상상력이다. 그런데 그 상상력이 펼쳐내는 세계는 비현실적이지만은 않다. 상상력이 풀어내는 이야기 속에는 현실을 향한 비판적 의미가 내재되어 있는 경우가 많기 때문이다. 향파 선생이 1930년 《신소년》에 발표한 「개고리와 둑겁이」는 그런 류의 동화 중 한 편이다.

세상에 여러 물고기와 생물들이 생겨날 때, 개구리도 함께 생겨났는데, 그들이 힘있는 생물들에게 잡혀먹히기만 하여 떼를 지어 마을 앞 질펀한 논으로 이사를 했다는 이야기로 이 동화는 시작된다. 이곳에서 개구리들만 살게 됨으로써 한 동안은 개구리들이 평화롭게 살게 되었다. 그런데 점차 자손들이 늘어나고 먹을 것이 적어지면서 서로 싸움이 계속되었다. 이를 해결하기 위해서 서로 땅을 갈라서 살기로 했다. 이 논에서 저 논으로 건너갈 수 없도록 되었다. 이렇게 구획을 정하면 평화가 계속될 줄 알았는데 그렇지는 못했다. 나뉘어진 곳에서도 힘이 강한 자와 약한 자 사이에 싸움이 또다시 계속되었다. 이래서 한 경계 안에서도 내것 네것으로 나누어졌다. 결국 약한 놈들은 강한 놈에게 빼앗기고 살 수밖에 없었다. 강한 놈들은 아침부터 저녁 늦게까지 종일토록 가만히 앉아서 주먹 한 개면 넉넉하게 배를 불리고 살 수 있었다. 강한 놈들은 제 욕심대로 잘 살기 위해, 약한 놈들을 계속 힘들게 해서 병들게 만들었다. 이런 상황 속에서도 약한 놈들은 조금이라도 얻어먹기 위해서는 강한 놈들의 지시에 따라 복종하지 않을 수 없었다.

그런데 강한 놈들이 생각하기를 힘도 힘이지만 먹을 것을 많이 가지는 것이 중요하다는 것을 깨달았다. 그래서 강한 놈들은 고방에다 먹을 것을 저장하기 시작하고, 약한 놈들에게는 먹을 것을 조금씩만 주었다. 이렇게 오랜 시간이 지나자, 강한 놈들은 고방에 쌓인 먹을 것 때문에 즐겁게 지낼 수 있었지만, 약한 놈들은 굶어서 병들어 죽게 되었다. 약한 개구리들은 갈수록 팔다리가 여위고 살이 빠져 갔다. 대신 강한 놈들은 살이 찌고 몸에 기름이 흐르는 듯했다. 이 강한 놈들이 지금의 두꺼비인데. 그때에는 큰 개구리라고 불렀다. 그런데 이 큰 개구리들이 고방을 새로 더 많이 지어 자기 새끼들에게 주고는, 그곳에 약한 개구리들 중에 가장 순하고 어리석은 놈을 뽑아 약한 놈들 일터에 가서 감독하게 했다. 그러나 이들도 만족스럽게 먹을 것을 받지도 못하고 죽도록 일만 하게 했다.

하루는 그 감독 개구리의 어머니가 하도 배가 고파 큰 개구리의 고방 속으로 들어가 몰래 먹을 것을 훔쳐 먹었다. 그런데 그 고방에서 나오면서, 이 어머니 개구리가 아이들을 생각해서 먹을 것을 훔쳐나오다가 고방직이 한테 들켜 그 자리에서 물려죽고 말았다. 감독 개구리가 자기 어머니가 죽은 것이 마음 아프고도 억울해서 항의를 했더니 고방지기가 다시 이 감독 개구리를 죽였다. 이 소식을 듣고 죽은 감독 개구리의 동생이 수십 마리의 동무 개구리들을 데리고 가서 다시 항의를 했다. 그러나 약한 개구리들은 힘이 없어 모두 다 죽음을 당했다.

 그러자 이 소문이 모든 개구리들에게 전해졌다. 그래서 약한 개구리들이 이곳 저곳에서 모두 몰려들었다. 이들이 힘을 합쳐 큰 개구리들을 없애버리기로 작정을 한 것이다. 그런데 때가 이미 가을로 접어들어 개구리들이 땅 속으로 들어가기 시작했다. 큰 개구리도 고방을 잠가놓고는 흙속으로 들어가 버렸다. 겨울을 흙 속에서 기다려야만 했다. 다음 해 봄이 오자 개구리들이 잠을 깨고 흙속에서 일어났다. 큰 개구리들도 깨어나 고방 뒷간에 있는 화려한 방 속에 자리했다. 그리고는 작은 개구리 감독들을 불러 전에처럼 지휘를 하였다. 그러나 그 지휘를 들을 개구리는 없었다. 모든 개구리들이 몰려와 큰 개구리들에게 달려들었다. 힘없는 약한 개구리들이었지만, 죽을 힘을 다해 큰 개구리들과 싸웠다. 이 바람에 결국 큰 개구리들은 견디지 못하고, 쫓겨났다. 이리하여 힘없는 개구리들이 사는 논에는 평화가 찾아왔다. 쫓겨난 큰 개구리는 육지로 쫓겨난 이후에 먹을 것이 귀해서 배를 곯았다. 뿐만 아니라 그 동안 놀고만 먹다보니 일 할 줄도 몰랐다. 그래서 지금 우리가 볼 수 있는 몇십 년이나 굶은 듯한 얼굴로 밭고랑이나 돌 덤불 속에 앉아 있게 된 것이다. 힘없고 약했던 개구리들이 큰 개구리들을 쫓아낼 때 부르짖던 그 소리만 들어도 큰 개구리는 간이 콩알만 해져 논으로는 내려가지 못하게 된 것이다. 그래서 사람들이 논둑만 보면 겁을 내는 놈이라고 '둑겁'이라는 별명을 부쳤다고 한다.

이런 두꺼비도 재주가 있어, 바깥으로 나와서 하늘만 쳐다보면 비가 오게 되어, 개구리들이 입을 벌려 울지 않게 한다는 것이다. 그래서 두꺼비가 보이면 비가 온다는 속설이 생긴 것이다. 두꺼비가 이런 재주를 부리니, 약한 개구리들은 이를 알고, 담대하고 날쌘 놈을 뽑아가지고 육지로 보내어 두꺼비의 행동을 지켜보게 했다. 그 개구리들이 소위 청개구리라는 것이다. 그래서 두꺼비가 하늘을 쳐다보고 비를 내리려 하면, 청개구리가 나뭇가지에 올라가서 미리 비가 올 것을 알려준다는 것이다. 이 소리를 듣고 논에 있는 개구리들은 미리 준비를 한다는 것이다.

향파 선생은 생김이 비슷한 두꺼비와 개구리를 통해 인간사회에 존재하는 약자와 강자 사이에 있을 수 있는 사회상을 상징적으로 보여주고 있다. 다양한 생물 세계 속에서도 마찬가지지만, 인간사회 속에서도 강자와 약자 관계는 생기기 마련이다. 강자와 약자의 관계가 좋은 관계로 진전되지 못하고 악화되면, 약자들은 할 수 있는 방안을 다 동원해서 강자와 약자 간에 형성된 주종관계를 허물기 위해 최악의 상태로 치달을 수밖에 없다. 이러한 작품의 경향은 1930년대 당시의 사회주의 사상을 반영한 점도 무시하기는 힘들다. 또한 일제 강점기에 주권을 빼앗아간 일본은 강자의 힘으로 약자인 우리 국민들을 얼마나 괴롭혔는가? 이러한 민족적 저항을 직접적으로 드러낼 수는 없었기에 동화라는 매개를 통해 그 울분을 드러내는 측면도 무시할 수 없다. 그러나 더욱 중요한 의미는 시대에 관계없이 언제나 인간사회에 존재할 수 있는 강자와 약자 간의 관계가 어떠해야 하는지를 상징적으로 보여주고 있다는 점이다. 달리 말하면 강자는 언제나 약자를 돌볼 수 있는 자리에 있어야 강자와 약자의 관계는 좋은 관계를 유지할 수 있다는 점이다. 즉 약자와 강자가 더불어 함께 살 수 있는 길은 어디로부터 시작될 수 있는지를 명료하게 보여준다는 점이다. 여전히 계속되고 있는 우리 사회의 갑을관계를 어렵지 않게 떠올리게 되는 이야기를 향파 선생은 90년 전에 이미 동화로 들려주었던 것이다.

연극활동과 인문교육 정신

　향파 선생이 해방 이후 서울 생활을 마무리하고 1947년 부산으로 내려와서 학교생활을 시작한 곳은 경상(慶商)이었다. 그러나 곧장 동래중(현 동래고등학교)으로 자리를 옮긴다. 그곳에서 평생 지인이 될 김하득 교장을 만나게 된다. 향파 선생은 학교에 부임하자마자, 김하득 교장에게 평소에 관심을 가지고 있던 학생들을 중심으로 한 연극 활동을 요청했다. 여기에 공감한 김하득 교장은 향파 선생의 든든한 후원자가 되어 주었다. 향파는 아동문학, 소설뿐만 아니라 희곡작업과 함께 연극에도 남다른 관심을 가지고 1930년대부터 활동해왔다. 부산에 와서도 그 연극운동을 통해 학생들의 정서활동을 활성화시키고 싶었던 것이다. 그래서 동래중학교 학생들을 중심으로 연극반을 결성하고 연극활동을 시작했다. 이 때 동래 중학교에서 무대에 올려진 작품은「청춘기」,「대차」,「탈선춘향전」,「봄없는 마을」,「아버지는 사람이 저래」,「호반의 집」등이었다. 동래중학교에 부임한 지 1, 2년 사이에 이같은 작품을 무대에 올렸으니, 그 때의 열정이 어떠했는지를 상상할 수 있다. 모든 희곡작품을 향파 선생이 직접 마련하고 전체 연극연습과정을 지도했으니, 그

때의 상황을 충분히 짐작할 수 있다. 이 때 향파 선생의 연극지도를 받았던 학생 중에 연극에 계속 관심을 가지고 활동한 인물들이 많이 있다. 향파 선생이 기록에 남겨놓은 학생의 이름은 박재용, 장수철, 김용길, 최원식, 배준호, 박해식 등이 있다. 이들은 후에 향파 선생이 학교를 부산수산대학으로 옮겼을 때에 수대로 와서 부산수산대학 극예술연구회 멤버로 활동한 자들이 되었다. 향파 선생이 수대에서 극예술연구회를 만들어서 학생들을 지도한 결과 전국대학생 연극대회에서 최우수팀으로 선정되는 성과를 올리기도 했다. 향파 선생은 당시 부산 지역의 다양한 중등학교에서 연극 활동의 활성화를 위해 연극반들을 결성해서 연합체를 이루기도 했다.

향파 선생의 생각으로는 당시 해방 이후, 곧 6.25로 이어진 혼란한 한국사회 속에서 학생들의 정서교육에는 연극 만한 것이 없다고 판단했기 때문이다. 일반적으로 연극이 지니는 교육적 의미는 몇 가지로 나누어 볼 수 있다.

첫째, 교육연극 체험의 실천적 성격은 언어적 소통의 한계를 극복하는 체험적 측면과 교육어로서의 매체 측면에서 그 의미를 나타낼 수 있다. 교육연극의 과정에서 사용하는 언어는 지식을 전달하는 표현적 언행이 아니라 비표현적 언행 및 표현달성적 언행을 사용하게 된다. 또한 드라마는 표정, 손짓, 행동표현 등 이성적인 면과 정서적인 면을 포함하는 총체적인 표현 형식으로 교육활동의 매체 기능을 수행하는 넓은 의미의 '교육어'이다.

둘째, 드라마적 상상력인 '만일 그렇게 된다면'은 배움과 가르침의 활동에서 다른 모습으로 작용한다. 배움의 과정에서 드라마적 상상력은 자신이 현재 지니고 있는 지식의 오류를 가정하고 미래에 체득할 지식을 향한 도약의 출발로서 불신을 유보하는 것과 제자가 스승의 권위를 믿고 교육활동에서 이루어지는 극적 허구과정에 참여하는 데 작용한다. 가르침의 활동에서 드라마적 상상력은 교육의 중요한 원천이 된다.

셋째, 예술적·미적 체험의 특성과 놀이로서의 특성을 갖는 교육연극 활동은 교육활동의 내재적 가치를 실현할 수 있다. 교육적 체험의 특징의 하나로 볼 수 있는 '즉흥성'은 교육연극 실행들의 공통된 기반이며, 참여자의 주체적이고 자발적인 참여를 이끌어낸다. 즉흥성과 더불어 교육의 내재적 가치를 설명할 수 있는 교육연극의 활동은 '놀이'로서의 교육활동이다.

넷째, 연극은 자신이 역할을 맡은 대상에 몰입하여 동일시하고 표현해 내는 과정에서 자신과 타인을 비교적으로 경험할 수 있는 기회를 갖게 되고, 그를 통해 자신의 정체성을 정립할 수 있는 계기가 될 수 있다는 데서 교육적 의미를 도출할 수 있다. 또한 가상의 역할을 준비하는 과정에서 연극공동체의 일원으로 참여하면서 이루어지는 모방이 협업능력과 대인관계 능력, 의사소통능력 등 사회적 관계에서 요구되는 능력을 포함하고 있다는 점에서 연극의 교육적 가치를 찾을 수 있다.

연극 활동은 개인이 모여 연극 공연이라는 하나의 완결된 경험을 만드는 과정이다. 하나의 완결된 경험 구성 과정을 '학습 과정'으로 볼 때,

경험을 공조하는 과정은 공동체적 학습 과정이라 할 수 있다. 즉 개별적인 경험세계를 가진 학습자들이 '어떻게 기존 경험의 연장선상에서 새로운 경험을 구성하는지', 상이한 경험 구성 방식을 가진 학습자들이 '어떻게 서로 접촉하고 소통해 공동의 경험을 구성하는지', 이 과정에 내포된 '학습 방식과 학습 내용은 어떠한 것이 있는지'를 체득함으로써 통합적인 학습을 가능하게 하는 것이 연극이다. 다시 말해 전인적인 인격을 만들어 나가는 데는 가장 효과적인 교육이 될 수 있다는 것이다.

향파 선생의 대표적인 희곡 중 한 편인 「탈선 춘향전」은 이런 측면에서 학생들에게 가장 효과적인 교육용이면서도 대중적인 인기를 끌었던 작품이다. 「탈선 춘향전」은 방자가 서사적 화자 및 극중 주인공으로 등장하면서 이몽룡을 비롯한 양반 사회의 위선적인 모습을 풍자적으로 비판하고 있다. 극중 인물과 배경은 춘향전에 기초를 두고 있지만, 극중 인물들이 서로 주고받는 대사는 모두 현대적인 상황을 은유적으로 암시하고 있으며, 각종 역설과 상스런 대사가 삽입되어 관객들에게 카타르시스를 주고 있기 때문이다. 그래서 이 작품은 한국 최초의 마당극으로도 명명되고 있다.

1948년 희곡이 창작되고 1949년 동래중학교에서 초연이 된 이후 1960년에는 영화화되기도 했으며, 2006년 향파 선생 탄생 100주년 때에는 연희단 거리패에 의해 부경대학교 대학극장에서 공연되었고. 이후 전국 무대에 다시 선을 보였다. 언제 보아도 해학적 웃음을 선사하는 「탈선 춘향전」이 그리워지는 시간이다.

향파가 생각하는 문학정신이란?

향파 이주홍은 평생 150여권이 넘는 작품집을 남겼다. 평생 작품과 더불어 산 셈이다. 그러면 그에게 있어 문학이란 무엇이었을까? 이런 질문을 자연스럽게 하게 된다. 그가 남긴 문학론이 많지만, 수대학보에 실린 「참된 문학정신이란 –문학과 생활」을 통해 향파 선생이 부여잡고 있었던 문학에 대한 관점을 살펴볼 수가 있다.

"적어도 보다 나아지기를 원하는 마음에서 모든 문학은 필요했다. 한 말로 말해서 문(x)은 보다 나아지기를 원하는 맘에 만족을 주는 그 어떤 것 중의 한가지다. 사람은 누구나 오늘의 것에 만족하지 않고 보다 나아질 것을 내일에다 건다. 소설 또는 일반문학은 곧 내일에의 꿈을 미리 구체적으로 보이고 또 보증해 주는 거울의 하나이다."

향파 선생이 생각하는 문학의 본질 중 하나는 우선 현재에 만족하지 않고 미래의 꿈을 그리는 작업임을 보여주고 있다. 인간이 사는 현실은 언제나 부조리와 불만족이 넘쳐나기 마련이다. 그러나 인간은 이 현실을 초극하려는 노력을 부단히 계속할 수밖에 없다. 문학 역시 작가가 이 부조리한 현실을 넘어서기 위한 노력의 일환으로 새로운 세계를 창조해 나간다는 것이다. 그것이 향파에게는 문학이었다.

그러나 이 꿈을 제대로 그려나기기 위해서는 작가가 다루려는 사물과 현실을 참 되게 표현해야 하는 과제가 있음을 분명하게 제시한다. 표현에 진실성을 갖추어야 보편성을 획득할 수 있기 때문이다. 보편성을 지녀야 그 작품이 독자로부터 공감력을 획득할 수 있기 때문이다.

"사물을 바르게 보고 참되게 표현하는 것은 문학인들의 둘도 없는 사명이다. 필경 문학이란, 언어 및 문자에 의해서 모든 사물의 실상에서 최선의 표현을 하는 것을 임무로 한다. 그 표현된 실상에는 반드시 진실성이 있는 것이면 있는 것일수록 그것은 보편성을 갖는다. 이 보편성의 기반이 없어서는 문학의 가치를 얘기할 수가 없다. 때문에 가장 좋은 문학은 가장 참된 보편성 위에서만이 찾아 볼 수가 있게 되는 것이다."

그런데 더욱 중요한 것은 사실의 표현에 그치는 것이 아니라, 문학은 상상하는 꿈을 그린다는 점이다. 이 상상력은 현실의 부조리를 넘어설 수 있는 근원적 힘이 된다는 점에서 문학의 특징이다. 새로운 세계를 창조할 수 있는 힘이 상상력이기 때문이다.

"문학은 역사와 같이 있어온 실재사실을 그리는 게 아니라 작자가 머리 속에서 상상하는 꿈을 그리는 것이다. 문학의 세계란 곧 이 어떠한 개인이 머리 속에서 상상한 꿈의 세상을 말하는 것이다."

　　이런 상상력을 가장 강조한 장르가 향파에게는 아동문학이었다. 일상의 작은 경험을 바탕으로 어린이들에게 상상의 세계를 제시했다. 그의 데뷔 작품이 동화였고, 소설, 시, 희곡, 수필 등 다양한 장르의 글쓰기를 했지만, 동화를 끝까지 부여잡고 있었다. 상상력을 키우는 것이 문학교육의 궁극적 목적이며, 어린이들에게는 이런 문학 교육의 매개로서 동화 만한 것이 없다고 생각했기 때문이다. 바다를 소재로 한 동화 중「아침새우」도 그 중의 하나이다.

　　"아침 밥상에 새우 지진 것이 올라 있었다. 칠우가 이걸 먹어 보는 건 처음이었다. 남비 뚜껑을 열어 봤을 때 칠우는 놀라움과 함께 반가움이 왔었다. 등이 고부라진 빨간 새우들이 짠 국물하고 함께 담겨 있었다."

　　아침 밥상에 반찬으로 올라온 새우를 소재로 시작되는 동화이다. 밥상에 오른 현실적 새우는 결국 상상하는 바다 세계로 이끄는 매개가 되고 있다. 칠우란 아동을 현실 세계에서 상상의 공간으로 인도하고 있다.

　　"그날 밤에 칠우는 둥둥 바다 속을 헤엄쳐 떠다니고 있었다. 기분이 그렇게 상쾌할 수가 없었다. 여러 종류의 물고기들과 함께 무성한 미역 숲 다시마숲을 벗어나니까 이번엔 사슴뿔같이 생긴 빨간 산호숲이 앞으로 앞으로 걸어오고 있었다.

누군가 어깨를 툭치기에 돌아다봤더니 아침밥 때 까먹어 줬던 작은 새우들이 양편에서 칠우를 호위하듯 떠오고 있는 것이었다. 칠우는 그들을 만난 게 무척이나 반가왔지만 우선 뭣보다도 어리둥절한 생각이 먼저 들었다.

"아니 그런데 내가 왜 여길 와서 있는 거지"

"제가 원해 와 놓고선 되레 누구더러 뭘 묻고 있는 거지? 네가 이 고장 서울구경을 하재서 우리가 이렇게 안내해 가고 있는 게 아니니?"

온통 진주와 보석으로 이루어진 대궐이 가까워올수록 그 근처에는 여러 가지의 물고기들과 같이 초밥집에서 본 그 박제 새우같은 크고 붉은 새우들이 점잖게 떠다니며 놀고 있었다. "

향파는 아침 밥상에 반찬으로 올라온 새우를 통해 칠우를 바다 속 꿈 속의 세계로 인도하고 있다. 그곳은 현실에서는 볼 수 없는 바다 생물들이 하나의 세계를 이루고 살고 있는 별 세계이다.

아침 밥상의 작은 새우를 통해 현실을 넘어서는 바다 속의 세계를 상상하게 하는 힘은 향파가 말한 문학의 힘이 창조한 세계이다. 이 세계는 아동들이 현실적으로 경험할 수 없는 세계라는 점에서 문학이 가진 힘의 결과이다. 특히 아동들에게 필요한 것이 상상력의 발휘라는 점에서 향파는 이점을 매우 중요하게 생각한 것이다

소설 속 일상에 부대끼는 인간상

향파는 1906년 경남 합천에서 태어나 작고하기까지 다양한 장르의 많은 작품을 남겼다. 해방전후 서울에서 활동하다가 6.25 이전에 부산으로 옮겨와 1949년부터 부산수산대학(현 부경대학)에 자리를 잡음으로써 본격적으로 부산문학의 터를 닦는 작업에 전념하게 되었다. 그의 문학 활동은 초기에는 아동문학에 기울어지는 듯 했지만, 1956년 첫 단편집 『조춘』을 펴냄으로써 본격 소설가로서의 면모를 드러낸다. 이어 『해변』(1971), 『풍마』(1973), 『어머니』(1979), 『아버지』(1982), 『깃발이 가는 곳을 향하여』(1984) 등을 펴냈다.

향파의 초창기 소설은 그의 첫 소설집 『조춘』에서 만나게 되는데, 여기에서는 일상적 삶을 보여주는 인물들이 등장한다. 집단의 삶이나 역사적 사건을 다루는 작품보다는 개인사나 가족사적 삶을 드러내는 경우가 많다. 개인사나 가족사를 다루고 있다고 해서 모두 그 자체를 일상성을 다루는 작품으로 매도할 수는 없다. 그러나 향파의 초창기 작품에는 역사성과는 일정한 거리가 있는 개인사나 가족사를 다루고 있는 작품들이 주종을 이루고 있다. 그 작품 중 한 편이 「완구상」(1937)이다.

이 작품은 젊은 부부가 생활을 영위하기 위해 장난감 장사를 시작했다가 그 일이 잘 운영되지 않아 장사를 포기하고 또 다른 곳으로 떠나는 내용이다. 사실 이들의 장난감 장사는 처음부터 한계를 지니고 있었다고 할 수 있다. 주인공 그의 성격으로 보아 장사와는 거리가 있었기 때문이다. 그는 사회운동을 하며 젊은 시절을 보낸 이상론자였기 때문이다.

　　- 무엇을 할까.
　　그러나 눈 앞엔 역시 자기의 힘으로서는 어찌할 도리도 없는 가시밭길이 가로 놓여 있을 뿐이었다.
　　그러면 어찌해볼꼬? 하여간에 덤벼보자
　　치밀한 계획도 없이 그는 소매를 걷어 올렸다. 따지고 보면 이런 무계획성의 저돌은 자포자기의 성질과도 유사한 것이었지만, 하여간 그가 처음으로 시작해본 것이 곧 이 지금의 장난감 장사였던 것이다.

　　이렇게 무계획으로 시작한 장난감 장사가 신통할 수 없었던 것은 자본의 영세성에도 있었지만, 그는 장사를 장사로 인식하지 않고, 어린애들을 상대하는 이 생활을 예술생활의 실천으로 인식하고 있었다는 점이 더 심각한 문제였다. 어린이를 상대하는 장난감 장사가 성공하려면, 그 상품을 사러 오는 대상을 수요자로 인식하고 있어야 한다. 그런데 주인공의 생각은 그렇지 못했다. 그에게는 그의 상점을 찾아오는 어린애들이 상품을 사러오는 단순한 수요자를 넘어 서 있었다.

그와 어린애들과의 교섭은 곧 예술생활의 실천이었다. 장사와 예술 이 두 가지가 병행하는 생활이었기 때문에 그에게 있어서 어린애들은 경제적 관련을 갖는 고객 이상의 대상이 되어 있었다.

이러한 남편의 생활방식에 대해 문제를 제기할 수밖에 없는 자가 그의 부인이다. 그녀는 남편보다는 생활의 현실감을 직접적으로 감각하는 입장이기 때문이다. 부인의 입장은 장사의 수입을 통해 생활을 영위해야 하는 직접적인 당사자이기에 남편과는 현실적 인식에 차이가 날 수밖에 없었다. 갈수록 쪼달리는 가정 형편 때문에 그도 부인의 입장을 이해하고 독한 마음을 먹고 철저한 생활인이 되어보려고 몸부림치지만 장사하는 사람으로서 성공할 가능성은 거의 없는 상황이 계속된다. 그래서 도매상과의 거래가 끊어지고 주인집의 전세는 현재 상품의 재고량을 훨씬 넘어서서 빚은 늘어만 가는 상황이다. 결국 이 두 부부는 완구상을 정리하고 마을을 떠날 수밖에 없는 지경에 이른다.

이 이야기 속에서 우리는 그 당시의 소자본에 의해 힘들게 살아가야 했던 서민들의 생활상을 읽어낼 수 있다. 여기서 그라는 한 인물을 통해 한 가정의 삶을 제대로 주체해 나가지 못하고 현실적 삶에 패배한 인물을 만나게 된다. 즉 주어진 삶의 환경에 적극적으로 대응해 세계와의 갈등을 넘어서는 인물이라기보다는 그 환경에 지배당하는 비극적 인간상을 보게 된다.

이러한 인물상은 「조춘」에서도 이어지고 있다. 이 작품에 나타나는 짐노인은 짐장군, 반미치기 등의 별칭을 가지고 남의 집 머슴살이로 평생을 살고 있는 인물이다. 힘들게 얻었던 부인도 아들도 다 떠나보내고 동네사람들의 노리개감이 되어 홀홀단신으로 살아가고 있다. 그는 이러한 삶 속에서도 아버지를 배신하고 떠난 아들을 찾아 현실을 극복해 보려는 삶보다는 그 현실의 삶을 저항없이 받아들이며 살아간다. 그도 "자식도 갖고 싶고 살림도 자존심도 갖고 싶지만" 이를 소유하기 위해 악착같이 몸부림치는 갈등상을 보이지 않는다. 자신에게 주어진 삶을 받아들이며 타인들의 삶에 관련된 모든 문제는 자신이 스스로 짊어지고 가는 삶을 모습을 보인다.

　이런 짐노인이기에 그의 삶은 다른 사람과 비교하면 성공적인 삶의 모습은 보여주지 못한다. 이 점에서 「완구상」에서의 그와 「조춘」의 짐노인은 서로 상통하는 인물상이 되고 있다. 즉 상업적으로 성공하지 못한 「완구상」에서의 그와 가정도 제대로 꾸리지 못한 삶의 모습을 보인 「조춘」에서의 짐노인상은 일상적 삶도 제대로 꾸려가지 못하고 있다는 점에서 서로 닮아 있다는 것이다.

　향파 선생은 이렇게 일상적 삶에 부대끼는 자들을 소설의 인물로 설정함으로써, 삶의 환경으로부터 소외되어 힘들게 살아가는 불우한 인간상을 부각시킴으로써 인간의 삶에 대한 근원적 질문을 던지고 있다.

수필에서 확인하는 시적 감수성

향파는 1957년에 『예술과 인생』이란 첫 수필집을 펴냈고, 1961년에 두 번째 수필집 『조개껍질과 대화』를 펴냈다. 전자에 실린 수필들은 전부 79편으로 2편을 제외하고는 전부 1950년대 초반에서 중반까지의 수필이다. 그리고 후자의 수필집에는 전부 94편이 살려있는데, 56편이 50년대 후반에 쓰여진 수필이며, 나머지는 1960년 이후의 수필이다. 그래서 이 두 권의 수필집에서 1950년대에 쓰인 수필을 중심으로 그의 수필이 보여주는 세계를 살펴보고자 한다.

수필은 다른 장르와 달리 인간의 삶의 모습이 가장 적나라하게 드러나는 글이다. 삶과 밀착되어 있는 생활인의 글쓰기라는 점에서 인간에 대한, 세계에 대한 작가의 정신이 선명하게 드러나는 특징을 지닌다. 이런 면에서 수필은 한 작가의 인문학적 토대를 그 어느 장르보다 투명하게 내보인다.

향파는 그의 어린 시절 이야기를 수필 속에 다양하게 풀어놓고 있다. 특히 그의 문학 수업에 대한 회상을 그의 수필 「예술과 인생」에서 자세하게 풀어내고 있다. 자신을 객관화하여 서술하고 있는 다음 장면은 그의 문학에의 눈뜸이 어떻게 이루어졌는지를 확인시켜주고 있다.

　열대여섯 살 됨직한 어린 소년은 풀밭에 누워서 잡지를 보느라 삼매경에 들어 있다. 소년은 가끔 얼굴 위로부터 책을 걷고는 공상에 잠긴 맑은 눈으로 바다 빛 푸른 하늘을 쳐다본다. 어디선지 뻐꾸기 소리가 흘러온다. 함박꽃처럼 피어오르는 하얀 구름송이에 눈이 지치면 소년은 가벼운 한숨을 남기면서 다시 책을 얼굴로 가져간다. 눈으로 보이는 실재 외에 세상에는 또 하나의 세계가 존재한다는 것을 소년은 이때에 다시 한번 확신한다. <예술세계> 이런 사치스런 어휘를 쓸 수 있는 소년은 아니었다. 그러나 적어도 그런 걸 거라는 것만은 스스로 규정하고 또 자신했다. 시라는 것이 무엇인가를 소년은 알만 했다. 이것은 경이의 개안이었다. 인간은 시라는 세계에도 참여할 수 있는 또 하나의 의미, 신통한 영물이란 것을 소년은 발견했다. 소년의 눈빛은 놀라리만치 광채를 뿜내고 가슴은 뿌듯하게 부풀어 올랐다. -중략- 시라는 글자에서 오는 실감이 이렇듯 향기롭고 황홀한 것이었을 줄은 물론 소년으로서는 상상도 못하던 일이었다. 이간으로 태어나 고마움과 기쁨을 소년은 비로소 만끽했다. 기미만세 다음 해인 1921 여름의 어느 오후의 일이었던가, 빈한하고 고독하던 소년 이주홍은 그 때 풀밭에 누워서 시 잡지《금성》을 읽고 있었다.

　향파가 처음 접하게 된 문학장르가 시였다는 점과 현실세계와는 다른 예술세계가 존재한다는 인식은 여러 가지 의미가 있다. 시는 산문보다는 상상력을 촉발하는 힘이 강하며, 이 힘은 새로운 세계를 창출하는 역동성을 가진다. 향파가 다른 작가들보다 예술성을 그의 문학에 있어, 중요한 토대로 삼고 있는 이유도 이러한 문학에 대한 인식과 무관하지 않다. 이러한 자신의 문학에 대한 인식을 글로 객관화하고 있는 이 시기가 33년이나 지난 뒤의 논의이기는 하지만, 자신의 문학적 이력을 회고하고 있는 한 장면이란 점에서, 향파문학의 근저를 확인할 수 있는 부분이다. 이때가 향파가 보통학교를 졸업하고, 1년 동안 서당을 다니다가, 서울로 가서 1년 고학을 하고 시골로 다시 돌아온 상태이기 때문에 문학에 대해 이제 막 눈뜨던 시기라고 할 수 있다. 향파는 이렇게 시를 통해서 문학의 눈뜸도 있었지만, 서당생활 역시 향파에게는 문학의 토대를 형성하는 데 상당한 역할을 한 것으로 보인다.

서당에서는 첫 동문선습으로부터 시작해서 통감, 논어, 맹자, 중용, 그리고 여름엔 연주시와 고문진보를 배우면서 훈장님이 시키시는 대로 한시를 지었다. 엄청나게 무리한 분량으로 배우기도 했거니와 몇 시간을 달아 훈장 앞에 꿇어앉아서 논어 20권을 한 자의 빠짐이 없이 암송해야 했었던 것을 생각하면 당시의 사당교육이 얼마나 잔인한 주입식이었던가를 짐작할 수 있다.

그러나 여름 동안의 시작시간만은 한없이 재미가 났었다. 훈장은 때마다 나의 시에 관주의 비점을 찍으면서 극구하여 칭찬을 해주시었다. 때문에 이 동안만은 동무 아이들로부터 시기와 경원의 적이 되어야 하는 것도 어찌할 수 없는 노릇이었다. 이때가 내게 있어서 제일 행복한 때이기도 했거니와 아버님께서 이 불초자에게 가장 큰 기대를 가졌던 것도 아마 이때를 빼놓고는 다시없었으리라 생각된다.

향파는 6살 때부터 서당에서 천자문을 배운 것으로 기록되고 있다. 그런데 위 내용을 보면, 보통학교를 마치고 다시 서당에서 공부를 한 것으로 회고하고 있다. 서당에서의 공부가 매우 힘들었지만, 향파에게 있어, 시작 시간만큼은 재미가 났다는 것은 시적 감수성과 재능은 남달랐다는 것을 말한다. 이러한 시에 대한 재주가 이후에 그의 문학활동에 직간접적으로 영향을 준 것으로 보인다. 특히 시가 지닌 상상력의 신장은 그의 문학 활동이 시, 소설, 희곡, 아동문학, 연극 등 다양한 영역으로 확산될 수 있는 바탕을 마련해 준 것으로 보인다,

향파의 유년기 문학 수업이 시만으로 이루어진 것은 아니지만, 시적 감수성의 발견과 훈련에서부터 문학 수업을 할 수 있었다는 점은 향파의 근본적인 인간 이해가 풍성한 인간이해로 나아갈 수 있는 계기를 마련해주었다고 할 수 있다.

방파제에서 펼쳐진 사랑 이야기

1950년대 초 부산은 6. 25 동란으로 몰려온 피난민으로 가득 차 있었다. 집집마다 이곳 저곳에서 피난 온 자들이 집집이 세들어 살았다. 1953년 9월 15일자 부산수산대학 학보에는 향파 선생의 「방파제」라는 제목의 꽁트에 가까운 작품이 한 편 실렸다. 전란 당시 젊은이들의 순수했던 사랑 이야기가 방파제 공간을 중심으로 펼쳐지고 있다.

철도국원으로 있는 아버지와 다른 식구들은 먼저 서울로 올라가고, 혼자 주인집에 남아있던 성헌이는 간신히 차표를 손에 넣자 서울로 가기 위해 짐을 싸는 것으로 이야기는 시작된다. 서울 수도가 수복되어 피난 왔던 많은 사람들이 서울로 되돌아가게 되어 성헌이란 대학생도 서울로 떠나게 되었다. 떠나기 전날 밤 성헌이가 머물었던 주인집 딸인 미야와 방파제에서 남다른 만남의 시간을 보내는 것으로 이야기는 전개된다.

올봄에 P 고녀를 졸업한 주인집 딸인 미야는 한집에서 이태 가까이를 있으면서도 별반 서로 말의 왕래가 없었던 사이였다. 그러나 이제 서

로 헤어지게 된 때에 두 사람이 방파제에서 만남을 가지고 있다.

저녁을 먹고 나서 성헌은 남포동 방파제로 나갔다. 막상 떠난다고 생각을 해보니 그래도 부산이 아쉽다.

"바람 쐬러 가세요?"
걷다가 돌아다 보는 것은 미야였다.
"네 바다가엘 나가시는구먼요."
두 사람은 방파제 맨 끝으로 가서 자리를 잡고 앉았다. 와글와글 사람들이 저자 같았다. 더러는 물속에 뛰어들어 기성을 치면서 헤엄을 치는 사람들도 있었다. 음력으로 스무이틀 물론 달이 뜰 양이면 아직도 까맣지만 산모롱이엔 제법 붉하게 달기운이 배어 있었다.

"아아 이 바다두 오늘밤이 마지막이구료."

두 사람은 이별의 아쉬움과 함께 평소에 나누지 못했던 젊은 감정들을 서로 나누기 시작한다.

"이번 가시면 언제 또 오세요?"
"글세 올시다. 또 6. 25같은 변괴가 다시 일어난다면 몰라두."
"부산하고는 인연 없으신가 보죠."

"이태씩이나 있은 게 적어서요?"

"이태가 많아요? 어쩐지."

"어쩐지?"

큼직한 별들이 실로 꿰매 달아논 것처럼 한자리에 가만 있다가 시원한 바람이 무데기로 몰아 붙일 적이면 약간 흔들리는 듯도 했다. 여태껏 한 젊은 여성으로서 계산해 오지 않았음이 새삼스레 기이한 느낌이었다. 어찌해서 만일 이 여자와 가까이 사귀는 사이었더라면 오늘 이 밤이 얼마나 뜻있는 밤이었을까.

두 사람의 대화가 무르익어 가자, 미야는 성헌에게 어려운 부탁을 한다. 일자리를 구하기 어렸웠던 그 때로서는 참으로 힘든 부탁이었다.

"서울 가시면 취직 하나만 구해주세요."

"취직요? 어떤 델."

"아버님께서 철도국에 다니시질 않아요."

"글쎄 한번 말해 볼까요?"

"꼭 좀 부탁합니다. 어려우시지만."

"힘껏 알아는 보죠. 꼭히 될는진 몰라두."

옆의 사람들의 코 고는 소리가 짙어갈 무렵에 두 사람은 일어섰다. 녹정쪽은 보석을 박아논 듯 불빛이 유난스레 아름다웠다. 역시 떠나려고 보니 부산은 적지 않아 아까웠다.

    다음 날 아침 어두컴컴한 새에 성현은 주인집과 하직을 하고서 정거장으로 나왔다. 나올 적에 미야가 문밖까지 따라 나오긴 했으나 엊저녁 생각해서는 그다지 친밀성이 없는 것이 다소 기대에 벗어나서 섭섭한 마음이었다. 그런데 여섯시 반의 서울행 급행열차 속에서 개찰을 기다리고 서 있는 중에 "주 선생님!"하고 미야가 소리를 쳤다. 순간 손목이라도 덥석 쥐고 싶은 충동을 느꼈지만 눈 익혀보니 옆에 낯선 젊은 친구 하나가 서 있어 그러질 못했다.

    젊은 친구는 어디서 한번 본듯한 얼굴이긴 한데 갑자기 기억이 나질 않아서, 대체 이 사나이가 미야와 어떠한 사나이길래 같이 나왔을까 하고 머뭇거리는 상태였다. 그 때 미야가 "이분이 주선생, 인사 드려요"라고 인사를 시켰다. 생각을 해보니, 언젠가 영도다리에서 미야와 같이 걸어오고 있던 사나이였다. 곧 미야는 얼마쯤 억지로인 듯 싱글싱글 웃는 낯을 지으면서, 다음 말을 제대로 못하고 있다가 용기를 내어 한마디를 했다.

    "취직은 꼭 부탁합니다. 아무데라도 좋으니까요" "저, 저 제가 아녜요."하고 눈으로 젊은 친구를 가르치고는 다시 고개를 숙였다. 성현은 그 말에 슬픔을 느낀다. 그러나 "네에"하고 아무 의미없는 대답만 한다.

'으응, 네가 연극쟁이로구나 그러나 귀여운...' 속으로 이렇게 생각하면서 열차 안으로 들어온 성헌은 끝내 그 젊은 친구의 얼굴이 사라지지 않았나.

대학엘 못 가면서도, 파마를 제 때에 못하면서도 자기가 믿는 사람한테 충실하려 애쓰는 미야를 위해서 뭔가는 해야겠다는 결심을 하고 성헌이가 부산을 떠난다는 이야기이다.

1950년대 젊은이들의 사랑 이야기가 먼 옛날이야기 같이 느껴진다. 전쟁의 혼란 속에 먹고 사는 일조차 힘들었던 시절이었지만, 젊은이들의 사랑은 순수함에서 크게 멀지 않게 느껴진다. 향파 선생이 젊은이들에게 전해주려는 사랑의 실체는 사랑의 갈등이 아니라, 사랑이 또 다른 사랑과 만나 승화되는 더 큰 사랑을 깨닫게 해 주려고 한 작가의 재치가 드러나는 작품이다.

「섬에서 온 아이」 속에 숨긴 동심

　향파의 「섬에서 온 아이」는 1960년대 우리 시대를 반영하는 동화이다. 욕지도에 사는 인자와 국섬에 사는 남조라는 두 어린이가 부산에 들렀다가 도시 사람들 속에서 겪는 이야기를 풀어놓고 있다.

　인자는 부산에 있는 이모 집에 들리려고, 남조는 국섬에 홀로 있는 할아버지를 떠나 식모살이를 하기 위해 부산에 오게 된 것이다. 부산 자갈치 선창에 이들을 실은 배가 도착하는 순간의 장면 묘사로 이 동화는 시작되는데, 오랜 섬 생활에서 떠나 처음으로 낯선 도시에 오게 된 이들이 경험하는 문화충격에 놀란 표정들의 묘사가 인상적이다.

　주소지 하나만 손에 들고 인자의 이모 집을 찾아가는 이들에게 사기꾼 할머니가 다가섬으로써 이야기는 새로운 단계로 나아가게 된다. 이 두 소녀에게 친절하게 다가온 사기꾼 할머니는 이들이 가는 집을 안내해 주겠다고 한다. 아무 것도 모르는 순진한 이 두 소녀는 결국 꼬임에 속아 할머니를 따라간다.

　할머니 집에 들려 이들이 저녁을 얻어먹고 할머니의 친절에 속아 자신들이 가고자 하는 인자의 이모 집으로 데려다 줄 것으로만 믿고 있었다. 그러나 시간이 지나면서 할머니의 교활한 친절은 거짓임이 드러난다. 인자는 이모 집으로 데려다주지만, 남조는 결국 할머니에 의해 다른 집에 식모로 팔려가게 된다.

여기서 향파 선생은 왜 이런 순진한 섬 소녀들을 어른의 욕망의 수단으로 삼게 만드는지에 대해 의문을 품을 수 있다. 섬 소녀들의 순진함과 도시 노인네의 가식성와 추악성을 대비시켜놓고 있기 때문이다. 이렇게 함으로써 아이들의 순진성을 더욱 강조하고 있는 것이다. 인공적인 것이라고는 아무 것도 찾아볼 수 없는 섬에서 자연과 더불어 자연처럼 살아온 두 소녀는 인공이 만발하는 도시공간에서 사는 사람과는 다를 수밖에 없다. 그러나 향파 선생의 관심은 어른들에 의해서 아직은 순진한 아이들이 어떻게 희생당하고 있는지를 문제삼고 싶었던 것이다. 문명의 발달이 인간을 얼마나 이기적인 상황으로 몰아가고 있는지를 내보이는 장면으로 읽힌다.

사기꾼 노인네의 꼬임에서 시작된 남조의 도시생활은 어린아이가 감당하기 힘든 식모살이로 이어진다. 노인네의 술책에 의해 인자는 이모집으로 가고, 식모살이 하려 왔다는 남조는 사기꾼 노인네에 의해 다른 집으로 팔려가게 된다. 남조가 팔려간 집에서의 힘든 생활 이야기가 이 작품 속에서는 또 다른 하나의 작은 이야기가 되어 전체 이야기를 구성하고 있다.

남조가 식모살이를 하게 된 집은 중풍이 든 할아버지와 그 할아버지를 모시는 부부, 그 부부의 자녀인 남매가 사는 집이었다. 병든 할아버지는 며느리에 의해 구박을 당하는 신세로 힘들게 골방에 갇혀 몸도 제대로 움직일 수 없는 상황이다. 반가이 맞이해줄 누구도 없는 외로움에 처해 있는 이 할아버지의 사정을 알게 된 남조는 할아버지를 위해 무엇인가 도움이 되는 일이 있으면 해드리려고 한다. 그러나 이 집안의 살림살이를 책임지고 있는 며느리는 남조의 이러한 행위를 못마땅하게 생각하고 할아버지를 도울 때마다 그녀를 괴롭힌다. 이렇게 힘든 나날을 보내고 있는 병든 할아버지에 대해 남조가 남다른 인정을 느끼는 것은 그가 국섬에 같이 살던 할아버지가 생각났기 때문이기도 하다.

남조는 국섬에서 홀로된 할아버지와 어떻게 함께 살게 되었는지는 자신도 잘 몰랐다. 자신의 친할아버지가 아니라는 것은 알고 있었다. 단지 부산에 같이 온 인자의 말을 듣고 육지로 나오면 좋은 세상을 볼 수 있다는 희망을 가졌던 것이다. 할아버지 몰래 도망을 쳐 부산에 왔지만, 식모살이의 고달픔이 더해갈수록 국섬에 혼자서 생활할 할아버지 생각이 더욱 간절해질 수밖에 없다. 그렇다고 지금 당장 이 집을 도망쳐 국섬으로 돌아갈 수 있는 형편도 아니다. 이런 힘든 상황 속에서도 남조를 견디게 한 것은 병든 할아버지가 밤마다 들려주는 옛이야기의 즐거움이었다.

며느리는 병든 할아버지가 귀찮아 미워했지만, 손자들은 할아버지를 한 번씩 찾아와 할아버지의 외로움을 들어주었다. 손자들은 할아버지가 들려주는 재미나는 이야기에 취해 엄마 몰래 할아버지 방을 찾았다. 그러나 이를 싫어하는 엄마에게 들켜 혼이 나기도 하지만, 엄마 몰래 할아버지 방에 와서 이야기 듣는 것을 좋아했다. 이야기를 남조도 함께 들으면서 식모살이의 괴로움을 견디고 있었다.

손주들도 마찬가지다. 특히 손자 권일이는 할아버지가 들려주는 이야기를 학교 친구들에게 다시 들려줌으로써 많은 친구들로부터 부러움의 대상이 된다. 뿐만 아니라 나중에는 소년소녀 동화대회에 출전하여 2등을 하기도 했다. 이런 할아버지의 이야기꾼으로서의 재주 때문에 한 번은 권일이 학교 친구들을 엄마 몰래 밤 중에 집으로 초청해서 할아버지의 이야기를 듣게 하려다가 탄로가 나서 한바탕 소동을 치르기도 한다.

여기서 우리는 향파 선생의 동화작가로서의 또 다른 솜씨를 읽게 된다. 병들어 몸도 제대로 가누지 못하고, 며느리로부터 사람대접도 제대로 받지 못하는 권일이의 할아버지였지만, 아이들에게 재미나는 이야기를 들려줄 수 있는 재주를 가진 할아버지로 설정하여 자라나는 어린 아이들에게 이야기를 통해 무엇인가 즐거움을 심어주려고 한 점이다.

그런데 이런 할아버지가 아이들을 위해 지붕 처마 밑에 살고 있는 새를 잡으려 밤 중에 사다리를 타고 지붕에 올라가다가 그만 떨어져 죽고 만다. 장례를 치르는 날 이웃집 식모처녀와 함께 시장을 보러가는 중 생전 처음 영화관에 들렸다가, 남조가 그만 시장비를 전부 잃어버리게 되어 자갈치에서 울고 있는 중에 인자를 만나 섬으로 다시 돌아가는 것으로 이야기는 마무리되고 있다. 어려운 식모살이를 버티게 해주었던 권일이 할아버지의 죽음과 식모살이 하는 집으로는 다시 돌아갈 수 없는 상황 속에서 향파 선생은 남조를 섬으로 다시 돌려보냄으로써 아이들을 곤경에서 벗어나게 한다. 이것이 향파 선생이 「섬에서 온 아이」를 통해 구현하려는 동심의 정체성이다.

「청어 뼈다귀」에 얽힌 가난한 이들의 삶의 실체

1930년 4월 《신소년》에 발표된 「청어 뼈다귀」는 향파 선생의 삶에 대한 평소 생각이 잘 표현되고 있는 작품이다. 우리나라 전 연안에서 어획되는 청어 이야기를 통해 일제 강점기 당시의 가난했던 우리네 서민들의 생활상을 여실히 보여주고 있기 때문이다.

한 동네에서 어렵게 살고 있는 순덕이 가정 이야기이다. 순덕이 엄마는 병들어 늘 드러누워있어야만 하는 형편이고. 순덕이 동생 3살짜리는 얼마 전에 태독에 걸려 앓다가 죽었다. 집안 사정은 논 서넛 마지기를 소작하고 있는 형편이다. 그런데 그 논도 수해가 와서 논이 전부 개천이 되어버린 상황이다. 개천이 되어버린 논을 다시 일구어 농사를 시작해야 하지만, 순덕이 아버지는 사흘 일을 하고는 지쳐 포기한 상태다. 순덕이는 부역을 나가 일을 하다가 어깨가 퉁퉁 부어 고름이 생겨 잠도 제대로 자지 못하는 형국이다. 돈도 양식도 다 떨어져 하루하루 끼니를 이어가기도 힘든 현실이 되었다.

이런 상황에 땅 소유주인 지주가 찾아와 순덕이 아버지한테 수해로 개천이 되어버린 남의 귀한 땅을 새로 개간해서 농사일을 시작하지 않는다고 호통을 친다. 이 소리를 듣고 있는 순덕이는 억장이 무너져 내리는 듯하다. 나이도 자기 아버지보다 네댓 살이나 적은 사람이 지주라고 마구 해대는 그 소리에 가슴이 찢어질 듯 아프기만 하다. 그러나 약자들의 입장에서 어찌할 수가 없다. 이런 형편에도 순덕이 아버지는 누워있는 순덕 어머니를 일으켜 지주에게 밥상을 준비하게 한다. 불편한 몸을 이끌고 밖에 급히 나가 쌀 한 홉과 정어리 한 토막을 구해와서 상을 차렸다.

상을 차리는 동안 순덕이 코에는 고소한 밥 냄새와 청어 굽히는 냄새에 식욕이 동해 참을 수가 없다. 순덕이 목에서 침 넘어가는 소리를 듣고 순덕이 어머니는 조금만 참아라, 지주 양반이 상을 물리면 남은 밥과 청어를 줄테니 참으라고 한다. 이 소리에 순덕이도 기대를 가지고 지주 양반이 상을 물릴 때까지 기다렸다. 순덕이는 밥은 반만 먹고, 정어는 젓가락만 대이다가 만 밥상이 나올 것을 기다리며 침을 꾹 참고 기다렸다.

그런데 막상 밥상이 물려졌을 때 보니, 밥 식기 반찬 접시 모두 다 씻은 듯이 깨끗하게 비어 있었다. 그리고 접시 밑으로는 청어의 등골 뼈다귀만 소도록하게 추려져 있었다. 또 청어 대가리 뼈다귀가 마치 비오는 날 개날구지 똥처럼 밥날과 함께 꾸역꾸역 씹히어 있었다.

남은 밥과 청어를 기다렸던 순덕이는 이 물려진 밥상을 보고는 식기 반찬 접시를 내동댕이 치고 상다리를 부셔버리고 싶도록 참을 수 없이 섭섭했다. 순덕이의 눈에는 눈물이 흘렀다. "아버지 어머니 모두 올해 청어 맛조차 못 본 불행한 사람들" 하고 울부짖었다. 그리고는 "에라 홧김에 이거나 먹어 봐라" 하고 순덕이는 청어 뼈다귀를 입에 넣고 우물우물 씹었다. 여물어서 잘 씹히지 않았다. 그 순간 목으로 넘어가던 뼈가 목에 걸렸다. 지주가 가고 난 뒤에 캑캑거리는 소리를 들은 아버지가 순덕이 한테로 와서 자기의 머리카락을 잡아 뽑으면서 엉엉 운다. 순덕이는 눈알이 뻘게지도록 허리를 움츨거리며 기침을 해보지만 목에 걸린 뼈는 그대로 있다. 손가락을 넣어서 후벼보지만 그럴수록 가시는 더 깊이 박히는 형국이다.

그러니 엉엉 울던 아버지는 더 화가 나서 순덕이를 향해 "이놈의 자식 네까지 사람을 죽이려고 드니, 오늘 김부자가 소작 땅을 떼었다"라고 고함을 친다. 그리고는 순덕이를 보고 힘껏 갈겼다. 그 순간 순덕이의 어깨에 있던 고름이 툭하고 터졌다. 그 순간 까만 피와 노란 고름이 방안에 흘어졌다. 순덕이는 그 상처 때문에 천지가 무너지는 듯한 아픔을 느꼈다. 아무 것도 느끼지 못하던 아버지는 큰 고름뭉치가 자기의 볼에 부딪힐 때 비로소 깨달았다. 그 순간 미친 듯이 순덕이의 어깨 상처를 입술로 빨았다. 아버지는 순덕아! 순덕아!를 부르면서, 볼을 부비면서 울부짖었다. 그 순간 순덕이도 아버지! 아버지! 내가 잘못했어요 라고 부르짖으며 어머니 아버지를 힘껏 안았다. 한 가족의 하나 됨이 비극적 상황 속에서 연출되고 있는 장면이다. 그리고 향파 선생은 다음의 마지막 한 마디를 부연하고는 동화를 마무리한다.

"그러나 그와 함께 누구인지 없이 그 어느 모퉁이에서는 주먹이 쥐어지고 이가 갈리고 살이 벌벌 떨림을 느꼈다."

 땅이 없어 소작농으로 살아야 했던 가난한 농민의 삶, 한 해 동안 청어 한 마리도 입에 댈 수 없는 가난한 그들의 삶을 대변해주고 있다. 가진 자들의 횡포가 얼마나 심하였으면 청어 뼈만 남길 정도로 약자들의 삶을 힘들게 했는지를 상징적으로 보여준다. 가진 자가 베풀 수 있는 덕과 여유를 찾아보기 힘들다. 오히려 자신의 욕심만을 채우기에 급급한 모습을 본다. 언제 어디서나 이러한 인간 유형은 존재하기 마련이다. 향파 선생의 마지막 메세지는 이들을 향한 분노이다.

 코로나 바이러스가 세계를 덮치면서 약자나 가난한 자들의 삶은 더욱 피폐해지고 있다. 이는 앞으로 갈수록 더욱 심각해질 수밖에 없다. 바이러스의 감염은 약자나 강자, 부자나 가난한 자의 구분이 없다. 이는 인간은 모든 것에서 평등해야 함을 시사하기도 한다. 어느 사회나 시대 속에서 온전한 평등이 실현되는 시대가 있을 수는 없을 것이다.

 그러나 우리는 일제 강점기에 우리 선조들이 겪었던 가난의 고통을 다시 겪을 수는 없다. 현실 속에서도 약자와 가난한 자, 힘을 가진 자와 힘없는 약자들이 공존하고 있다. 문제는 이 양 극단의 거리를 어떻게 줄여나가느냐 하는 점이다. 이 방안은 가진 자와 강자가 없는 자와 약자를 보듬고 나아가는 길임을 「청어 뼈다귀」는 반면교사로 우리에게 전해주고 있다.

소년소설 「도둑섬과 김장군」에 나타나는 영웅담

향파 선생은 평소에도 <섬>에 대한 관심이 많았다. 바다를 볼 수 없는 육지에서 태어나 자란 향파 선생이 바다를 만나고 바다 속 섬을 경험하면서, 섬을 소재로 한 작품들을 많이 창작했다. 「도둑섬과 김장군」도 이에 속하는 한 편이다.

소위 영웅담은 청소년들에게는 흥미진진하다. 주인공이 위기에 빠져 거의 죽음 직전에 이르지만 갑자기 출현하는 구원자에 의해 위기를 탈출하는 과정은 긴장과 흥미를 느끼게 하기 때문이다. 향파 선생의 「도둑섬과 김장군」은 이런 류에 속하는 소년 소설이다.

「도둑섬과 김장군」은 《국제신보》에 1963년 2월 2일부터 1963년 7월 13일까지 연재된 작품이다. 신문연재에는 「도둑섬과 김장군」이라는 제목과 함께 소제목으로 '톡톡 할아버지'라 명기되어 있다. 이는 1960년대에 향파 선생이 '톡톡 할아버지'란 제목으로 부산문화방송에서 어린이들에게 방송으로 이야기를 들려주던 시절이라 그 흐름의 하나로 이 작품을 창작한 것으로 볼 수 있다. 그래서 이야기 전체는 경어로 된 서술체로 기술되어 있다.

영웅담은 이야기의 흐름에서 위기의 상태가 계속되지만, 그럴 때마다 누군가가 나타나 구원의 손길을 내민다는 점에서 틀에 박힌 서사구조를 가진다. 일반적으로 영웅담은 1) 고귀한 자제 → 2) 비정상적인 잉태 → 3) 비범한 능력 → 4) 위기 죽을 고비 → 5) 위기극복 → 6) 다시 위기 → 7) 위기극복 후 승리로 종결된다. 영웅담의 기본 서사구조는 이런 흐름을 가지지만, 이야기의 형태에 따라 그 과정에서 약간의 변형은 있다.

「도둑섬과 김장군」의 경우는 2) 비정상적인 잉태과정은 없지만 그 외의 서사구조는 일반적인 영웅 서사구조를 충실하게 따르고 있다.

이야기의 발단은 김 정승 집에서 태어난 김재승이란 8살 되는 아들이 이 정승집 딸 아이의 생일축하에 참석하러 가마를 타고 가는 장면을 동네 사람들이 구경하는 것으로 시작된다. 이미 두 정승 사이에는 두 아이가 앞으로 성장하면, 결혼시키기로 합의한 지 오래 되었다. 두 집안 아이들의 미래는 그렇게 확실하게 보장되어 있는 듯했다. 그런데 김재승이 이 정승의 딸과 함께 생일상을 받아 막 먹기 시작하려는 순간 김 정승의 하인이 급하게 달려와서는 김 정승이 도둑에게 살해당하고 어머니까지 잡혀갔다는 비보를 전한다.

그래서 허겁지겁 집으로 돌아온 김재승은 아버지의 죽음과 어머니가 도둑들에게 잡혀갔다는 것을 확인한 후에 그 도둑들을 찾기 위해 홀홀단신으로 길을 떠난다.

아버지의 장사를 마친 다음 날 김 소년은 간단한 행장 하나를 등에다 짊어지고서 집을 나섰습니다. 도적을 찾아 아버지 어머니의 원수를 갚자 하는 것임은 말할 것이 없다.

여기서부터 김재승에게는 고난의 시간이 시작된다. 왜냐하면 아버지를 죽이고, 어머니를 붙잡아간 원수를 찾으러 나섰지만, 도적의 떼가 몇 명이나 되던 것인지 또 그들이 어느 방향으로 내빼 간 것인지 또 어떻게 생긴 얼굴을 가진 자들인지 알 까닭이 없었기 때문이다. 그래서 일가들과 이웃 어른들은 지성으로 김재승을 말렸다. 그러나 그는 이를 다 뿌리치고 먼 길을 떠났다. 산길을 가다가 곰을 만나 싸우고 있는 한 소년을 만나 그를 구해 주고는 한 사람의 동행자를 만나게 된다. 그 소년도 아버지가 도둑들한테 찔려서 죽고 어머니를 납치당한 뒤 혼자 사는 박군이었다. 자신과 사정이 똑같은 동지를 얻게 된 것이다. 김 소년과 박 소년은 그 자리에서 형제의 의를 맺고는 둘이서 같은 길을 걷기 시작했다. 길이 끝나고 강을 건너야 하는 곳에 이르러 배를 타고 강을 건너게 된다. 그런데 바람이 불어 배가 물에 빠져들게 되는 상황에 이른다. 배가 물에 잠겨 강물에 빠져 두 소년은 정신을 잃게 된다.

김 소년이 정신을 차려 간신히 눈을 떠 보니 옆에는 자기 또래쯤 되어 보이는 소년 하나가 앉아서 물에 축인 수건을 이마 위에다 얹어 주고 있었다. 이 소년도 도적 떼의 칼에 찔려서 아버지 어머니가 다 돌아가시고 하나 있던 누나까지 잡혀가고 없었다. 이 소년의 형편도 꼭 자기와 같았다. 습격해 왔던 도적 떼란 것도 영락없는 김재승의 아버지를 죽인 그 도적들이라 확신했다. 김 소년은 이 정 소년과도 형제의 의를 맺고,

두 소년은 다음 날 행장을 차려 짊어지고 또 길을 떠났다.

두 소년은 길을 걷다가 또 먼젓번에 김 소년과 박 소년이 그랬던 것처럼 큰 나루 하나를 건너지 않으면 안 되었다. 역시 전날이나 다름이 없이 임자 없는 배를 타고 건너가다가 배가 한중간쯤도 못 간 지점에서 별안간 이는 바람에 넘어지고 만다. 돛대는 부러지고 배는 파선하고 만다.

물에 빠져 휩쓸린 김 소년은 어떤 섬에 가 닿았다. 그런데 그 섬이 도둑섬이었다. 그곳에서 한 할머니를 만나고 그 섬의 진상을 듣게 된다. 이 섬에 살고있는 도둑들이 자신의 아버지를 죽이고 어머니를 붙잡아간 자들임을 확인하게 된다. 도둑섬에서 죽음의 위기가 있었지만 할머니의 도움으로 간신히 모면하게 된다. 이 섬은 아무나 들어올 수 없는 섬이기에 김 군은 숨어 살 수밖에 없다. 숨어 사는 동안 도둑의 아들을 만나게 된다. 그 아들을 통해 도둑섬 나라에 대해 여러 가지를 알게 된다. 그런데 이 도둑 아들은 아버지와는 다른 생각을 가지고 있었다. 아버지를 죽여없애야 한다는 것이다. 그래서 둘은 의기투합해서 도둑섬의 왕을 죽이기로 결심하게 된다.

이를 위해서 도둑 아들이 제안한 것은 지금은 힘이 약하니 육지에 나가 무술을 익혀서 섬나라 도둑 왕국을 쳐부수어야 한다고 제안했다. 이를 위해 김 군이 바다를 건너 육지로 가는 도중에 다시 한번 시련이 닥쳐온다. 김 군이 탄 배가 공중으로 날렸다가 다시 퉁! 하고 떨어지는 순간 꼭 물속에 빠지는 순간을 맞은 것이다. 그 순간 눈앞에 다른 배 한

척 나타나 그 배에 타고 있던 이상한 노인이 김 군을 구해주었다. 그리고 구름을 타고 깊은 산속으로 데리고 가서 무술을 가르쳐주었다. 몇 년 동안 무술을 배우고는 실험도 해보았다. 그리고는 도술도 익혔다. 이렇게 무술과 도술을 익힌 16살 되던 해에 도둑떼들이 나라에 쳐들어와 임금까지 사로잡히게 될 지경이 되었다. 그래서 김 군은 구름을 타고 싸우러 나가게 된다. 그는 임금이 포위되어 있는 대궐로 달려가서는 상황을 살펴보았다. 도둑떼들이 에워싸고 있어 도저히 대궐로 진입할 수 없었다. 그는 무술로 대궐로 들어가 임금을 만나고, 임금으로부터 대원수의 직함을 받고는 싸우기 시작했다. 변신을 해서 적진으로 침투한 김 장군은 상황을 파악하고는 대궐로 돌아와서 대적과 싸우기 시작했다. 그러나 중과부적이었다. 결국 김장군은 임금과 함께 종자기섬으로 피난을 하고. 나중에는 하늘만 쳐다보는 신세가 되었다. 이후 여러 차례의 위기를 넘겨 결국 도사의 도움으로 도둑섬의 적군을 무찌르고 어머니를 구한다는 이야기이다. 자신의 힘보다는 결국 도사로 불리는 초월적 힘을 지닌 자의 도움으로 적군을 물리치고 있다는 점에서 전형적인 영웅담이다.

    이렇게 향파 선생은 영웅담을 통해서 청소년들에게 희망과 꿈을 심어주려고 했다. 희망과 꿈을 간직하게 하는 것, 이것이 인문학이 지닌 힘이다.

소년소설 「아름다운 고향」에 나타나는 역사의식

　향파는 「어머니」, 「경대승」 등의 역사소설을 남겼다. 「경대승」은 고려시대 무인정변이라는 사실을 작품 전면에 내세우고 있으며, 「어머니」는 정중부의 집권 이후 명학소의 천민 망이 망소이가 주도한 민중봉기를 다루고 있다. 향파의 역사소설에 나타나는 역사의식은 기층 민중의 삶에 관심하고 있다는 점이고. 또 다른 하나는 역사에 대한 무지와 건망증을 비판하고 있다는 점에 있다.

　향파의 이러한 역사의식은 소년소설에도 그대로 잘 드러난다. 향파의 소년소설 「아름다운 고향」에서도 이런 모습을 읽어낼 수 있기 때문이다. 이 소년소설은 그 배경이 한말 일제 강점기를 살아온 '현우'라는 한 인간의 개인사다. 허 별감이란 집에서 일하는 여종 삼월이와 머슴 김동 사이에서 태어난 '현우'의 삶을 통해 기층민들의 삶의 지난한 세월을 핍진하게 그려보여 주고 있다. 그런데 이 이야기 형식이 아버지도 보지 못하고 유복자로 태어난 현우의 아들인 '영재'가 아버지의 일기를 발견해서 읽는 것에서 시작하고 있어, 한 가족사의 과거 이야기를 풀어내는 방식이 재미있다.

「아름다운 고향」에서 우리가 함께 생각해볼 수 있는 몇 가지 점은 다음과 같다. 첫째는 현우의 출생이 소위 요즈음 말대로 하면 흙수저로 태어났지만, 그는 어릴 때의 꿈을 버리지 않고, 부단히 노력함으로써 실현해 나간다는 점이다. 아무것도 소유하지 못하고 날품팔이로, 지게꾼으로, 살아가는 부모 밑에서 성장해야 하는 '현우'의 삶이란 어떻게 보면 아무 희망이 없어 보인다. 그러나 그가 발견한 음악적 재질을 포기하지 않는 마음의 소유자로 형상화함으로써 성장하는 소년소녀들에게 희망을 주고자 했다. 이 소년소설이 창작된 때가 1950년 초반(1952년 11월에서 1954년 1월까지 《소년세계》에 연재됨)이란 점을 감안하면, 향파 선생이 왜 이런 인물을 내세우고 있는지를 어느 정도 이해할 수 있다. 한국동란으로 사회가 힘들고 아이들은 제대로 성장할 수 있는 환경을 갖지 못한 현실 속에서 어떻게든 자라나는 세대에게 희망의 메세지를 전해야 하는 현실이었던 것이다. 소년소설이 흔치 않은 시절 향파 선생은 자신의 소년 시절을 생각하며, 이 작품을 구상한 것이다.

둘째는 일제 강점기를 살아온 '현우'와 그의 아버지(영재의 할아버지)가 보여준 삶의 진정성이다. 특히 '현우'의 아버지는 일경으로부터 숱한 고문과 어려움을 당한다. 결국은 죽음에 이르는 것으로 설정되어 있지만, 이는 일제강점기에 우리 선조들이 당했던 고난의 역사의 한 장면으로 인식된다. 뿐만 아니라 '현우'의 성장기를 통해 보여주는 고난사는 정말 눈물겹다. 그가 친구 '태호'의 꼬임에 속아 고향를 떠나 서울로 가서 고학을 하는 동안 경험한 인생살이는 말로 형용하기가 힘들다. 굶는 것이다반사이고 몇 번이나 쓰러져 죽을 고비를 넘기는 이야기는 일제 강점기를 살던 가난한 우리 선조들의 삶을 대변하는 부분이라고도 할 수 있다. 또한 일자리를 구하고, 공부를 위해 일본으로 건너가서의 생활도 마찬가지이다.

한국전쟁이라는 현실적인 고난 앞에서 자라고 있는 소년소녀들에게 필요한 것은 역사를 통한 미래에 대한 희망을 주는 것이었다. 현실의 시련이 너무 심하면 미래는 보이지 않는다.

그러나 과거의 역사를 제대로 알게 되면, 현재를 넘어서고 미래를 열어나가는 근원적 힘이 된다. 나라를 잃고 살아온 지난 세대들의 이야기를 통해 지금 현재의 고난이 별 것 아니라는 인식을 하게 될 때, 현재의 어려움을 극복할 수 있는 힘이 생긴다. 그 이야기의 중심 주체가 자라나는 소년소녀가 되어 있을 때, 이야기를 읽게 되는 소년소녀들은 쉽게 공감할 수 있다.

이와 같이 자라나는 세대들에게 일제 강점기의 역사를 자연스럽게 이해할 수 있는 토대를 만들고 있는 것이다. 특히 일제 강점기에 살면서 일본에 굴복해서 어쩌지도 못하고 협력자가 된 자도 있지만, 많은 선각자들이 나라의 독립을 위해서 자기의 자리를 묵묵히 지키고 있음을 보여줌으로써 어린 소년소녀들에게 민족의식을 불러일으키고 있다. 서당에서 만났던 죽당 선생은 그 대표적인 인물의 하나이다.

한번은 서당에서 아이들이 현우에게 학교에서 배운 창가를 한번 불러보라고 해서 일본 창가를 불렀다. 이 노래소리를 들은 죽당 선생은 현우를 불러서는 "지각없는 놈 같이 누가 너더러 그따위 노래를 하래"라고 호통을 치면서, "우리가 힘이 없었기 때문에 일본한테 먹혔고, 또 아직도 힘이 모자라기 때문에 일어서진 못하지만 그래 한신들 제 나라 찾아볼 생각을 잊는단 말이냐"라고 훈시를 하고 있다. 현실감 있는 역사 교육의 장이 되고 있다.

그래서 '현우'는 조금씩 역사에 대해 눈을 뜨기 시작한다. 어머니가 몰래 읽는 「임진록」을 통해 사명당이란 인물을 알게 되고 사명당의 무용담을 아이들에게 들려주는 데까지 나아가게 된다. '현우'의 역사의식을 더욱 강화시켜주는 계기는 당시 서울에서 공부하고 고향에 잠시 들렸던 중학생 '용훈'과의 만남이다. 용훈이 역사 선생님을 통해 받은 역사 노트를 보고는 그의 마음에는 큰 움직임이 있었다. 많은 독립군들이 나라의 독립을 위해서 어떻게 일하고 있는지를 확인했기 때문이다. 이렇게 역사의식을 가슴에 새겨나간 '현우'는 결국 일본으로 가 그곳에서 음악공부를 하고 귀국해서 고향에서 젊은이들에게 독립사상을 넣어주는 일에 전력하다가 34살에 감옥에서 옥사하고 마는 것으로 '현우'의 개인사는 끝나고 있다.

이 작품을 읽고 나면, 자연스럽게 생각나는 것이 '현우'라는 한 인물에 대한 이야기가 향파 선생의 성장기와 많은 부분이 겹쳐진다는 점이다. 우선적으로 이 작품의 시공간이 그의 삶과 닮아 있다. 그가 일제 강점기 산골에서 태어나 서당에서 공부를 했다는 사실과 공부를 하기 위해 서울로 가서 고학을 하고, 다시 일본으로 건너가 그곳에서 노동을 하면서 힘들게 공부를 했다는 점이다. 이러한 자신의 개인사를 토대로「아름다운 고향」을 집필할 수 있었다는 것은 무엇보다도 남다른 역사의식의 결과이다. 이 작품을 마무리하면서, '현우'의 유복자인 '영재'가 아버지의 무덤을 찾아가 아버지의 모습을 떠올리며 펼치는 생각이 향파 선생의 인간 삶에 대한 역사관이기 때문이다.

    영재는 넋없이 매남산을 바라보았다. 세상은 무엇이고 인생은 무엇인가. 영재의 머릿속엔 아버지의 노트가 떠 왔다. 시작한 데도 끝 가는 데도 없이 흘러만 가는 세월. 큰 역사 작은 역사. 천만 년 뒷세상에 전해지는 역사. 물거품처럼 일었다 금방 꺼져 버리고 마는 역사.

    향파 선생이 이제 중학생인 영재가 사는 곳을「아름다운 고향」으로 명명하고 있는 이유는 단순히 자연의 아름다움 때문이 아니다. 아름다운 뜻을 가지고 아름답게 살다간 사람들이 있었기 때문이다. 그 아름다움은 시련과 고난의 시간 속에서 단련되고 성숙된 인간이 남긴 삶의 흔적이다. 그래서 역사와 문학이 결합된 역사소설은 인문학의 중요한 한 뿌리가 된다. 향파 선생은 창작 과정에서 늘 이 점을 놓치지 않았다.

「피리부는 소년」에 나타난 고통의 의미

향파 이주홍 선생은 「피리부는 소년」을 펴내면서 다음과 같이 말하고 있다. 저자가 이 작품을 펴내게 된 의도이다.

살기 좋은 곳을 낙원이라고 합니다. 사람들은 누구나 다 낙원이 어디엔가 있으려니, 하는 생각을 하고 있습니다. 그러나 생각하기에 따라 우리가 살고 있는 이 세상도 낙원이 못 되란 법이 없을 것 같습니다.

그 중에서도 우리 어린이들은 낙원 속의 낙원에서 살고 있습니다. 아버지, 어머니가 우리를 사랑해 주십니다. 학교의 선생님은 우리를 잘 가르쳐 주십니다. 때가 되면 맛있는 음식을 먹고, 밤이 되면 재미있는 텔레비전 프로를 보다가 따뜻한 이불 속에 들어가서 편안하게 잠을 잡니다. 이 위에 또 무엇을 욕심부리겠습니까? 이 세상 말고 또 어디에서 낙원을 바랄 것입니까?

그러나 과연 이 세상이 낙원만인 것일까요? 이 세상에 사는 사람들은 모두가 살기 좋은 곳이라고 만족하고 있는 것일까요? 사실은 즐겁다고 생각하는 만큼 고통스럽다고 생각하는 사람들도 많은 것입니다.

그러면 이 고르지 못한 세상에서 어떻게 사는 것이 가장 올바른 길이 되는 것일까요? 이 책에 실린 주인공들은 조금도 그런 부정에 물들지 않고 끝까지 깨끗한 마음을 지켜나갑니다. 여러분들은 무릇 양심과 인내와 용기가 얼마나 필요하다는 것을 이 작품을 읽으면서 깨닫게 되리라 확신합니다.

이 세상은 낙원같은 즐거운 곳이기도 하지만, 고통이 있는 곳임을 말하고 있다. 그런 고통 속에서도 부정에 물들지 않고 깨끗한 마음을 지키고 살아가는 것이 무엇인지를 보여주려고 이 작품을 썼다고 밝히고 있다. 양심과 인내와 용기가 얼마나 필요한지를 향파 선생은 이야기를 통해서 전해주려고 했던 것이다. 이 작품은 1952년 《파랑새》에 연재한 장편 소년소설로, 1955년에 세기문화사에서 「피리부는 소년」을 출간하였고, 1994년에는 도서출판 산하에서 재출판하였다.

이 작품의 주인공 영구는 한국전쟁이 일어나자 서울에 살던 어머니하고 피란을 가게 된다. 아버지는 전쟁 통에 소식이 끊어졌고, 피란 도중 어머니와도 헤어져 부산까지 혼자 오게 된다. 영구는 다행히 같이 피란 오던 최준 아저씨의 도움을 받게 되고, 마음씨 좋은 장 노인 집에 머물게 된다. 영구는 장 노인 집에서 소를 먹이는 일을 하면서, 동네 친구들과 함께 갖가지 짓궂은 장난을 치며 잠시나마 전쟁을 잊고 즐겁게 살아간다. 이때 만난 친구들은 골목대장 형태를 비롯하여 동식, 장수, 장복, 종모, 주철 등 여러 개구쟁이들과 어울려 장난을 한다. 고기잡이,

참외서리, 곡마단 구경 등 때로는 심한 장난을 하지만 그는 항상 순수하고 착한 마음을 잃지 않고 언젠가는 전쟁으로 인해 헤어진 부모님이 자기를 찾아오리라 믿으면서 하루하루를 보낸다.

그러나 영구는 억울하게 장 노인네의 돈을 도둑질하였다는 누명을 쓰게 되고, 무작정 장 노인 집을 나와 최준 아저씨를 찾으러 부산으로 간다. 영구는 부산에서 이리저리 떠돌다 소매치기단에 들어가 갖은 고생을 하다가 우연히 옛 친구 승호를 만나 그 집에서 살게 된다. 방송국에 다니는 승호의 아버지는 영구의 피리 부는 솜씨를 칭찬하며 방송에 출현시킨다. 결국 승호의 도움으로 헤어졌던 어머니를 만나게 되고, 방송을 듣고 소식을 알려 온 아버지의 편지를 받는다. 그 후 전쟁이 끝나면서 영구는 어머니와 함께 아버지가 있는 서울로 돌아간다.

소설은 그 당시 전쟁 중에 고난과 어려움 속에서 살아가야 할 청소년들에게는 희망을 전해주기에 충분했다. 그리고 해학적 문장을 통해 유머 있게 그리고 있는 솜씨는 특별나다. 그러나 이러한 유머는 단순한 웃음이 아닌 사실성을 기저로 한 웃음이며, 매너리즘에 빠져 있는 당시 우리나라의 아동문학에 재미성과 흥미성을 부여한 것으로 평가할 수 있다. 또한 이 작품은 아동들의 개성 하나하나를 예리하게 드러내주고 있으면서도 결국은 하나같이 착한 사람으로 변모해 간다는 점을 강조하여 일반적으로 소년소설이 지니는 교훈성을 빠뜨리지 않고 있다. 뿐만 아니라, 다음과 같은 몇 가지 의미를 지닌다.

「피리 부는 소년」은 아직도 전통적인 삶의 양식이 남아 있는 시골 마을과 전쟁 중에 몰려온 사람들이 생존을 위해 아귀다툼하며 하루하루를 살아내야 하는 부산에서의 고단한 삶이 대조적으로 그려지고 있다. 전쟁 중임에도 불구하고 공동체적 삶의 양식이 살아 있는 시골 마을 아이들의 참외 도둑질은 인지상정으로 넘길 만한 오락적 성격이 강하다는 점을 보여준다. 반면 부산에서 만난 소매치기단 아이들의 삶은 근본적으로 성인 세계의 폭력성이 영구와 전쟁으로 고아가 된 아이들을 수단화하고 억압하고 있음을 여실히 보여준다.

　소설은 한국전쟁 시기 피란민들이 대거 유입됨으로써 이질적이고 배타적인 삶들이 혼재하는 공간인 부산을 배경으로 하여, 영구를 정신적으로 충격에 빠뜨린다. 부산은 전국에서 몰려온 피난민들의 생존의 공존이었기 때문이다. 어린 소년이 감당하기에는 너무나 큰 현실적 고통이 펼쳐졌기 때문이다. 그러나 옛 친구의 도움으로 소매치기단에서 벗어난다거나 잃어버린 어머니와 아버지를 만나게 된다는 설정을 통해 좋은 결말을 이끌어냄으로써 재미와 교화성을 추구한 이주홍의 문학관이 잘 반영되었다고 할 수 있다.

　또한 「피리 부는 소년」은 영구라는 소년이 시골 마을과 부산이라는 도시화 된 공간에서 겪는 체험을 통해 세계와 현실에 대한 변화와 성숙화의 과정을 보여주는 일종의 성장 소설이라고 할 수 있다. 그러나 소설의 후반부로 오면 우연히 만나게 되는 여러 사람들이 작위적으로 그려짐으로써 소설의 개연성이 반감되고 있다. 그러나 한국전쟁 중에 있었던 당시의 청소년들에게 바르고 건강하게 살아가야 할 이유를 생각할 수 있는 메시지를 던지고 있음은 부인할 수 없다. 성장은 고통을 수반한다는 평범하면서도 영원한 진리를.

역사 속 인물을 인문정신으로 재구성

향파는 청소년을 위한 작품을 창작할 때, 역사적 인물을 많이 활용했다. 현대를 살아갈 학생들에게 바람직한 인간상을 전해주고자 함이었다. 학생들을 대상으로 한 《학생》이란 잡지에 역사적 사실에 근거해서 만든 소년소설을 자주 발표한 이유이기도 하다. 《학생》지에 실린 「주막집」도 그러한 모습을 내보이는 작품 중의 하나다.

이 작품은 그 구성부터 조금은 색다르다. 이야기의 출발은 보통 이야기의 주체가 되는, 소위 주인공을 독자에게 먼저 소개하면서 시작한다. 그러나 「주막집」은 비를 맞으며 가마를 메고 가는 교군들의 힘든 모습을 먼저 보여줄 뿐 가마 속 주인공의 실체를 드러내지 않는다. 가마 속의 주인공은 조선시대 유명한 송시열이란 인물인데, 그를 구체적으로 드러내놓지 않고 있다, 쏟아지는 비 속에서 비를 맞으며, 송시열을 가마에 태워가고 있는 교군들의 형세에 초점을 맞추고 있다. 그리고는 이 작품의 주인공을 마지막 부분까지 숨겨두는 기법을 사용하고 있다. 즉 독자들에게 가마 속의 주인공이 누구일까 라는 의구심을 가지게 함으로써 궁금증을 증폭시키고 있다. 이는 일종의 추리기법이라고도 할 수 있다.

계속되는 비를 맞으며 교군들이 드디어 도착한 곳은 어느 외딴 주막집이다. 이들은 어느 시골 조그마한 초가집 주막에 비를 피하러 들어간 것이다. 주막집에 들어서서도, 가마 안에 타고 있던 인물은 구체적으로 소개되지 않는다. 그저 "키가 팔 척이나 될 만큼 큰 남자 한 사람이 나왔다"라고만 묘사하면서 그의 외양만 상세하게 전해주고 있다. 즉 "어깨가 쩍 벌어지고 광대뼈가 툭 튀어나오고 두 눈이 무섭게 위로 쭉 찢어져 올라간 사람이고, 흰 모시 창옷에다가 가는 띠를 느직히 매고 큰 갓을 쓰고 있는 것만 보아서는 무얼하는 사람인 것도 모르며, 어찌보면 농사 감독이나 하고 들어앉아 있는 고집 센 시골뜨기같이 보인다"고 형상화함으로써 더욱 인물에 대한 궁금증을 불러일으키게 한다.

이렇게 주막에 도착해, 가마에서 내린 그는 하나밖에 없는 주막집 방에 들어앉아 술을 마시기 시작했다. 그런데 그 사이에 또 한 사람이 주막에 들어선다. 말을 타고 온 한 무관이다. 그는 주인에게 방이 있느냐고 묻는다. 방이 하나밖에 없어 먼저 온 손님과 함께 방을 사용해야 한다고 하니, 이 무관은 그렇게라도 할 수밖에 없어 방에 들어선다. 방 안에 들어서자마자 그는 술을 청하고 주막집에는 없는 안주를 요청하는 등 허세를 부린다. 그리고는 먼저 온 손님에게 술을 한 잔 같이 하자고 권한다. 먹을 만큼 먹었다는 대답에 그 무관은 혼자 한 통 술을 다 비워낸다. 술을 마시고 난 뒤에 담배를 한 대 피우고는 먼저 온 손님에게 말을 걸며, 장기 한 판 두기를 청한다. 먼저 온 손님이 "잘 두지를 못한다"

는 말에 "꼭 잘 두어야만 하나? 심심한데 한 판 두어 보자구?"라고 응수한다. 그리고는 "자, 맞둘 텐가 차나 포를 떼고서 둘 텐가?"라고 으스댄다. 처음 만난 사람에게 오만무례한 말버릇이다. 그래도 먼저 온 손님은 기분 나쁘단 내색을 하지 않고 "그냥 그대로 두어보죠"라고 응수한다. 그래서 시작된 장기는 내리 세 판이나 먼저 온 손님이 이기고 만다.

장기 세 판을 두면서 조금은 가까워졌다고 생각한 무관은 먼저 온 손님에게 다시 질문을 한다. "그런데 보아하니 농사 백성은 아닌 것 같은데"라고 말을 흐리니, 먼저 온 손님은 "뭐 같이 보이오?"라고 묻는다. 무관은 "글쎄, 풍채를 보니, 보리동지(보릿 되나 주고 산 벼슬)라도 하긴 한 모양이야!"라고 말한다. 이렇게 무례한 말을 했는데도 역시 먼저 온 손님은 조금도 언짢아하는 빛을 내보이지 않고는 "대단한 벼슬도 못 됩니다"라고 대답한다. 그러자 무관은 "성명이 뭐지?"라고 다시 묻는다. 이때 먼저 온 손님은 "송시열이라고 합니다"라고 말한다. 이 말을 듣고는 무관이 별안간 얼굴이 새파래지면서, "뭐라고 했어?"라고 놀란 기색을 보인다. 그러자 먼저 온 손님은 다시 "송시열이라고 했습니다. 송나라 송(宋)자, 때 시(時)자, 매울 열(烈)입니다"라고 다시 답한다. 이 말을 듣고는 무관은 얼굴빛이 벌개지더니 송시열의 뺨따귀를 한 대 올려붙이고는 다음과 같이 호통을 쳤다.

"이 고얀 놈 같으니라구! 어째서 네 놈이 감히 송시열 대감의 이름을 함부로 쓰고 돌아다니는 거냐? 송시열 대감으로 말한다면 지위가 정승의 자리에 계시고 학문과 도덕이 천하에 높으신 어른인데, 네까짓 시골

무지렁이가 송시열 대감의 이름을 쓴다?"라고 해대고는 말을 타고 나는 듯이 달아나 버렸다. 무관이 비를 맞으며 달아나는 것을 본 송시열 대감은 크게 소리를 내어 그 자리에서 웃었다.

　이로써 가마 속에 감추어져 있던 인물은 보통 사람이 아닌, 그 당시 정승이었고 당파 정쟁 속에서 노론의 우두머리로 학문으로 보나 뭘로 보나 그를 능가할 사람이 없을 정도로 뛰어난 인물인 송시열임이 밝혀진다. 이런 사람에게 무관이 반말을 무례하게 쓰고 놀려주기까지 했으니 주막집 주인 역시 파랗게 질린 얼굴로 떨고 있을 수밖에 없었다. 그 주막 주인에게 송시열이 무관의 정체를 물었다. 주막 주인은 그가 안주 병사라고 말해준다. 그가 나중에 송시열에 의해 더 높은 병사로 자리를 옮겼다는 얘기로 이 작품은 갈무리된다. 송시열은 그 무관이 송시열에게 보였던 무례한 행동만 생각한 게 아니었다. 무관이 지닌 또 다른 긍정적인 일면을 높이 샀던 것이다.

　우리는 이 얘기를 통해 송시열의 인품이 풍기는 인문정신을 다시 한 번 생각하게 된다. 뿐만 아니라 무관이 송시열에게 해대는 하룻강아지 범 무서운 줄 모르는 듯한 행위들을 엿보면서 희극적 아이러니를 경험하게 된다. 이것이 향파 선생의 소년소설이 지닌 강점이다.

이순신 장군을 활용한 어린이용 연극

- 작품 「강희하고는」에 나타난 화해의 정신

　향파 선생은 어린이들의 올바른 정신 교육을 위해 역사적 인물을 많이 활용했다. 그 대표적인 대상이 이순신 장군이다. 향파는 1952년에 《민주신보》 오백만 환 현상모집에 희곡 「성웅 이순신」이 당선되었으며, 같은 해에 《소년세계》에 작품 「강희하고는」을 발표했고, 1954년에는 소년소설 『이순신 장군』(남향문화사)을 출판했다. 이순신 장군이란 인물을 중심으로 지속적으로 작품을 발표한 것이다.

　이 작품 중 「강희하고는」은 짧은 단편 소년소설이다. 발표된 이후에는 제목이 「비오는 들창」으로 바뀌었다. 그런데 이 작품은 향파 선생이 지니고 있는, 이순신을 통한 어린이 교육의 전형을 보여준다는 점에서 의미가 크다.

　이 소설은 학교 교사인 현 선생이 직접 쓴 <충무공 이순신 장군>이란 제목의 연극을 학생들과 함께 공연하기 위해 그 연습과정을 이야기로 꾸며 놓은 소설이다.

　전부 5막으로 구성되어 있다. 첫 막은 원균의 모함으로 충무공이 서울로 잡혀가는 내용, 둘째 막은 충무공을 옥에 가둔 정부가 충무공을 죽이느냐 살리느냐 하고 서로 싸움질하는 내용, 셋째 막은 원균이 술 잔치에 녹아 빠져 칠천도 싸움에 크게 패하는 내용, 넷째 막은 명량 바다에서 남은 배 열두 척으로 일본 배 수백 척을 침몰시키는 내용, 마지막 막은 충무공이 노량 바다 위에서 죽어가는 내용으로 전개된다.

초등학생들에게는 조금은 소화하기 힘든 분량과 무게를 지닌 연극이긴 하지만, 여러 학생들과 함께 종무와 강희가 주축이 되어 현 선생의 지도로 연극 연습을 열심히 해 나간다. 이 작품이 씌어진 때가 1952년 한국전쟁 중이었기에 이들이 마련하는 연극 무대에 필요한 물자들은 미군부대에서 나온 밀가루 포대 종이를 활용하기도 한다. 지금과 같은 무대 설비가 거의 불가능한 시절이었으나 지도교사인 현 선생과 참여 학생들은 힘을 합쳐 모든 것을 준비하며 연극 연습에 열을 올린다.

연극 연습과정에서 현 선생이 학생들을 지도하는 여러 장면들이 흥미있게 묘사되고 있다. 특히 마지막 오 막인 충무공이 돌아가는 장면은 매우 인상적이다. 충무공이 적탄에 맞아 눈을 감고 난 뒤 충무공의 큰 아들 회와, 중위장으로서 끝날 때까지 충무공의 대장선에 같이 타고 충무공을 받들던 유형과 충무공이 가장 아끼던 김대인이 충무공의 주검가에 둘러앉아 통곡하는 장면이다. 이 장면에서 큰 아들인 회 역은 사학년 영식이가 맡았고, 중위장 유형 역은 급장 인식이가, 장교 김대인 역은 종무가, 그리고 충무공 역은 강희가 맡았다.

종무는 죽은 충무공인 강희의 얼굴 옆에 앉아 대사를 외웠다. "정녕 하늘이..." 하다가 보니 "정녕"이 아니라 "정니엉" 하는 소리가 났다. 이는 그 동안도 발음이 제대로 되지 않아 현 선생님한테 몇 번이나 지적을 받은 부분이었다. 몇 차례 발음 수정을 하여 간신히 바른 발음이 나왔다.

"정영 하늘이 우리 백성을 구하실려고 내려보낸 인물이 아닐진대, 어찌 칠 년 전쟁을 한 손에 지탱해 오다가, 하필 이날의 마지막 싸움터에서 거두어 갔겠소 대감! 통제대감! 그렇게 좋아하시던 이 김대인이를 외로 두고서 대감은 어디로 가시려 이러시오." 이렇게 대사를 마치자 종무는 진땀이 났다.

그래도 지도하는 현 선생은 다시 종무에게 "마지막 대사가 아무래도 기분이 모자라"라고 주문을 한다. 그러나 다른 역을 맡은 종무의 친구들은 "종무 최고다"라고 격려한다. 특히 충무공 역을 맡은 강희는 "자꾸 연습만 하면 돼"라고 힘을 북돋어 준다. 종무는 그런 강희가 좋다.

그런데 이들이 연극 연습을 마치고 집으로 돌아가는 과정에서 새로운 현실적인 사건이 발생한다. 여름날 가뭄으로 인해 벼가 자라고 있는 논이 다 말라서 물 전쟁이 일어난 것이다. 종무가 집에 와서 염소 풀을 뜯으러 저수지 보쪽으로 갔는데, 종무 아버지와 강희 아버지가 싸움을 하고 있는 것이다. 윗논은 강희네 논이고 아랫논은 종무네 논이었는데, 윗논에는 물이 가득 차 있는데 아랫논은 말라있어 종무 아버지가 삽을 가지고 강희네 논의 물고를 파 끊었던 것이다. 그러자 강희 아버지가 삽으로 막았고, 그러자 다시 종무 아버지가 물고를 파 다시 끊었다. 이렇게 반복하면서 결국은 두 사람이 엉켜 싸우기 시작한 것이다. 치고받고 할 뿐만 아니라 논에 처박히는 죽기살기식의 진흙탕 싸움이 벌어진 것이다.

　　이 싸움은 달려온 종무 어머니로 인해 집안 싸움으로 번진다. 종무 어머니가 강희 아버지의 허벅지를 무는 바람에 강희 아버지가 논두렁에 나자빠지자 강희 엄마가 다시 달려들었다. 두 여자가 엉켜붙어서 싸우기 시작하자 힘이 센 강희 엄마를 종무 엄마는 당해낼 도리가 없다. 이 광경을 지켜보던 종무가 참지를 못해 강희 엄마의 팔을 물어뜯었다. 옆 논에서 일하던 사람들이 달려와 말리는 바람에 싸움은 진정되었지만, 서로 다 상채기를 입고 온 몸이 흙탕이 되어 집으로 돌아갔다.

　　집에 돌아온 종무는 아무리 생각해도 강희 엄마의 손을 문 게 후회가 되었다. 이날 밤에 할아버지의 제사가 있어서 거의 잠을 자지 못하고 다음 날 학교로 갔다. 연극 연습을 위해 아이들이 다 모였다. 종무는 강희를 보자 그를 바로 쳐다볼 수 없었다. 그 때 강희가 주머니에서 강냉이를 꺼내 한 토막씩 분질러 나눠주었다. 강희는 아무렇지도 않은 듯 종무의 손에도 쥐어 주었다. 종무는 목에 무엇이 차오르는 듯했다. 그리고 곧 연극 연습이 시작되었다.

　　종무는 눈을 감고 누워있는 충무공 역을 맡은 강희의 얼굴을 바라보며 어제 연습했던 그 장면을 다시 시작했다. "정영 하늘이 우리 백성을 구하실려고 내려 보낸 인물이 아닐진대, 어찌 칠년 전쟁을 한 손에 지탱해 오다가, 하필 이날의 마지막 싸움터에서 거두어 갔겠소 대감! 통

제대감! 그렇게 좋아하시던 이 김대인이를 외로 두고서 대감은 어디로 가시려 이러시오." 종무는 자신도 모를 눈물을 줄줄 흘렸다. 이 때 교실 들창 쪽에서 보고있던 두 여학생이 흑흑하고 얼굴을 가리면서 울기 시작했다. 한참 동안 교실 안은 물을 뿌린 듯이 잠잠했다. 순간 지도하던 현 선생이 종무를 바라보며, "잘했어, 참 잘했어, 오늘은 아주 잘했어"라고 하며 종무의 등을 어루만지면서 칭찬했다.

그 때 밖에서 소낙비 쏟아지는 소리가 들리기 시작했다. 모든 아이들이 문 밖으로 달려나갔다. 소낙비가 세차게 몰려왔다. 종무는 계속해서 비가 오기를 빌었다. 비만 오면 물싸움은 없어질 것이기 때문이었다. 종무와 강희는 세차게 비가 내리는 들판을 함께 바라보고 있었다.

향파 선생은 이렇게 이순신의 정신을 아이들의 삶 속에서 체험할 수 있는 매개로 연극을 활용하고 있었던 것이다.

삶과 유리되지 않는 문화활동이 어떻게 훌륭한 교육으로 연결되는지를 보여주는 좋은 사례를 작품으로 남긴 것이다.

「메아리」에 담긴 생태학적 사유

　이주홍의 동화 중에서 자라나는 어린이들에게 가장 많이 읽힌 작품 중 하나는 「메아리」이다. 이 작품은 1943년 8월 『야담』에 「내 산아」라는 제목으로 발표된 작품으로, 《국제신문》에 1959년 6월 8일부터 22일까지 연재되었다. 이후에 발간된 여러 단행본 동화집에 수록되어 왔다. 그리고 2002년 『다시 읽는 국어책』(중학교)에 수록되었고, 여러 차례 중학교 교과서에 수록된 작품이다. 2015년에는 개정된 초등 국어활동 교과서에 수록됨으로써 어린이들이 손쉽게 접할 수 있는 동화가 되었다.

　이 작품은 깊은 산 속에서 홀로된 아버지가 딸과 아들 하나를 거느리고 화전민으로 살아가는 이야기이다. 그런데 이야기는 순진무구한 막내 아들 돌이에게 초점이 맞추어져 있다. 아버지가 밖으로 일하러 나가면서 돌이에게 소 먹이를 주라는 당부로 작품은 시작되고 있다.

　"돌아! 오늘은 소 배가 좀 이상하다. 밖에 몰고 나가지 말고, 네가 풀을 뜯어다가 넣어 주어라."

아버지는 바지게에다 괭이를 담아지고 나가면서 돌이를 보고 이렇게 일을 시켰지만, 돌이는 방바닥에다 배를 붙이고 엎드려 있으면서 아무 대꾸도 안 했다. 아버지가 미워서 말도 하기 싫었던 것이다. 왜 그런가 하면 돌이와 함께 정답게 지내던 유일한 친구인 누나를 아버지가 멀리 시집을 보내버렸기 때문이다.

엄마를 일찍 여읜 돌이는 누나가 시집가기 전엔 이웃도 없어 늘 외로웠기에 산꼭대기에 올라 소리를 치곤했다. 돌이가 오--하고 목을 뽑아 외쳐보면, 산 저쪽에서도 오—하고 대답이 들려왔다. 이 메아리가 돌이에게는 유일한 친구였다. 그런데 가뜩이나 외로운 산 속 생활에서 누나마저 시집을 가자 모든 것에 흥미를 잃어버리게 된 것이다. 메아리하고 장난치던 것도 흥미를 잃었다. 메아리를 친구 삼아 놀았다는 것은 돌이가 얼마나 외롭고 순진한 아이인지 보여 준다. 자신의 외로움을 메아리와의 대화로 해소하는 아이들의 동심을 느끼게 한다는 점에서 이 작품이 지닌 순수성이 돋보인다.

이런 외로움에 시달리다가 누나에 대한 그리움으로 돌이는 무작정 산을 넘어 누나를 찾아 나선다. 돌이는 엄마를 기억하지 못한다. 일찍 돌아가셨기 때문이다. 따라서 아버지가 농사일을 나가면 누나가 키우다시피 하였다. 그런 누나와 헤어져 겪게 되는 외로움과 슬픔에 누나를 찾아 나서는 돌이의 모습에서 순진한 아이의 동심을 볼 수 있다.

돌이는 산을 넘고 넘어 어느 곳에 있는지도 모르는 누나를 찾아 헤매었다. 가도 가도 산이었다. 이렇게 시간이 지나 날이 저물었다. 돌이는 무서운 생각이 나서 되돌아섰다. 새들이 잘 집에 드느라고 여기저기서 날개를 푸드덕거리고 있었다. 돌이는 혼자 울면서 걷다가, 날이 어두워지면 길이 잘 안 보일 것 같아서, 서둘러 뛰기 시작했다. 그러나, 아직도 산모롱이가 몇 개나 남았는지 모르는데, 날이 어두워졌다. 돌이는 울면서 길을 더듬었다. 때로는 움푹 발이 빠지기도 하고, 어떤 때에는 나뭇가지가 눈을 찌르기도 했다. 돌이는 그래도 쉬지 않고 길을 더듬었다. 사람의 냄새를 맡고서 호랑이라도 나타나면 어떻게 하나? 돌이는 제가 걷는 것이, 어디로 가는 것인지 분별이 되지 않았다.

 결국 돌이는 더 걸을 수가 없을 만큼 어두워지자, 그만 길바닥에 주저앉아서 엉엉 소리를 내어 울었다. 그때, 산마루에서 사람의 소리가 나면서 횃불이 보였다. 돌이를 찾아나선 아버지였다. 아버지는 결국 돌이를 발견하여 업고 집으로 돌아오게 된다.

 돌이가 잠에서 깨어난 이후에 아버지는 돌이에게 동생이 하나 생겼다고 기쁜 소식을 전해준다. 그 동생은 집에서 키우고 있는 소가 낳은 송아지였다. 외양간으로 가서 돌이는 자기 동생 같은 송아지를 보고 마음이 흡족했다. 다음 날 아침 다시 송아지를 보니, 그 송아지는 아버지가 입으시던 헌 저고리를 덮어 입고서 외양간 안을 쫓아다니고 있었다. 돌이는 아침을 먹고 난 뒤에 누나가 넘어가던 산으로 올라가서 길게 소리를 질렀다.

"네 산--아." 그러자 한참 만에 메아리가 "내 산— 아."하고 대답을 해왔다.

"우리 집엔 새끼소 한 마리가 났어--."라고 하니, "우리 집엔 새끼소 한 마리가 났어--."라고 응해왔다. 또 "내 동생이야--."하니, "내 동생이야--."라고 대답해왔다. 그리고 "너두 좋으니--?"라고 하니, "너두 좋으니--?"라고 대답해 왔다. 메아리는 저도 반가운지 같이 흉내를 냈다. 그래서 돌이는 메아리가 누나 있는 곳에까지 가서, 그대로 이 소식을 전해 줄 것이라고 생각했다.

이렇게 마무리되고 있는 이 동화는 21세기 인공지능시대를 살아가는 우리에게 많은 생각거리를 던져주고 있다. 인간이 자연과 함께 하나가 되어 살아간다는 것이 어떤 의미인지를 먼저 생각하게 한다. 우선 돌이와 산이 메아리로써 서로 소통하고 있다는 것은 순수한 동심을 가진 돌이와 산이 하나로 소통하고 있음을 내보인다. 산과 인간이 별개가 아니라, 서로 소통하는 관계로 형성되어 있다는 말이다. 자연과 인간이 하나의 유기체로 인식되는 단계를 보여주고 있다.

그리고 송아지를 돌이의 동생으로 명명하고 있다는 것은 동물과 인간이 무관한 것이 아니라 동일한 생명체임을 동시에 드러내는 장면이다. 송아지가 돌이의 동생이 될 수 있는 생태학적 인식은 심층생태학적 입장을 내보이는 부분이기도 하다. 즉 인간이 산이나 송아지를 지배하고 수단화 하는 단계가 아니라, 산이나 송아지나 인간이 서로 소통하고 관계하는 생태학적 관계망 속에 놓여있음을 보여주고 있다. 모든 생명체들이 생명이란 관계망 속에 하나로 연결되어 있는 상태를 작품 속에서 잘 그려내고 있다. 생태계 파괴로 인한 지구온난화가 지구촌의 미래를 어둡게 하고 있는 지금 이곳에서 가장 절실한 것이 무엇인지를 다시 생각나게 하는 작품이다.

이주홍이 그려낸 어머니상

향파 선생은 여러 작품에서 어머니상을 그려내고 있다. 고려 무신란을 배경으로 한 「어머니」란 중편소설이 대표적이다. 그런데 향파 선생은 자라나는 어린이를 대상으로 한 동화나 동시에서도 어머니를 소재로 한 작품을 지속적으로 발표했다. 그 대표적인 작품의 하나가 「못나도 울 엄마」와 동시 「엄마의 품」이다. 「못나도 울 엄마」는 부산일보에 1960년 10월 22일부터 12월 25일까지 9차례 연재가 되었다. 그리고 동시 「엄마의 품」은 『섬에서 온 아이』(태화출판사, 1968)에 다른 동시 10편과 동화, 동극, 어린이 소설과 함께 실려 있다. 이 두 편이 지닌 어머니의 모습을 살펴본다.

「못나도 울 엄마」는 명희라는 어린 초등학생이 가정에서 겪는 아주 사소한 일상을 재미나면서도 교훈적으로 그리고 있는 동화이다. 명희는 위로는 복자와 현욱이란 형제자매가 있고 아래로는 이제 갓 돌을 지낸 동생이 함께 생활하고 있다. 하루는 명희가 학교에서 일찍 돌아와 집에 있는데 엄마가 외출을 하면서, 자고 있는 동생 은미를 잘 살피라고 부탁을 하고 집을 떠났다. 명희는 자기한테만 집안 일을 시킨다고 엄마에게 불평을 한다. 엄마는 돌아오면서 맛있는 것을 사오겠단 약속을 했다. 그러나 명희는 학교 숙제도 해야 하고, 곧 발표할 학예회 연극반 연습도 해야 하기에 엄마의 부탁이 달갑지 않아 불평만 계속했다.

학예회 연습으로 혼자서 대사를 외고 있는 중에 떡 장사 할머니가 찾아와서 떡을 사라고 한다. 맛있는 떡을 먹고는 싶지만 떡 살 돈이 없기에 살 수가 없다. 그런데 떡 장사 할머니의 끈질긴 권유에 떡을 사기로 하고 집 안에 있는 돈을 찾았다. 높은 장농 위에 있을 것 같은 돈을 찾다가 디디고 섰던 미싱뚜껑이 미끄러지면서 궁둥방아를 찧게 되고, 이로 인해 미싱뚜껑이 찌그러지고 말았다. 엄마에게 야단맞을 일을 생각하면서 떡 장사 할머니를 향해 원망하며 울음을 터뜨렸다. 그 바람에 자고 있던 은미까지 깼다. 이 장면에서 우리는 어린아이들이 원초적 욕망을 잘 제어하지 못하고 쉽게 넘어가서 일을 그르치고 후회하는 순진성을 엿보게 된다.

곧 정신을 차리고 명희는 자다가 깨어나 울고 있는 은미에게 자장가를 들려주다가 은미 옆에서 잠이 들었다. 이 동화의 구성상 큰 특징은 이 잠 속에서 명희가 새로운 세계를 경험하는 꿈을 꾸게 된다는 점이다. 꿈 속에서 기다리던 복자 언니가 벌써 학교에서 돌아온다. 언니와 서로 실랑이를 하다가 결국 싸움으로 번져 복자는 자기 동생에게 "넌, 너의 집으로 가거라"라고 말한다. 그러니 명희가 어처구니가 없어 "우리 집이 여긴데 내가 어딜 가?"라고 응수한다. 언니는 "서면 철다리 밑에서 떡 장사하는 할미가 너의 어머니라고 하잖던?"라고 말한다. 이에 명희는 "아버지가 날 놀리느라고 일부러 거기서 주워 왔다 한 거지, 정말로 내가 떡장사 딸인 줄 알았어?"라고 화를 낸다. 그러자 언니는 "정말인가 거짓말인가 가 보면 알 께 아니니?" 라고 열을 낸다. 더 열이 난 명희는 "그래 가 보자! 가 보자!"라고 한다.

　언니의 이 말을 들은 명희는 오래 전에 아버지와 어머니가 장난삼아 명희한테 "너는 서면 철다리 밑에서 주워온 애다" 하는 소리를 기억했다. 물론 명희는 그 말을 들었을 때는 자기를 놀리는 거짓말이라 생각했다. 그래서 한 번은 엄마한테 "엄마, 정말 나를 철다리 밑에서 주워 왔어?"라고 물어본 적도 있었다. 그런데 엄마는 대답을 하지 않고 웃으면서 어서 자라고만 했다. 명희는 그 뒤에도 여러 번 엄마가 속 시원히 안 그렇다는 말을 해주지 않고 그냥 자라고만 하던 일을 생각했다. 그래서 혹시 자기가 정말로 다른 고아들처럼 남의 집에 와 있는 것이 아닌가 하는 생각까지 들었다. 그래서 복자 언니와 함께 그곳을 찾아 나선 것이다.

　그런데 복자 언니와 같이 떠났는데 한참을 가다보니, 복자 언니는 어디로 갔는지 보이지 않고 명희 혼자서 가고 있었다. 복자 언니를 찾아서 소리를 질러보았지만 아무런 대답이 없었다. 명희는 혼자서 길을 찾아 서면 굴다리까지 왔다. 굴다리 밑에서 떡을 팔고 있는 눈도 제대로 잘못 뜨는 한 할머니를 만났다. 그런데 놀랍게도 대연동에서 왔다고 하니, 그 할머니가 "네 이름이 명희 아니니?"라고 하면서 명희의 손을 잡았다. 그 거친 할머니의 손을 감각하고는 무서워서 부들부들 떨기만 했다. 그러자 할머니는 너를 데리려 가려고 했다고 한다. 놀란 명희가 "왜 데리려 와요?"라고 말하자 할머니는 "너의 어머니니깐 데리려 가는 거지"라고 말했다. 명희는 도저히 이 할머니가 자기 엄마가 아니라고 우겼다. 왜냐하면 할머니는 얼굴이 시꺼멓고 머리털이 헝클어져 있고, 한쪽 눈이 없고, 코가 벌룸하고, 입이 삐두정하고, 한쪽 팔까지 못쓰는데, 더럽게 때 묻은 옷은 갈래갈래 찢어져서 꿈에라도 보일까 봐 겁이 나는 늙은이었기 때문이다. 그래서 명희는 "이렇게 못난 할머니가 어떻게 우리 어머니라요. 냐요! 냐요!"라고 큰 소리로 외쳤다. 그러자 할머니는 "이년아, 잘나도 어머니는 어머니, 못나도 어머니는 어머닌 게지 무슨 소리냐?"라고 꾸짖었다. 그래도 도저히 참을 수 없는 명희는 "우리 어머닌 못골에 있어요"라고 항변했다. 그러자 할머니는 "호호, 이년 봐라, 못골에 있는 건 복자 어미지 어디 너의 어머니니! 넌 내 딸이었던 걸. 네가 세 살 때. 지금의 복자 아버지가 이 다리 밑은 지나다가 너를 주워 간거야. 집에 데리고 가서 마루나 닦인다 하구서."라고 호통을 쳤다. 명희는 이 소리에 꿈틀하고 놀랐다. 전날 장난의 말로 아버지 어머니가 해 오던 말과 꼭 같은 소리를 이 할머니가 하기 때문이었다.

 이렇게 서로 거친 말을 주고받는 중에 할머니가 땅바닥에 쓰러졌다. 그러자 쓰러진 할머니를 부축해서 할머니 집으로 갔다. 개집만한 판잣집이 할머니 집이어서 감히 들어갈 생각을 못하고 있는데 할머니가 물을 찾았다. 겨우 이웃집으로 가서 물을 구해 할머니에게 드렸지만, 할머니는 절망상태에서 자꾸 쓰러지려고만 했다. 명희는 결국 할머니에게 "나 안 갈게요. 엄마! 이 물 마시고 죽지 말아줘요. 엄마"라고 울부짖었다. 그러자 할머니는 "이젠 내가 정신이 좀 나아지는구나. 그만 못골로 가거라. 학교도 계속해서 다니구, 은미도 봐 주구 해야지."그러나 명희는 "그렇지만 난 가도 엄마가 멀쩡하게 낫는 걸 보구서 갈테야,"라고 고집을 부렸다. 그때 할머니가 급하게 "그렇지 않아! 저 은미 우는 소리가 안 들리니?"라고 말했다. 아닌게 아니라 시끄럽게 울어대는 은미의 울음소리가 들려왔다. 바로 그 때가 명희가 꿈을 깨는 순간이었다. 학교에서 막 돌아온 복자 언니가 "명희야! 은미는 이렇게 울고 있는데 왜 너 혼자만 자고 있니?"라고 잠에서 들깬 명희를 나무랐다. 꿈에서 또 다른 엄마를 만나고 돌아온 것이다. 아무리 꿈에서 만난 못난 엄마도 우리 엄마라고 생각되면, 그 엄마를 떠날 수가 없는 것이다. 그 엄마의 품이 너무 높기 때문이다.

새들이 그렇게/많이 날아도/구름이 그렇게/멀리 떠가도/그런 것은 다/하늘 안에/있는 것 같이/이 세상에/어머니보다/큰 것은 없지//사랑도 미움도/그 안에 담기는/자랑도 허물도/그 안에 묻히는/높다가 높다가/끝간 델 몰라/파랑기만 한/파랑기만 한/저 하늘같은/엄마의 품 –「엄마의 품」

엄마의 품이 지금 이곳에는 어느 정도의 높이를 유지하고 있을까? 향파 선생이 우리에게 던지는 질문이다.

개미가 부지런해진 사연

향파 선생은 어린이들에게 항상 유익한 지식을 재미있게 전해주려고 힘썼다. 그 수단이 된 것이 주로 동화였다. 향파 선생은 이런 동화 창작을 위해 오래된 옛이야기를 활용하기도 했지만, 어떤 사물이나 대상의 근원을 이야기로 풀어냄으로써 아이들에게 호기심을 자아내게 했다. 그런 이야기 중의 하나가 '개미'에 대한 것이다. 개미의 허리가 잘룩해져 있는 것은 왜 그럴까? 어린이들이 의문을 가질만한 소재를 생물학적으로 풀어낸 것이 아니라, 상상력을 동원해서 이야기로 풀어내었다. 《새벗》(1963.12)에 발표된 「부지런해진 개미」가 바로 이 중의 하나이다. 이 작품이 발표된 《새벗》은 1952년 1월 5일자로 피난 수도 부산서 창간되어 2000년 9월호로써 통권 500호를 기록, 오늘날까지도 발행되고 있는 우리나라의 대표적인 어린이 잡지이다.

"일천만 어린이를 생각하고 좋은 동무, 착한 친구, 참된 벗이 되어지려고 애를 쓰기 시작한 것은 벌써 2년 전 이야기가 되었습니다.

<중략>

그런데 어찌 뜻했겠습니까? 6·25 공산당의 우리 서울 침입으로 해서, 우리들의 소중히 아끼고 곱게 곱게 만들어 내려던, 어린이의 잡지는 송두리째 없어지고 말았습니다. 어찌 우리의 잡지뿐이겠습니까? 우리의 편집실도 우리의 굉장하던 회관도 우리들의 살던 집도 무너지고 불타버려, 남쪽으로 피난하기를 두 번이나 하였습니다.

우리는 여러분이 피난처에서 천막 속 흙바닥에서 고생하고 애쓰면서 공부하는 것을 보게 될 때 눈물이 나는 것입니다. 그래도 여러분은 우리나라의 주인입니다. 그러기 때문에 씩씩하고 올곧게 자라나야겠습니다. 튼튼하고 담대하고 또 솔직하고 착한 사람이 되어야 할 것입니다. 우리의 잡지《새벗》은 이러한 의미에서 여러분의 참된 동무가 되려는 것입니다. 같이 웃고 같이 울고 같이 싸우고 같이 공부해서 같이 자라가고 싶은 것입니다. 〈하략〉"

이런 정신으로 창간된《새벗》에 개미의 허리가 가늘어서 잘룩해지게 된 과정을 다음과 같은 이야기로 풀어내고 있다.

옛날의 일이었습니다만, 개미란 놈은 아주 게름뱅이어서 처음엔 토끼의 등 위에 붙어서 피나 빨아먹고 사는 고약한 기생충이었습니다. 그러니 일이라는 것은 할 필요가 없이 배가 고플 만하면 남의 피만 빨아먹고 사는 얄미운 벌레였던 것입니다.

어느 날도 개미들이 피를 빨아먹으려고 토끼의 등에 새까맣게 올라가 있으므로 토끼가 고개를 돌려 말을 했습니다.

"너희들 오늘 좋은 수가 있구나."
"좋은 수가 뭐니?"
"밥이라는 거 먹어본 일 있어?"
"듣기만은 했지만."
"그러니까 좋은 수라고 한 게 아니니. 자, 그럼 오늘은 그 밥이라는 걸 먹여 줄 테니 모두들 내 등에 붙어 있질 말구서 내려오라구."

밥이라는 것을 맛보겠다고서 개미들이 쏟아지듯 죄다 땅으로 내려와 보니까, 과연 말대로 토끼는 나무 이파리 위에다가 밥 한 덩어리를 얹어 놓고는 입으로 그 이파리의 한끝을 물었습니다.

"자, 나 있는 데로 와...." 개미들이 밥을 먹으려고 우우 몰려가니까, 토끼는 이파리를 입에다 문 채 뒷걸음으로 깡충 뛰어가면서, "자, 예까지 와 봐라. 예까지 와 봐라." 했습니다. 밥을 먹어보고 싶은 생각에만 급해서 개미들이 우우 쫓아가면 토끼는 또 뒷걸음으로 깡충 뛰어가면서

"예까지 와 봐라, 예까지 와 봐라." 했으므로 개미들은 화가 머리끝까지 올라서 어디까지고 토끼를 좇아갔습니다. "예까지 와 봐라! 예까지 와 봐라!" 그러다가 등에 무언가 툭! 받히는 것이 있기로 돌아다보았더니 그것은 큰 바위였습니다. "이크! 이거 큰일 났구나!" 사정이 위급해진 토끼는 그 옆에 있는 나무 위로 올라갔습니다. 하마트면 개미 떼들한테 포위를 당해서 꼼짝없이 피를 빨리워 죽게 될 지경이었기 때문이었습니다. "오냐 요놈아! 네가 내려올 때까지 우리는 여기서 기다리겠다." 개미들은 나무 사이로 삥 에워싸고서 장기전의 준비를 시작했습니다.

하루가 지나고 사흘이 지나도 토끼는 내려올 생각을 하지 않고 있었습니다. 토끼는 나무 이파리에 담아 가지고 있었던 그 밥을 그대로 가지고 올라갔으므로 하루나 이틀쯤은 아무 고통 없이 지낼 수가 있는 것이기 때문이었습니다. 그러나 이거와는 반대로 이 동안에 죽을 지경인 것은 개미들뿐이었습니다.

"인제는 우리가 다 죽게 됐지."
"먹을 것을 너무 여러 때 굶어 놓았기 때문에 모두 허리가 가늘어지고, 눈이 폭 꺼져 들어갔어!"

그러고 있을 때에 토끼가 먹고 있던 밥알 한 낱이 나무 아래로 떨어져 내렸습니다.

"야아 밥이다! 밥이다!" 개미들은 밥알 하나를 나눠 먹고서 겨우 정신이 돌아올 수가 있었습니다. 꺼졌던 눈도 얼마쯤은 다시 뜨여져서 길을 찾아 걸을 만한 기운은 되살아났습니다. "자, 내 앞으로 다 모여라!" 두목의 개미가 큰 소리로 명령을 내렸습니다.

"우리가 장기전을 하려면 우선 무엇이든 먹고서 기운을 잃지 않아야 한다. 전원을 이 분대로 나누어서 일 분대는 이 나무 아래를 지키고 있기로 하고, 일 분대는 사람 사는 마을로 파견을 해서 밥을 얻어 오기로 하자!"

모두 옳은 말이라고 손벽들을 쳤습니다. 그래서 얻어 온 밥으로 해서 목숨만은 보존할 수가 있었으나, 정작 이 싸움을 받아 주어야 할 토끼는 어느샌지 도망을 치고 없었습니다. 개미들이 자고 있는 동안에 나무 위에서 뛰어내려 내뺀 것이었습니다.

개미들은 하는 수 없이 싸울 생각을 그만두게 되었습니다. 그 대신 피 빨아먹을 자리도 없어졌기 때문에 그때부터 시작해 토끼하고도 인연을 끊고서 저희들 자신의 힘으로 일을 해 나가게 되었습니다.

개미의 허리가 지금도 가늘어서 잘룩해 있는 것은 그때에 고생을 한 까닭이라고 합니다. 눈도 그때부터 폭 기어들어 갔기 때문에 그 두 개의 뿔을 작지로 해 길을 찾으면서 남보다 더 부지런히 일을 하게 된 것이라고 합니다.

게으름뱅이였던 개미들이 부지런한 개미로 바뀌게 되는 사연을 흥미있게 전개하고 있는 향파 선생의 솜씨가 돋보이는 장면이다. 아이들에게 게으름뱅이가 되어서는 안 된다는 교훈을 이야기 속에 숨겨놓으면서도 아무런 연관이 없어 보이는 토끼와 개미를 등장시켜 개미들이 부지런하게 된 연유를 이야기로 풀어내고 있기 때문이다. 또한 이야기 전개 방식에 구어를 사용함으로써 아이들에게 직접 들려주는 동화가 되고 있다. 읽는 동화보다는 들려주는 동화가 아이들에게는 더욱 친근하게 다가갈 수 있음을 향파 선생은 꿰뚫고 있는 셈이다.

소가 된 게으름뱅이 이야기

향파 선생은 동화를 통해 아이들의 심성을 어떻게 순화시켜줄 수 있을지를 늘 고민했다. 이를 위해 재미있게 읽힐 수 있는 이야기를 지어내는 것이 큰 과제였다. 그런 이야기를 꾸며내는 방법의 하나로 향파 선생은 전래되는 설화를 활용하기도 했다. 그 작품 중의 하나가 「소가 된 게름뱅이」(《새벗》, 1964, 4)이다.

어느 마을에 게으름보가 살았는데 아무리 아내가 권해도 도무지 일은 하지도 않고 밤낮 빈둥빈둥 놀면서 잠이나 실컷 자는 한량이었다. 매일 드르렁드르렁 늦잠에 코를 골고 있기에 아내는 큰 소리로 불렀다.

"아, 여보! 이렇게 잠만 자고 있으면 어떻게 하는 거유," 이런 아내의 짜증 소리에 게름뱅이는 비로소 눈을 뜨고는 한다는 말이. "난 하루밤 하루낮을 자도 잠이 모자라서 꼭 죽겠는데 왜 또 일어나라고 이 성화를 대는 거요?"라고 했다.

하루는 이 게으름뱅이가 아내의 성화에 못 견디어, "쓸데없는 소린 말구서 어서 내 갓이나 내어 놓우!"라고 다그쳤다. 아내는 의아하여 물었다. "밭매러 가는 사람이 갓은 왜요?" 그러자 게으름뱅이는 "누가 밭매러 가려고 갓을 내놓으래나? 출입을 하려고 갓을 내노라는 거지."했다. 그러자 아내는 "집안 살림살이가 하도 요 꼴이 돼 있으니까 돈이라도 변통하려구 나가시려나 보지?"라고 안도했다. 그런데 게으름뱅이는 "누가 돈을 변통하러 가! 집구석에선 하도 여러 소리가 많으니까 실컨 잠이나 잘 수 있는 집을 찾아가려구 그러는 거지."라고 엉뚱한 소리를 했다. 그리고는 주는 갓을 받아 쓴 게으름뱅이는 후다닥 집을 뛰쳐나갔다. 그는 언덕 밑에 자리한 초가집으로 찾아 들었다.

그 집으로 가까이 가 보니, 안에서 무엇을 하는지 똑딱똑딱하는 소리가 들려 나왔다. 문틈으로 안을 들여다보니, 머리 하얀 노인 한 분이 소가죽을 깔고 앉아서 나무때기로 무엇을 만들고 있었다. 그는 궁금해서 문을 열고 들어가 노인에게 물었다.

"뭘 만들고 계신가요?" "쓸 데가 있어서 소머리를 만들고 있는 중이요." "소머리를 어디다 쓸려구요?" "허, 당신은 아직 모르는군! 이걸 쓰고 있기만 하면 손을 움직거리지 않아도 편안히 먹고 살 수가 있는 거라오." "힘들여서 일을 안 해도 가마이 누워서 먹을 수가 있다 그런 말씀인가요?" "그렇지." "잠도 실컨 잘 수가 있구요?" "그렇지 그렇지! 내 말이 못 미덥거든 지금 당장 이걸 한번 써 보시구료." 이 말을 들은 게으름뱅이는 좋아서 방으로 뛰어들어가 그 소머리를 써 보았다.

그런데 좀 이상했다. 게으름뱅이는 "에구 에구 이게 뭐예요?"라고 물었다. 그러자 노인은 그건 소가죽이야. 같이 둘러써야 하는 거야 라고 말하는 순간 게으름뱅이는 소가 되어버렸다. 그래서 노인은 이제는 누워서 놀고먹을 수가 있는 우리 집 외양간으로 가자고 하고는 문밖으로 끌어내 코를 꿰고 고삐를 걸어 주었다.

완전히 소가 되어버린 게으름뱅이는 그 노인에 의해 소 시장으로 팔려가게 되었다. 어쩔 수가 없어서 노인이 모는 데로 가면서도 소는 속으로 이런 생각을 하게 되었다. 에그 내가 어쩌다가 요 모양이 됐을까. 장에 가서 사람들을 만나면 내가 소가 아니라 사람이라는 걸 말해 줘야지. 노인을 등에 태운 소는 시장으로 나와 팔려가게 되는 운명에 처하게 되었다. 소 시장으로 소를 몰고 간 노인은 어떤 장꾼 한 사람에게다 소를 사라고 청했다. "그거 팔 거요?" "물론 팔려고 끌고 왔죠." "에잇 그놈 살도 쪘다!" 딱! 하고 궁둥이를 때리는 바람에 소는 약이 바짝 올랐다. 그래서 아얏! 하고, 싫은 소리를 해 주려다가 그만 웅웅웅웅 하는 소리만 하고 말았다. 소가 된 게으름뱅이는 '아얏' 소리를 하려고 한 건데, 왜 웅웅웅웅 하는 소리만 나는지 하고 혼자 속으로만 생각할 수밖에 없었다.

'가만있자. 이 사람한테다 내가 소가 아니라는 것을 말해 보자. 그런데 뭐라고 말을 하면 나를 동정해서 사람으로 되살아나게 해 줄까! 옳지 이렇게 말해 주는 것이 좋겠지! 여보십시오. 나는 소가 아니라 당신네들과 같은 사람이요 이놈의 늙은이한테 속아서 이 모양이 됐으니, 제발 좀 내가 쓴 이 소머리를 벗겨 주시오. 이렇게 말하면 되겠지? 그럼 어디 말을 한번 해 보자.'하고 말을 시작했다. 그러나 그의 말은 "웅웅웅웅... 웅웅웅웅...." 소리로만 들렸다. 그러자 "이놈의 소가 왜 이렇게 울고 야단야."라고 하면서, 소 주인인 노인은 아플 만큼 소의 궁둥이를 갈겨 주었다. 소가 된 게으름뱅이는 "웅웅웅웅!"만 반복할 뿐이었다. 결국 흥정 끝에 소는 팔렸다. 그러자 노인은 소를 산 사람에게 중요한 사실을 하나 알려주었다. 이 소를 부리는 데 한 가지 주의할 것이 있소." "뭔데요?" "절대로 무밭 가까이론 가지 말아야 하오. 만일에 무를 먹으면 죽는 수가 있으니까 하는 말이오." 이 말을 듣고는 소를 산 주인은 기쁜 마음으로 소를 타고 집으로 돌아왔다.

　소를 산 주인은 집에 오자마자 "지금 당장 부려 봐야지. 이려! 이놈의 소!" 주인은 소의 엉치를 탁! 때렸다. "그럼 가까운 채마밭부터 갈아 보시죠!" 아내의 권하는 말에 남편도 동의를 했다. "그게 좋겠군! 이려! 이놈의 소가 이 안으로 안 들어가구서! 가만있어! 이 멍에를 끼우고! 쟁기 줄을 매구!" 이때 소가 된 게으름뱅이는 속으로 기가 막혔다. 어쩌다가 내 팔자가 이 모양이 되었을까 한탄하며 주인이 제아무리 일을 시키려 한다 하더라도 기어코 말을 들어주지 않으려니 생각을 했다. 그러나 주인은 주인대로 고되게 부려 먹으려고만 하고 있었다. 목에다가 멍에를 걸고는 눈에서 불이 번쩍 나도록 등줄기를 후려갈겨 주었다. "자 이놈의 소야. 한번 당겨 봐라 쯧! 쯧!" 소는 아프고 약이 꽉 올랐지만 억지로 참았다. "네가 아무리 그래 봐라. 내가 당겨 주나!" 그러니 소 주인은

"이놈의 소가 왜 이 모양으로 뻣뻣하게 섰을까!" 딱! 하고 회초리로 또 갈겼다. 계속 맞고만 있는 소는 너무도 원통해서 울었다.

"아이구 죽겠다. 이렇게 무거운 멍에를 메우고! 이렇게 힘든 쟁기를 당기게 하고! 이렇게 아프도록 회초리로 볼기를 때리구!" 그러나 주인은 역시 사정없이 회초리로 갈겼다. 그래도 소는 일어나지는 않고 울고만 있었다. 소는 또 속으로 빌었다.

"하나님 제발 저를 살려 줍시오! 세상에 사람으로 태어났다가 소가 되어 버리다니 이런 억울한 일이 또 어디 있습니까! 아침에 내 집안 사람이 밭갈이를 하러 나가라 할 때에 나갔다면 아무 일도 없는 걸, 내가 그만 놀고먹고 잠만 자려다가 이 꼴이 되고 말았지. 그렇지만 이제는 한탄을 해 봤자 소용이 없어! 죽을 테야! 하나님 나를 어서 죽게 해 주십시오! 이렇게 기도를 하는 중에 주인이 광 안에 무청이 있다고 하는 말을 엿들은 소는 외양간을 뛰쳐나가, 광 안으로 들어가서 무를 버썩버썩 깨물어 먹었다. 그 순간 소가 사람으로 다시 환생했다. 게으름에 대한 업보가 이처럼 강렬한 이야기가 있을까?

「우렁이 아내」가 주는 현재적 의미

향파 선생은 오래전부터 전해져오는 여러 민담과 설화를 동화로 재구성한 소위 전래동화를 많이 창작했다. 재미와 교훈을 적절하게 융합할 수 있는 장점이 있었기 때문이다. 「우렁이 아내」(《새벗》, 1964)도 역시 그러한 동화에 속한다. 일반적으로 「우렁각시」로 명명되고 있는 이 설화의 연원은 오래 되었다.

중국 문헌에는 일찍부터 상서로운 우렁이에 대한 기록이 있었다. 우렁이가 여자로 변하는 이야기는 대표적으로 당대(唐代) 문헌인 『집이기(集異記)』 중 「등원좌(鄧元佐)」라는 전기(傳奇)와 도잠(陶潛, B.C. 365~474)이 편찬했다고 전해지는 『수신후기(搜神後記)』에 「우렁각시」(螺女形)가 있다. 후세의 인용자들이 「백수소녀」(白水素女)라는 제목을 붙였는데, 『수신후기』에는 주인공을 '후관사단(候官謝端)'이라고 표현하고 있다. 중국 설화의 결말은 여자가 떠나면서 남자를 부자가 되게 한다든지, 관원을 신통술로 응징하는 것으로 되어 있다. 우리나라에는 1927년에 나온 정인섭의 『온돌야화』에 「조개 속에서 나온 여자」로, 1946년 손진태의 『한국설화문학의 연구』에 「나중미부설화」로 실려 있다.

설화의 핵심은 우렁이에서 나온 처녀를 얻은 총각이 금기를 어겨 아내를 잃게 된다는 내용이다. 그 대강의 줄거리는 다음과 같다.

옛날 시골에 살림이 어려워 장가도 못 가는 가난한 노총각이 노모와 둘이 살았다. 어느 날 논에서 일하다가 "이 모를 심어서 누구랑 먹고 살지?"라고 하니 "나랑 먹고 살지."라는 소리가 들렸다. 신기한 생각에 다시 한 번 "이 모를 심어서 누구랑 먹고 살지?"라고 하니 또 한 번 "나랑 먹고 살지."라고 하였다. 주위를 둘러보니 아무도 보이지 않고 논가에 고동이 하나 있어 주워 와서 집 장롱 속에 깊숙이 넣어 두었다.

그날부터 모자가 일을 나갔다가 집에 돌아오면 맛나게 볶은 꿩고기와 차진 밥이 먹음직스럽게 차려져 있었다. 신기하게 여긴 총각이 하루는 일을 나가는 척하다가 몰래 숨어 안을 엿보았다. 그랬더니 장롱 속 고동 안에서 선녀같이 예쁜 처녀 하나가 홀연히 나와 밥을 짓기 시작하였다. 총각이 너무나 신기해 얼른 뛰어들어가 처녀를 꼭 부여잡고서 자기랑 같이 살자고 하였다.
처녀는 아직은 때가 되지 않았으니 사흘(석 달, 삼 년)만 참고 기다리라고 하였다. 그러나 성미 급한 총각은 기다릴 수가 없어서 처녀를 졸라 그날부터 부부가 되어 같이 살았다. 신랑은 혹시 누가 색시를 데려갈까 두려워 절대로 바깥출입을 못 하도록 단속하였다. 하루는 색시가 들에서 일하는 신랑의 점심을 지었는데, 시어머니가 누룽지가 먹고 싶어

며느리에게 밥을 이고 가게 시켰다. 신랑에게 가던 중 사또 행차를 만나 길을 피해 숲에 숨었는데, 원님이 보니 숲 속에 무언가 환한 빛이 보였다. 신기하게 여긴 원님이 하인을 보고 숲 속에 빛이 나는 곳을 찾아가서 꽃이면 꺾어오고, 샘이면 물을 떠오고, 사람이면 데리고 오라고 시켰다.

하인이 숲에 가 보니 어떤 미인이 밥 광주리를 내려놓고 오들오들 떨고 있었다. 하인이 가자고 팔을 잡아끄니 색시는 은가락지를 빼어 주며 살려 달라고 했으나, 결국 원님은 색시를 가마에 싣고 가 버렸다. 신랑은 색시를 찾으러 관원에 갔다가 못 찾고 억울하게 죽어 파랑새가 되었다. 원님에게 잡혀간 색시는 밥도 안 먹고 원님을 거역하다 죽어 참빗이 되었다.

그런데 이러한 설화가 구전되면서 변이가 많이 생겼다. 비극적인 결말을 여러 형태로 변이 시킨 것이다. 행복한 결말로 바뀌는 변이도 있고, 비극적인 결말이 다른 형태로 변이된 것도 있다. 행복한 결말의 변이 중 하나는 원님에게 잡혀간 색시가 웃지를 않자 원님이 색시의 소원대로 거지 잔치를 열어 주고, 색시를 찾아온 신랑이 새 깃털 옷을 입고 춤을 추자 색시가 좋아서 웃는다. 원님이 신기해서 신랑에게 곤룡포와 깃털 옷을 바꾸어 입자고 한다. 신랑이 곤룡포를 입자 색시가 얼른 당 위에 오르라고 소리쳐 원님은 쫓겨나고, 신랑은 벼슬을 얻어 색시와 행복하게 산다는 이야기다.

이와는 달리 원님에게 들키는 변이도 있다. 색시를 너무나 좋아한 나머지 일도 안 나가고 집에서 빈둥대는 남편이 딱해서 색시가 자화상을 그려 주며 나뭇가지에 걸어 놓고 쳐다보며 일하라고 시켰다. 마침 바람결에 화상이 날아가 원님의 눈에 띄어 색시가 원님에게 잡혀가기도 한다. 그리고 색시를 찾고자 원님이 사는 집을 향해 굴을 파다가 굴이 무너져 남편은 죽고, 그곳에는 남편의 이름을 딴 마십이굴이 생겼다는 전설도 있다.

이러한 여러 변이 중 향파는 변이의 내용을 임금과의 내기라는 새로운 이야기 구조를 만들어 재미를 고조시킨다. 우렁이의 부친을 용왕으로 설정하고, 그 용왕의 도움으로 우렁이 각시의 남편이 내기에서 이김으로써 임금으로 추대되는 행복한 결말을 이끌어 내고 있다. 나무심기, 말타기 내기에서 용왕의 도움으로 이기고, 특별히 마지막 내기를 바다에서 배를 타고 달리는 겨루기로 설정함으로써, 용왕의 도움을 받고있는 우렁이 남편이 이길 수밖에 없는 구조를 만들고 있다. 바다에 폭풍이 일어나 임금의 배가 뒤집혀 사라짐으로써, 새로운 임금을 세울 수밖에 없는 상황으로 이야기를 이끌어 나간다. 이는 향파 선생은 우렁이 각시를 빼앗아 가려는 임금을 응징하고, 이야기의 결말을 행복하게 마무리함으로써 아이들에게 긍정적인 교훈을 심어주고자 하는 의도가 있었다고 할 수 있다.

우렁이 각시 설화는 남녀의 만남조차도 쉽사리 이룰 수 없었던 하층민의 운명적인 슬픔이나 현실적인 고난을 담고 있다고 할 수 있다. 이 점을 향파 선생이 동화로 재구성했다는 점은 현실에서는 도저히 실현

될 수 없는 하층민의 꿈을 동화에서는 펼칠 수 있는 동화가 지닌 무한한 상상력의 힘 덕분이다.

고전 설화의 전래동화로의 변용은 여러 가지 가치를 지닌다고 볼 수 있는데, 우선적으로는 기존 설화의 재탄생으로 해당 작품이 독자에게 친숙함과 새로움을 동시에 전달할 수 있다는 점이다. 어릴 적부터 들었던 설화의 서사적 틀을 기억해가며 새로운 '우렁각시' 작품을 읽는 독자는 자연스럽게 기존 설화와의 공통점과 차이점을 생각하게 된다. 이는 우선 독자의 흥미를 끌 수 있다는 일차적 장점을 지닌다고 할 수 있다. 그리고 현대인의 삶을 향한 작가의 비판적 의식을 엿볼 수 있다는 점이다. 작가는 우렁각시 설화를 오늘날의 삶으로 끌어들임으로써 현재를 살아가는 인간의 삶을 보여주게 된다.

이처럼 우렁각시 설화의 전래동화로의 변용은 고전 설화의 재해석 과정을 거쳐 현대사회의 문제점을 심각하게 제기하고 있다는 점에서 유의미하다. 구전되면서 전승되는 설화의 전래동화로의 변용은 일반민중의 생활과 가치관을 생생한 그들의 언어로 전한다는 점에서 현재성을 획득한다.

소년소설 『정만서 무전여행기』에 나타난 익살들

『정만서 무전여행기』(배영사, 1968)는 《새벗》에 1964년 7월부터 1966년 5월까지 연재된 작품이다. 향파 선생이 조선 말기의 평민인 정만서에 관한 설화를 현대 소년소설로 변용한 것이다. 이 설화는 부자나 관리들을 골려 주거나 풍자하는 등 정만서와 관련한 일화들을 포함하며, 주로 경주군 인근과 경상북도 남동부 지역 일대에서 구전되었다. 현재까지 수집된 유형은 50편 정도 된다. 그런데 문헌설화는 발견되지 않는다. 이야기의 유형에 따라 사기담·경쟁담 또는 음담패설로 분류할 수도 있으나, 전체적으로 보아 소화(笑話)나 골계담(滑稽談)이라고 할 수 있다. 정만서는 경주시 건천면 출생이며, 용명2리에 무덤이 있다. 비문에 의하면, 동래 정씨로서, 이름은 정용서(鄭容瑞), 자는 만서(萬瑞), 호는 춘강(春岡)이고, 1872년(고종 9)에 현릉참봉에 제수되었으며, 1896년 61세로 죽자 가선대부(嘉善大夫)에 증직되었다. 그는 일생을 평민과 더불어 살면서 부자와 관료들의 횡포에 맞서고 풍류와 임기응변의 재치로 생활의 방편을 삼는가 하면, 삶과 죽음 등 근원적인 문제를 자각시켜 주는 일화도 많이 남겼다.

이러한 설화들을 향파 선생은 정만서가 경주를 떠나 대구를 거쳐 경기도로 나중에는 서울까지 무전여행을 하고 다시 경주집으로 돌아와서 죽음을 맞는 것으로 일종의 여행기로 꾸며놓고 있다. 그런데 향파 선생은 정만서에 관한 설화를 그대로 소설로 구성하지 않고 변형시켜 현재성을 지닐 수 있게 꾸며놓고 있다.

정만서의 이야기가 꾸준히 전승되어 온 데에는 여러 가지 이유가 있지만. 가장 큰 이유는 재미였다. 설화에서 기생이 욕심 많은 인물로 자주 등장하는데 그런 인물을 속여서 돈을 빼앗는 이야기가 청자에게는 카타르시스를 느끼게 하는 것이다. 또한 말장난이나 언어유희가 세상을 조금 다르게 보여 주기도 한다. 이런 말장난을 조금 더 깊이 파고들면 그 의의를 발견할 수 있다. 문학으로서의 골계적·풍자적 양식 외에도 민중적 지성, 또는 민중적 영웅의 인물 유형을 분석해 냄으로써, 종래의 서사문학에서 존재하던 미적 범주나 인물 유형의 성격을 어떻게 계승하고 변용해 왔는가 하는 논의도 가능하게 해 준다.

우선 정만서가 살구나무집 노파의 외손자와 만나서 나누는 대화를 언어유희의 측면에서 한번 들여다 보자.

"너 이놈, 살구나무집에 있는 놈이 아니야." "살구나무가 저의 집에 있는 편인걸요." "아아니 요놈 바라? 네 이름이 뭐냐?" "집에서 부르는 그대로예요." "그럼 성은 뭐니?" "아버지하구 같애요." "이 놈이 정말? 네 나이는 몇 살이니?" "작년 나이에다 한 살 더 얹은 거예요." 만서는 어이가 없어서 웃지 않을 수가 없었다. "네 주머니 안엔 뭐가 들어 있기루 그렇게 불룩해 있냐," "이 안에요? 산이 들어 있어요." "이 놈아, 그 작은 주머니 안에 어떻게 산이 들어 있단 말이냐," "해해해해 ... 잡동산이가 가득 들었어요."

그러면서 사내아이는 뒤도 돌아보지 않고 동리 아이들이 물장난치고 있는 개울 쪽을 향해서 아까 모양 팔딱팔딱 뛰어가 버린다.

너무나도 어처구니가 없게 된 만서는 닭 쫓던 개가 되어서 멍하니 그 아이의 뒤만 바라다보고 서 있지 않을 수가 없었다. 천하에 둘째가라면 서러워할 이 익살의 명수 정만서 아저씨까지를 깜찍하게 놀려 먹고 내뺀 당돌 맹랑한 어린아이였기 때문이다.

또한 향파 선생은 지배와 억압의 대상에 대하여 정만서가 어떻게 대항하여 민중적 의지를 실현해 왔는가 하는 문제도 이 소년소설에서 다루고 있다. 정만서가 여러 고을을 지나 서울과도 거리가 그다지 멀지 않은 안성 고을의 동헌에 이르러서, 그곳에서 이루어지고 있는 재판을 참관하면서 원님의 잘못된 욕심을 제어할 수 있는 기지를 발휘하고 있다. 그곳 기왓골 마을에 사는 정 좌수가 소유하고 있는 귀한 구슬을 원님이 빼앗고자 정 좌수를 동헌에 불렀다. 원님은 "내가 세 가지 묻는 말에 좌수가 대답을 하면 내가 돈 천 냥을 주겠고 만일에 대답을 못 하게 되면 집에 있는 구슬을 넘겨주어야 한다"고 청한다. 좌수가 감히 그러겠다, 못 그러겠다 말을 못하고 있는데, 원님은 좌수야 무슨 생각을 하고 있거나 제 할 말만 했다. 원님이 세 가지 질문을 했지만 정 좌수는 그 물음에 대답을 할 수가 없었다. 그러자 원님은 "자, 그럼 내기는 끝났소. 약속이니 지금 가서 빨리 구슬을 가져오시오."라고 명령을 했다. 좌수가 힘없이 대청을 내려와서 밖으로 나가려 하자 어떤 키 큰 남자 한 사람의 귓속말을 듣고 있던 여자 하나가 원님 앞으로 나아가 엎드린다.

"소인은 지금 내기에 져서 내려온 정 좌수의 아내 되는 여자 올시다." 그러자 원님은 "오오, 미리 내기에 질 것을 알고서 구슬을 가져왔단 말인가?"라고 물었다. 그러자 정 좌수의 부인은 "아니올시다. 소인에게도 내기를 해줍시사 하고 간청드리는 것이 올시다."리고 답했다. 이에 원님은 "너도 대답을 못한다면 구슬을 가져오겠다는 건가? 라고 물었다. 부인은 그렇게 하겠다고 대답을 하고, 원님이 지면 소인에게 돈 천냥을 주셔야 한다고 요청했다. 원님은 좋아라고 말하고 , 너의 집 배나무에 가지마다 새가 앉는다면 모두 몇 마리가 되겠느냐고 물었다. 이에 부인은 "이천 삼백 아흔 한 마리가 되겠습니다 라고 대답했다. 원님이 "어떻게 그걸 그로록 자세히 아느냐?"고 물었다. 이에 부인은 "지난 해에 가지마다 배가 열렸는데 전부를 따서 세워보니 도합 이천 삼백 아흔 한 개입데다. 새가 앉더라도 그 이상은 더 못 앉을 것이 올시다" 원님은 "넌 정말 묘한 인간이로구나, 그러면 둘째 문제를 묻는다. 보름달이 하룻밤에 몇 리를 가겠느냐?"라고 물었다. 두 번째 질문에 대해 "칠십 리를 갑니다." 라고 답했다. 이에 원님은 "달이 하룻밤에 단 칠십리

밖에 더 못 간단 말이냐? 라고 물었다. 이에 부인은 "금년 정월 보름달 저의 친정 모친의 부고를 받고 꼭 달 뜰 때 걸어서 친정까지 가니까 달이 똑 떨어졌습니다. 소인과 달이 같은 날 밤에 동행을 했는데 어찌 그걸 모르겠습니까? 라고 대답했다. 그러자 원님은 "허허 갈수록 너는 묘한 인간이 되는구나, 그래 그건 좋다고 하고 마지막 이걸 하나 대답해 봐라."고 했다. 마지막 질문은 원님이 반쯤 일어나 보이면서 물었다. "자, 내가 지금 서겠느냐, 앉겠느냐?" 그 소리를 듣자 이번에는 여자가 벌떡 일어나 원님을 보고 되물었다. "그럼 먼저 소인이 하나 묻겠습니다. 소인이 지금 웃겠습니까, 울겠습니까?"

이러자 구경꾼들로부터는 박수 소리가 우뢰처럼 끓어오르는 대신에 내기에 진 원님은 돈 천냥까지 내어줘야 할 형편이었으므로 울상이 되어 턱을 덜덜 떨고 있었다. 그런데 그렇게 원님을 납작하게 해 놓도록 꾀를 내어 준 아까의 그 키 큰 남자란 다른 사람도 아닌 정만서였다. 좌수가 어려운 지경에 빠진 것을 보고서 이렇게 그의 부인에게다 맹랑한 지혜를 제공해 주었던 것이다.

이렇게 향파 선생은 역사적 인물이 남긴 이야기를 통해 재치와 익살이 잘 융합된 민중적 지성을 소설화함으로써 골계미를 구현하고 있다.

III.
향파와 매체

『갈숲』에 스민 향파의 인생 가을 내음

1978년 향파 선생은 또 하나의 문학 매체를 만들었다. 칠순이 넘은 나이에 새로운 문학 매체를 시작할 수 있다는 것은 아무에게나 가능한 일은 아니다. 그것이 『갈숲』이다.

『갈숲』 창간호는 창간호란 명칭 대신 1타(朶)라고 표지에 남기고 있다. 타(朶)란 꽃송이나 꽃 가지를 세는 말이다. 『갈숲』은 한 권 한 권이 꽃 한송이라는 의미가 담겨있다. 우선 눈에 띄는 것은 『갈숲』 창간호 표지에 기록해둔 『갈숲』 선언문이다. 선언문은 이렇게 딴 세상으로 우리를 인도하고 있다.

여기는 부석강(鳧汐江) 하구(河口)의 갈밭/바람이 있고/잎 내음이 있고/철새가 있을 뿐/세속(世俗)의 어떤 간지(奸智)도/어떤 음모(陰謀)도 범접 못하는/적묵(寂)과 은둔(隱遁)의 별향(別鄕)/가끔씩 여기로 도피(逃避)해 나와/우리는 저마다 씨와 날이 다른/사유(思惟)와 언어(言語)를 교직(交織)한다/사공(沙工)들도 이 옹달엔/드는 일이 없지/사각이는 갈잎의 선음(禪音)으로/우리는 어머니의

자장가에서처럼/편안히 잠재워진다

　어머니의 자장가처럼 아니 그 이상인 선음이 오가는 『갈숲』의 공간은 분명 별향임에 틀림없다. 그곳에는 어떤 자들이 함께 모여 저마다 서로 다른 씨줄과 날줄로써 사유와 언어를 교직하고 있었을까? 말 그대로 다양하다. 시인 박노석, 소설가 박순녀. 수필가 빈남수, 수필가 서인숙, 소설가 송원희, 서예가 오제봉, 아동문학가 임신행, 시인 조순, 그리고 향파 선생이 함께 자리하고 있었다.

　그들이 펼쳐놓은 『갈숲』 마당에 모인 작품들을 한번 둘러보자. 먼저 수필가 서인숙은 「떠오르는 태양」을 보는 순간을 환희로 맞이한다. 도회에 고층의 집들이 세워지면서 떠오르는 태양도 볼 수 없는 과학만능의 시대에, 집들 사이로 얼굴을 내미는 태양을 바라보고 신의 은총을 사유하는 모습에서 자연에의 남다른 감각을 엿본다. 시 「석류」, 「연꽃」 두 편 역시 순수한 자연에 공감하는 그녀의 자연송이다. 『갈숲』이 지향하는 자연주의자의 모습이 돋보인다. 오제봉의 「답향파송축시」는 향파 선생이 오제봉에게 고희기념 축시를 보냈는데, 이에 답하는 향파를 기리는 축시를 오제봉이 다시 보낸 글이다. 사람과 사람 사이에서 격이없이 서로 주고받는 글은 『갈숲』에서 나누는 대화 같다.

　박순녀 소설가의 「명화」는 앞집 아파트에 사는 그림 그리는 한 여성에 대한 상념이다. 그 여성에 대한 궁금증이 도를 넘치지 않는 분위기 속에서 점증되고 있어, 『갈숲』에 스미는 갈대들의 서걱거리는 소리처럼 들려온다. 수필가 빈남수의「술, 그 첫 잔」은 술의 첫 잔이 주는 맛과 매력을 예찬하고 있다. 그의 술 예찬은 취하기 위함이 아니고 즐기기 위함이라는 점에서『갈숲』에 놓인 술자리에 우리를 인도한다. 박순녀의「재혼 콤플렉스」는 재혼한 남편을 사별하면서 눈물 한 방울 흘리지 않았다는 사실에 대한 오해를 풀어내는 이야기의 흐름은 부자연스러운 세상사들에 대한 자연스런 매듭풀기를 경험하게 한다.『갈숲』에서 교직하는 언어는 이렇게 자연스러워야 함을 내보여 준다.

조순 시인의「암실」,「밟힌 운동화에 고인 빗물」두 편의 시는『갈숲』으로 형성된 그 공간에 들어선 암실의 분위기와『갈숲』에 비가 내릴 때를 상상하게 한다. 송원희의「비둘기의 자유」는 비둘기를 집에서 키우고자 시도했지만, 결국 실패함으로써 비둘기가 집으로 찾아오는 방법을 마련하는 얘기다. 새도 자유롭게 살기를 원한다는 사실을 통해 생명을 가진 존재들이 추구하는 근원적 자유가 무엇인지를, 왜 세속의 어떤 간지도 없는『갈숲』을 지향하고 있는지를 다시 떠올린다. 임신행의「미모사」는 보고 싶은 엄마를 만나러 떠나는 일정을 통해 별향의『갈숲』을 찾아나서고 있다. 빈남수의「요일병(曜日病)」은 휴일로 인해 정신적 외롬과 육체적 리듬이 파괴되어 생긴 정신적 병인 요일병을 에방해 나가야 함을 의사로서 진단하고 있다. 어떤 음모도 범접못하는『갈숲』으로 가야 하는 이유이기도 하다. 박순녀의「손이 큰 아이」는 어릴 때 막내로 자라면서 마음에 맺힌 무엇을 차지하고자 한 의식이 무엇이든지 많이 해야 한다는 마음으로 고착되어 <손이 큰 아이>가 되었다는 슬픈 사연이 자전적 소설로 꾸며져 있다. 자신의 삶을 적나라하게 그리고 평온한 문체로 그려내고 있다는 소설 속 화자의 목소리는 어머니의 자장가가 있는 『갈숲』으로 우리를 이끌고 있다.

오제봉의 「한국의 명필들」은 우리에게 서예 역사는 있지만 제대로 된 서예비평이 없었음에 문제를 제기하면서, 서예사에서 논의가 될만한 48편의 서예작품을 제시하고 있다. 특별히 그가 힘주어 논평하고 있는 것은 추사의 서체가 지닌 오점을 지적하는 부분이다. 이 오점조차 후학들은 따라해 왔다는 따끔한 비평은 『갈숲』이 지닌 사유의 깊이를 느끼게 한다. 임신행의 「톱사슬 벌레」는 자연 속에서 빠져 살면서 다양한 곤충과 동물을 잡아 다른 아이들의 관심 대상이 된 윤이와 그 윤이와 똑같은 선에서 자신을 드러내 보이고 싶은 석이와의 갈등을 흥미롭게 풀어낸 동화이다. 동화의 공간인 달마산은 바람도 있고, 잎 내음도 짙게 풍기고 철새도 날아드는 『갈숲』을 닮아있다.

이상 『갈숲』에 모인 자들이 언어로 교직해 놓은 세계도 흥미롭게 눈여겨볼 만한 것들로 채워져 있지만, 역시 우리의 시선을 사로잡는 장면들은 향파 선생이 펼쳐놓은 「식락태평기(食樂太平記)」와 「당신들은 지금 어디서 무얼 생각하고 계십니까」이다. 「식락태평기(食樂太平記)」는 말 그대로 전국을 다니면서 먹었던 맛 나는 음식들에 대한 기억담이다. 옛날 동래 온천장에 자리했던 「벽초관」을 시작으로, 비빔밥은 합천의 「강술집」, 돼지고기는 해인사 「할머니집」, 설렁탕은 종로의 「이문옥」, 육개장은 서면의 「태화장」, 곰탕은 마산의 「대성장」, 냉면은 「원산옥」, 가락국

수는 「18번」, 해장국은 여수 「해장국집」 등 그가 순례했던 이름난 음식점은 끝이 없을 정도로 나열되고 있다. 향파 선생이 소위 미식가라는 것은 알려져 있지만, 이 정도로 방방곡곡의 음식점을 찾았다는 것은 흥미롭다.

　역시 『갈숲』 창간호의 백미는 향파의 「당신들은 지금 어디서 무얼 생각하고 계십니까」이다. 향파 선생이 추석날 다례 이후에 작고한 문인 친구들이 보낸 편지 뭉치를 펼쳐보면서, 그들과의 인연을 헤아려보고 있는 글이다. 그 대상은 이미 저 세상 사람이 된 김용호, 이상노, 장만영, 홍두표, 김수돈, 이종환 등이다. 김용호가 운영하던 남광 문화사에서 향파가 『탈선춘향전』을 펴낸 일, 《문학시대》를 발간할 때 이상노 선생으로부터 받은 편지, KBS 방송에 함께 출연했던 장만영에 대한 추억, 만년에 과객처럼 어렵게 지냈던 홍두표 시인에 대한 안타까움, 임종을 앞두고 편지를 보내준 박명했던 천재 김수돈, 붓글씨에 능했지만 말년이 초라했던 이종환 등의 삶의 진면목이 자상하게 소개되고 있다. 이미 지상을 먼저 떠난 그들이 향파 선생에게 남겨놓은 인연의 흔적을 만지작거리면서 향파 선생도 자신이 가야 할 지상의 마지막 길을 헤아리고 있었던 것은 아닐까? 먼저 간 사람들과의 인연을 떠올린다는 것은 죽음의 흔적을 통해 현재의 삶을 성찰하는 행위이기에…

　이렇게 본다면, 향파 선생의 인문학의 뿌리는 죽음을 통해 현재 삶의 진정성을 찾아나서는 데 있었던 것이다.

『갈숲』에 실린 향파의 일기가 지닌 문화사적 의의 (1)

『갈숲』은 창간 이후 꾸준히 이어져 왔다. 24타까지는 향파 선생이 직접 편집을 했다. 향파 선생의 타계 이후에는 다른 동인에 의해 41타까지 이어오다가 지금은 종간한 상태이다. 그런데 24타까지의 내용 중 우리가 놓칠 수 없는 중요한 내용 중의 하나가 향파 선생의 일기가 『갈숲』 2타부터 24타까지 23회나 연재되고 있다는 점이다.

『갈숲』 2타에서 시작되고 있는 일기는 「春風秋雨點點錄」이란 제목으로 시작된다. 그가 남겨놓은 1979년 3월 9일 자 일기에 의하면, 이날부터 이 일기를 쓰기 시작했다고 기록해 두고 있다. 이때 쓰기 시작한 일기는 1979년 5월 1일에 발간된 『갈숲』 2타에 처음으로 실리게 된다. 『갈숲』 3타에는 「續春風秋雨點點錄」, 『갈숲』 4타에는 「又續春風秋雨點點錄」, 『갈숲』 5타에는 「春風秋雨點點錄」, 『갈숲』 6타에는 「更續春風秋雨點點錄」, 『갈숲』 7타에는 「又續春風秋雨點點錄」, 『갈숲』 8타에는 「更續春風秋雨點點錄」, 『갈숲』 9타에는 「續續春風秋雨點點錄」, 『갈숲』 10타에는 「又續春風秋雨點點錄」

등의 변화된 제목을 달고 있다.

그런데 좀 더 고찰해보아야 할 지점은 이때부터 쓰기 시작한 일기가 이미 자신이 써두었던 일기초를 다시 정리한 것인지, 지난 과거를 단편적인 기억에 의해 재구성한 것인지 하는 점이다. 1939년도의 일기로부터 시작되고 있다는 점에서 단순한 기억에 의존한 것같아 보이지는 않는다. 그렇다면 향파 선생의 오랜 기간 동안의 일기 원본을 찾아서 정리해 볼 필요가 있다. 왜냐하면 상당한 기간 동안의 삶의 일상이 남겨져 있을 것이기 때문이다.

향파 선생이 쓰기 시작한 일기는 1939년 8월 8일부터 시작되고 있다. 그리고 연재된 전체 일기는 24타(1987년 2, 15일 발행)에 실린 23회째가 되는 1982년 11월 5일 자의 일기로 마감되고 있다. 이는 햇수로 치면 43년간의 기록인 셈이다. 매일 매일 일기를 남겨놓은 것은 아니지만, 그 긴 세월 동안에 남겨진 일기는 단순히 개인사를 넘어 지역사에 새로운 해석이 가능한 부분도 있고, 문화사적인 차원에서 눈여겨볼 장면들이 매우 많다. 한 작가의 일기란 그의 작품세계를 이해하고 작가의 삶을 해석하는 데 필요한 가장 기초적인 자료 중의 하나라는 점에서 향파 선생의 『갈숲』에 발표된 일기에 대한 평가가 필요하다.

기록된 일기의 첫 장면을 살펴보자. 1939년 8월 8일 자에는 이렇게 기록되어 있다. "영창서관(永昌書館)으로부터 부탁받은 소설 「深苑의 長恨」 표지화를 그렸다. 홍효민 형과 저녁을 같이 하는 자리에서 東亞紙에 소설을 쓰라기에 결심을 해보았다." 우선 주목되는 사실은 향파 선생이 영창서원에서 발간하는 소설집에 표지화 그리기를 하고 있었다는 점이다. 1939년이라는 당시 일제강점기의 상황을 생각하면 향파는 글만 쓰고 있을 형편이 못되었다. 생활을 위해 할 수 있는 일이란 일은 모두 해야만 했던 상황이었다. 홍효민 평론가가 향파에게 소설을 써보라고 권했다는 사실을 통해 향파는 당시 글쓰기를 하지 않은 것은 아니지만, 원고 쓰기에 전념하기보다는 표지화 그리기나 영화광고 도안을 그리는 일도 하고 있었던 것으로 보인다. 이런 사실은 다음날 8월 9일 일기에도 다음과 같은 기록이 계속되고 있음을 통해 확인할 수 있다. "김래성 씨와 차를 마셨다. 《朝光》으로부터 수필, 영창서관으로부터 소설 「黃氏日」 장정 청탁을 받고, 이어서 고려영화사의 광고 도안을 그렸다."(8월 9일 일기)

그럼 그가 표지화와 장정을 부탁받은 영창서관은 당시 어떤 곳이었던가? 1916년 서울에 설립되었던 서점 겸 출판사로, 강의영(姜義永)이 서울 종로 3가에 설립하였는데 처녀출판물은 확실하지 않으나 척독류(尺牘類:편지종류)인 것으로 보고 있다. 그 다음이 유행창가집류였다.

초기의 주요 출판물로는 『시행가정척독 時行家庭尺牘』, 『신식보통척독 新式普通尺牘』, 『세계유행명곡집 世界流行名曲集』, 『이십세기청년창가집 二十世紀靑年唱歌集』 등의 창가집으로 연간 매출액이 6만여 원(1930년초)으로 기록되어 있다.

소설류로는 『화용월태 花容月態》』, 『오동추월 梧桐秋月』, 『김유신실기 金庾信實記』, 『이순신실기 李舜臣實記』, 『홍경래전 洪景來傳』 등을 독점하였다.

번안·번역류로는 『부활한 카츄샤』, 『백발귀 白髮鬼』, 『노라』 등으로 외국작품의 여명을 개척하였다. 신용확보를 제일의 목적으로 삼고, 박리다매를 위주로 한 영창서관은 더욱 성장하여 『춘원걸작선집』 전 5권 등을 발행하는 등 업적이 많았다. 광복 이후 1960년대에 서울 종로구 관훈동으로 이전하여 소매만을 전문으로 하는 서점으로 경영하다 폐업하였다.

그런데 향파와 관련해서 중요한 또 한 가지 사실은 영창서관에서 《작품(作品)》이란 문예지를 창간했다는 점이다. 《작품(作品)》은 1939년 6월 1일 자로 창간된 문예지인데, 창간호밖에 나오지 못했다. 이 창간호에 향파는 「만화(漫畵) 도중봉견기(途中逢見記)」란 수필을 발표했고, 표지화를 그렸다.

8월 12일자 일기는 다음과 같이 기록되어 있다. "비판사(批判社)에 고료를 받으러 갔으나 허탕이었다. 《소년》에 동화 「날개 돋힌 자전거」를 써주었다. 오래간만에 청량리 셋방으로 돌아와 보자 S에 대한 가지가지의 회상이 사람을 괴롭힌다. 金x이가 와서 浪漫座 「아편전쟁」의 무대장치를 청하나 굳이 사양했다." 이 일기에 나타나듯이 당시에 글을 쓰는 작가들에게 원고료란 제때 제대로 주어질 수 없는 형편이었다. 1930년대 이후 잡지들이 많이 생겨나고 출판문화가 상당히 발전했다고는 하나 잡지사들의 형편은 그렇게 여유가 없었기 때문이다.

특히 비판사에서 출판하는 잡지 《비판》은 1931년에 창간되었던 월간잡지로서 좌익적 입장에서의 사회 고발을 목적으로 창간되었다. 창간 권두에 "우리는 선을 설(說)하는 독사의 본신(本身)을 밝히며 화장한 꾀꼬리의 정체를 드러내어 무리의 앞에 펼쳐 놓아 이목(耳目)의 난탁(亂濁)을 밝히며, 밝히는 데 극미한 도움이나마 될까 하여《비판》을 발행한다"고 밝히고 있듯이, 이런 취지와 입장에서 시종일관했던 비판적인 잡지였다. 비판을 주로 하는 잡지이지만, 문학에도 관심이 많았다.

그러나 이 잡지는 처음에는 사회주의적 성향을 띠면서 사회주의 운동가들의 이론 투쟁과 관련된 글들을 많이 실었다. 하지만 필봉은 점차 무디어져 갔고, 1933년 6월 23호를 내고는 휴간에 들어갔다. 그리고 1935년 10월 속간되었는데, 이후 잡지의 성격은 일반 시사잡지 수준으로 크게 변하였고, 총독부 측에서 요구하는 각종 선전 기사도 싣기 시작했다. 따라서 1940년 1월호까지 114호를 발행했지만, 잡지로서 창간 정신을 제대로 실천한 것은 1933년 23호까지라고 볼 수 있다.

이렇게 향파의 일기는 하루하루의 삶의 기록이 메모 수준으로 정리되어 있지만, 그가 만나고 관계했던 당시의 문화사적인 상황들을 재구성해볼 수 있는 원자료로서의 가치가 있다. 개인사를 넘어 한국 문화사를 짚어볼 수 있는 반사경의 의미를 지니고 있다는 말이다.

『갈숲』에 실린 향파의 일기가 지닌 문화사적 의의 (2)

문인에게 있어서 일기는 그 자체가 하나의 세계처럼 읽힐 때가 있다. 그의 삶이 그의 작품 속으로 내밀하게 스며들기도 하고, 작품 활동에 영향을 미치기도 하기 때문이다. 작품 활동의 또 다른 측면을 읽어낼 수 있다는 말이다.

향파 선생의 1939년 8월 16일 자 일기는 '永昌書館에서 소설장정 대금 10圓을 받고, 秀英社精版社에 가서 石版글씨를 써주었다'라고 적고 있다. 영창서관으로부터 받은 소설장정 대금은 이미 8월 8일 날 일기에 나왔듯이 영창서원으로부터 부탁받은 소설 『深苑의 長恨』 표지화 그림에 대한 대금으로 보인다. 이 10원의 가치는 지금의 돈으로 환산하면 어느 정도 될까? 1930년대 쌀 한 가마(80㎏)가 13원이었다고 하니, 지금의 약 16만 원 정도로 계산할 수가 있다. 그러므로 당시의 1원은 지금의 1만 2,300원 정도로 볼 수 있다. 그러므로 향파가 소설집 한 권의 장정을 그려주고 받은 대금은 지금으로 치자면 12만 3,000원 정도가 되는 셈이다. 많지도 적지도 않은 금액으로 볼 수 있다.

8월 23일 자 일기에는 '新世紀社에서 노춘성을 만난 뒤 그에게 끌려 중국요리집 又春館에 가서 점심 대접을 받았다. 도중에선 함대훈, 이헌구씨를 만나 차 마시고, 이발을 하다가 머리에 흰털 하나가 나 있단 말을 듣고 놀랐다. 조광에서 고료를 받고 오는 길에 계용묵 형을 만나 차를 마셨다.' 여기에 나오는 신세기사는 1938년에 창간한 예술종합잡지사를 말한다. 향파가 신세기사에 왜 들렸는지는 밝히고 있지 않지만, 종합잡지사이기에 원고나 출판에 관련된 일이 있어서 방문한 것으로 미루어 짐작해 볼 수 있다. 그런데 여기에서 노춘성을 만났다고 기록하고 있다.

노춘성은 누구인가? 그는 노자영을 말한다. 노자영의 호가 춘성이었다. 그는 1898년 황해도 장연(長淵)(또는 송화군(松禾郡))에서 태어난 시인, 수필가로 활동한 이다. 평양 숭실중학교를 졸업하고 고향의 양재학교에서 교편생활을 한 적이 있으며, 1919년 상경하여 한성도서주식회사(漢城圖書株式會社)에 입사하였다. 이때《서울》·《학생》지의 기자로 있으면서 감상문 등을 발표하기도 했다. 1925년경 도일하여 니혼대학(日本大學)에서 수학하고 귀국하였으나 폐질환으로 5년간을 병석에서 보냈다고 한다. 오랜 병상에서 일어나 1934년《신인문학(新人文學)》을 간행하였으나 자본 부족으로 중단하였다. 1935년에는 조선일보사 출판부에 입사하여《조광(朝光)》지를 맡아 편집하였고, 1938년에는 기자 생활을 청산하고 청조사(靑鳥社)를 직접 경영하기도 했다.

작품 활동은 1919년 8월《매일신보》에「월하(月下)의 몽(夢)」이, 같은 해 11월에 「파몽(破夢)」·「낙목(落木)」 등이 계속 2등으로 당선되면서부터 본격적으로 시작하였다. 그 뒤 1921년 《장미촌》, 1922년 《백조》 창간 동인으로 가담하여 《백조》 창간호에 시작 「객(客)」·「하늘의 향연(饗宴)」·「이별한 후에」를 발표하였고, 이어 《백조》 2호에 「우연애형(牛涎愛兄)에게」라는 수필을 발표하기도 했다. 시·수필뿐만 아니라 1923년에는 소설 「반항(反抗)」을 출간하기도 하였다. 1924년에는 첫 시집 『처녀(處女)의 화환(花環)』을, 1928년에는 제2시집 『내 혼(魂)이 불탈 때』, 1938년에는 제3시집 『백공작(白孔雀)』을 간행하였다. 기타 저서로는 3권의 시집 외에 시극·감상문·기행문 등을 모은 『표박(漂泊)의 비탄(悲嘆)』(1925), 소설집 『무한애(無限愛)의 금상(金像)』(1929)·『영원(永遠)의 몽상(夢想)』(1929), 수필집 『인생안내(人生案內)』(1938) 등이 있다.

그의 시는 낭만적 감상주의로 일관되고 있으나 때로는 신선한 감각을 보여주기도 한다고 평가받고 있다. 산문에서도 소녀 취향의 문장으로 명성을 떨치기도 한 수필가였다. 향파 선생이 당시 이러한 선배 문인의 청을 뿌리치기는 어려워 그와 함께 중국 요리집으로 가서 점심을 먹을 수밖에 없었던 것 같다. 그런데 여기에 등장하는 우츈관은 역사적인 의미를 지니고 있는 음식점이다. 우츈관의 석 사장은 이 요릿집을 운영해서 돈을 많이 벌어 당시 독립군의 자금으로 대어주었다고 한다. 이 사실이 발각되어 일본 순사에게 끌려가 고초를 너무 많이 겪어 집을 떠나 떠돌이처럼 생활했다고 전한다. 바로 이 우츈관의 석 사장의 아들이 그 유명한 나비 박사인 석주명이다.

석주명은 1908년 11월 13일 평안남도 평양에서 태어났다. 1919년 3월 1일 당시 보통학교 학생이었던 석주명은 "대한 독립 만세" 소리가 들려오자 거리로 뛰쳐나가 시위 행렬에 동참했다고 한다. 민족의 처절한 항거를 가슴 깊이 새긴 그는 1921년 민족 교육의 온상으로 유명한 숭실고등보통학교에 입학했다. 그는 선배 안익태 등과 함께 신극(新劇) 운동을 펼치다 동맹휴학 사태를 맞아 송도고등보통학교로 전학했다. 1926년 석주명은 농업으로 진로를 정하고, 일본의 농학 명문인 가고시마고등농림학교에 입학했다. 그는 농학과에서 1년을 공부한 뒤 박물과로 전공을 바꿔 농생물학을 공부했다. 농작물과 밀접한 관련이 있는 응용곤충학을 배우면서, 인류가 생긴 이래 가장 먼저 발달한 학문인 나비와 꽃의 세계에 눈을 떴다.

1929년 졸업과 동시에 귀국한 석주명은 영생고등보통학교에서 교편을 잡았고, 1931년 송도고등보통학교로 옮겨 박물 교사로 근무했다. 나비를 연구하겠다고 마음은 먹었지만 지도해줄 스승도, 참고할 문헌도 없는 백지상태에서 석주명은 우선 나비채집부터 시작했다. 자신의 몸만한 자루를 매고 키만한 장대를 휘두르며 산과 들의 나비를 쫓았다. 전국 각지에서 모인 제자들이 방학을 맞아 집으로 돌아갈 땐 나비채집을 숙제로 내줬고, 어쩌다 희귀한 나비를 잡아 온 학생은 졸업할 때까지 박물 점수는 수(秀)를 줬다고 한다. 십 년 후 석주명이 송도고보를 떠날 때 그의 연구실에 보관 중인 나비표본은 60만 마리였다고 한다.

석주명 연구의 독보성은 엄청난 채집량에서 비롯됐다고 한다. 가능한 많은 나비를 채집한 다음, 나비의 모든 구석을 샅샅이 재고, 객관적인 형질을 추출해 통계를 내는 생물학적 발품이 석주명 연구의 원천이었다. 1933년 석주명은 《조선박물학회잡지》에 은점표범나비의 3개 아종명이 동종이명임을 발표하면서 한국 나비의 계보를 독자적으로 정립해 갔다. 1936년 석주명은 한국에서 가장 흔한 배추흰나비의 개체변이 연구를 발표했다. 그는 총 16만 7,847개체를 표본으로 날개의 형태·무늬·띠의 색채·모양·위치·앞날개 길이에 따른 정량적 형질을 추출해서 한국 나비의 동종이명 20개를 제거했다. 석주명은 학자 인생 동안 무려 75만 개체를 표본으로 잘못된 한국 나비의 아종·변종을 추려내고 동종이명 844개를 제거한 업적을 남긴 것이다.

1950년 10월 6일 석주명은 과학박물관의 재건 회의에 참석하러 가다 의문의 총격을 당해 안타깝게 세상을 떴다. 석주명이 몹시 아꼈던 원고는 1973년 『한국산 접류(蝶類)분포도』라는 제목으로 출간됐다. 세계적인 나비학자 석주명이 향파 선생이 점심을 먹었던 우춘관의 석 사장 아들이란 사실이 새삼 흥미롭기만 하다.

『갈숲』에 실린 향파의 일기가 지닌 문화사적 의의 (3)

　　향파 선생의 1939년 9월 24일 자 일기에는 "학예사에서 놀다가 윤곤강을 만나 《詩學》에 컷을 그려주기로 했다. 오래 간만에 《詩學》에 줄 시 한 편을 썼다. 「死都의 노래,"라고 기록해 놓고 있다. 그리고 11월 6일의 일기에도 "간밤의 과식에 골아 떨어져 종일 죽을 만큼 괴로웠다. 《詩學》에 시 「발의 年譜」를 주었더니 곤강은 산문 집어치우고 시만 쓰라고 권했다."라고 남겨놓았다. 향파 선생은 주로 산문을 써왔지만 시도 쓰고 있었다는 점을 확인할 수 있다. 그리고 당시 활발하게 시 활동을 하던 윤곤강 시인의 눈에는 향파가 산문을 쓰는 것보다는 시를 쓰는 것이 낫겠다는 판단을 한 것으로 보인다. 여기에 등장하는 윤곤강은 누구이며, 《詩學》은 어떤 잡지였는지가 궁금해진다.

　　윤곤강은 1911년은 충청남도 서산에서 태어났다. 본명은 윤붕원(尹朋遠)으로, 1,500석(石)을 하는 부농의 가정에서 태어나 14세까지 한학을 배웠다. 1925년 상경해 보성고등보통학교(普成高等普通學校)에 편입, 1928

년 졸업했다. 같은 해 혜화전문학교에 입학했으나 5개월 만에 중퇴했다. 그 뒤 1930년 일본으로 건너가 1933년 센슈대학(專修大學)을 졸업했다. 귀국과 동시에 카프(KAPF)에 가담했다가 1934년 제2차 카프검거사건 때 체포되어 전주에서 옥고를 치렀다. 윤곤강은 1931년 11월 『비판』 7호에 시 「옛 성터에서」를 발표하면서 시단(詩壇)에 발을 들여놓은 후 활발하게 활동하였다. 1937년에 첫시집 『대지』를 간행한 후 1940년까지 매년 한 권의 시집을 간행했다.

그의 작품세계는 크게 해방 전과 후 두 시기로 구분해볼 수 있는데, 첫 시집 『대지(大地)』를 비롯해 『만가(輓歌)』, 『동물시집(動物詩集)』, 『빙화(氷華)』는 전기에, 『피리』, 『살어리』는 후기에 속한다. 『대지』와 『만가』에서는 '시는 현실적·시대적 진실의 열정적 표현이 되어야 한다'는 그의 시론에 충실했던, 소극적 저항의 시기에 쓰인 작품집이다. 카프의 영향과 옥중 생활(獄中生活)의 체험을 바탕으로 식민지 지식인의 허탈과 무력함을 고백하고 있는 그의 시는 결국 자기 자신에 대한 만가를 스스로 지어 부르는 자조(自嘲)로까지 진전되고 있음을 볼 수 있다. 제3시집 『동물시집』은 나비·올빼미·원숭이·낙타 등 동물을 소재로 하고 있다는 점에서 그때까지의 우리 시사에서 찾아보기 어려운 특이한 면모를 보이고 있는 작품집이다. 그러나 여기에서도 시의 소재인 동물들을 자연물이 아니라 현실의 객관적 상관물(相關物)로 노래하고 있다는 면에서 시세계의 본질은 거의 변함이 없다고 본다.

이 『동물시집』과 제4시집 『빙화』에서는 대상과의 객관적인 거리를 통해 감정 과잉이라는 자신의 시적 결함을 어느 정도 극복하고 있다는 점을 긍정적으로 평가한다. 해방과 더불어 그의 시 세계는 『피리』, 『살어리』 두 시집에 나타나 있듯이 전통 계승에 대한 관심, 민족정서의 탐구로 요약할 수 있다. 고려가요의 율조나 그 속에 담긴 정서를 되살려 보려는 시도를 하고 있지만, 고려가요의 어투를 차용하거나 율조를 반복하는 차원에서 벗어나지 못한 한계도 보인다. 저서로는 평론집인 『시(詩)와 진실(眞實)』(정음사, 1948) 및 기타 편저로 『근고조선가요찬주(近古朝鮮歌謠撰註)』(생활사, 1947) 등이 있다. 시론으로는 「포에지에 대하여」(1936), 「표현에 관한 단상(斷想)」(1936), 「이데아를 상실한 현조선(現朝鮮)의 시문학(詩文學)」(1937), 「시와 현실(現實)의 상극(相克)」(1937) 등이 있다. 이런 정도의 활동력을 지닌 윤곤강이었기에 나이는 향파 선생보다 어리지만 시에서는 앞서고 있는 입장이었기에 향파 선생에게 시 쓰기를 권했던 것이다.

그러면 윤곤강이 관여하고 있던 《詩學》은 어떤 잡지였던가? 이 잡지는 1939년 3월에 창간되어 1939년 10월 28일 통권 4호로 종간되었다. 편집인 겸 발행인은 1·2호 김정기(金正琦), 3·4호 한경석(韓慶錫)이다. 시학사(詩學社)에서 발행하였다. 잡지 성격을 알 수 있는 권두언에는 문학 현실을 "감식(鑑識)의 폐사. 관념의 망령. 문자의 행렬"로 점철된 퇴폐기로 규정한다. 이에 맞서 "오랜 산문에의 인종의 쇠사슬을 끊고 자아의 새벽을 향하여 돌진해야만 될 시와, 낡은 피견(避見)과 미몽을 아낌없이 팽개치고 눈먼 쩌너리즘에 대한 시 독자(獨自)의 기폭을 옹호해야만 될 시인을 위하야 『시학』을 생탄한다"라고 선언하고 있다.

추천시고(推薦詩稿)를 매호에 공모하여 방수룡(方壽龍)·임백호(林白虎)·김동림(金東林) 같은 신인들을 배출하였으며, 「시단인(詩壇人)의 동인시지관(同人詩誌觀)」·「동인시지(同人詩誌)의 현재와 장래」 등의 설문, 「시인주소록(詩人住所錄)」 등과 같은 특집이 특이해 보인다.

주요 내용으로는 평론에 이원조(李源朝)의 「현대시(現代詩)의 혼돈(混沌)과 근거(根據)」, 최재서(崔載瑞)의 「시의 장래」(이상 1호), 홍효민(洪曉民)의 「시의 탈환(奪還)」, 이병기(李秉岐)의 「시와 시조」(이상 3호), 한흑구(韓黑鷗)의 「시의 생리론」(4호) 등이 있으며, 시에 이육사(李陸史)의 「연보(年譜)」(1호), 「호수(湖水)」(2호), 김광균(金光均)의 「공원(公園)」(1호), 「조화(弔花)」(4호), 유치환(柳致環)의 「가마귀의 노래」(2호), 「추료(秋寥)」(4호), 신석초(申石艸)의 「가야금」(2호), 「배암」(3호), 이용악(李庸岳)의 「절라도가시내」(3호), 「강 ㅅ 가」(4호) 외에도 신석정(辛夕汀), 서정주(徐廷柱), 김해강(金海剛), 이고려(李高麗) 등 여러 시인들의 시가 있다. 이렇게 시인들의 작품과 조선시의 현황과 방향을 다룬 시론에서부터 갓 출간된 시집 비평에 이르기까지 시단을 향한 고언과 격려가 균형감 있게 제시되고 있다.

표지는 우측에서 좌측으로 써간 제호 '시학(詩學)'을 상단부에 배치(1~2호)했으나, 4호는 중앙에 세로로 배치했다. 그림은 1호: 고대유물에 새겨진 상형문자 모양의 사자와 물고기, 현무(玄武), 2호: 초록의 탱자나무 위에서 팔랑대는 나비, 4호: 구름 속에서 웅비하는 용의 자태를 취했다. 표지화는 전통적 동양미학을 살려내고 있는데, '조선적인 것'을 향한 존중과 의욕이 엿보인다. 이 그림 중 종간호인 4호에 향파 선생이 그려준 컷이 실린 것으로 보인다. 그러나 향파 선생이 윤곤강에게 건넨 시는 《시학》이 10월 4호로 종간됨으로써 작품이 발표되지 못했다.

　번역 또한 이 매체에서는 주목되는 부분이다. 번역시로는 2호에 괴테의 「파우스트」(권환), 린제이의 「길손」(이하윤), 예이츠의 「이니스프리로」(임학수), 푸시킨의 「소조(小鳥)」(함대훈), 포의 「엘도라도」(최재서) 등이, 3호에는 「파우스트」, 휘트먼의 「공상」(한흑구), 블레이크의 「라오콘 군상 주기(註記)」(청파) 등이, 4호에는 부릿지즈의 「나이팅게일」(이하윤)이 실렸다. 또한 청파생은 「뽀와로―시학초」(1호), 포의 「창작철학」(2호)을 번역하여, 앞의 가작(佳作)들을 낳은 서양의 시 창작법에 대한 호기심을 자극하고 있다.

　이렇게 《시학》은 60쪽 내외의 많지 않은 지면이었지만, 여기에 시와 시론, 비평과 번역, 신인 공모, 문단 풍경과 소식 등을 빼곡히 담아냄으로써, 파시즘이 강화되는 일제 강점기 현실 속에서 창작 의욕을 고취하고 유익한 시 창작법을 제공한 매체로 자리했다. 이렇게 향파 선생은 1930년대 창간된 여러 매체들에 관여하면서 문학활동의 영역을 넓혀나가고 있었다.

『갈숲』에 실린 향파의 일기가 지닌 문화사적 의의 (4)

1940년도로 넘어서면, 1월 20일 자 향파 선생의 일기가 보인다. "완연한 봄이다. 얼었던 흙은 녹고, 나뭇가지 끝에선 새순이 돋기 시작한다. 大省堂에서 이육사와 만나 대륙극장에 가서 '타아잔'을 봤다. 《詩學》표지화를 그리고, 밤엔 아현동에 가서 포도주를 얻어 마셨다."

이육사 시인과 함께 본 영화 타아잔은 1914년 E. R. 버로스의 소설 '유인원 타잔'을 원작으로 한 외화였다. 아프리카에서 비행기 추락사고로 버려진 아기 타잔이 침팬지 등 동물들에게 길러진 뒤 민첩함과 영민함으로 밀림을 지배하고 평화를 지킨다는 내용이다. 인간의 신체 능력을 초월한 타잔은 고릴라, 사자와 힘겨루기를 하며 그들을 목졸라 죽이기도 하고 맹수와 달리기를 해 따돌리기도 한다. 코끼리는 물론 상황에 따라 여러 동물을 마음대로 부리는 능력도 있다. 어린 시절 밀림의 정의와 질서를 수호하는 '정글의 왕' 타잔이 얼마나 멋지고 부러웠던지 모든 사람들이 열광한 영화이다.

그런데 이 영화를 향파 선생은 이육사 시인과 함께 관람했다. 앞서 만났던 윤곤강 시인과는 차원이 다른 한국시문학사에 뚜렷한 흔적을 남긴 시인이다. 이육사 선생(본명 이원록, 1904. 4. 4(음력)~1944. 1. 16)은 1904년 경북 안동군 도산면 원촌리 881번지에서 아은처사인 부친 이가호와 모친 허길 사이에서 5형제 중 차남으로 태어났다. 본관은 진성(眞城)이며 본명은 원록(源祿)이나 후에 원삼(源三) 또는 활(活)이라 하였으며, 자(字)는 태경(台卿), 아호는 육사(陸史)이다. 어려서부터 형제지간의 우애가 지극하였으며 용모는 청수하고 깨끗한 선비형으로서, 한번 사귀면 생사를 같이 할 만큼 신의와 의리가 강하였다고 한다. 12살이 되던 해에 조부 이중직이 숙장이었던 예안보문의숙(禮安普文義塾)에서 한학을 배웠다. 17세가 되자 대구로 이사하여 시내에 있는 교남학교에서 신학문을 배우고 이듬해에 영천에 살고 있던 안일양과 혼인하였다. 영천에 있는 백학서원에서 학문을 연수하였으나, 끊임없는 미지의 세계를 동경하여 1923년에 일본에 건너가 1년여 간 동경에 있는 대학을 다니다가 이후 1925년에 귀국하였다.

그 당시 중국에서 국내에 들어와 일제 주요기관 등을 파괴, 활동을 하다가 붙잡혀 대구형무소에서 옥고를 치르던 윤세주의 의열투쟁에 큰 감화를 받은 선생은 형 이원기, 동생 이원유와 함께 의열단에 가맹하였다. 당시 의열단(단장 김원봉)은 중국 길림에서 북경으로 이동하여 의열활동을 전개하고 있었다. 선생은 북경에 왕래하며 국내정세를 보고하고 군자금을 전달하였다. 그러던 중 1927년 10월 18일 장진홍의 '조선은행 대구지점 폭파사건'이 일어나자 일경은 주모자를 체포하기 위해 경북의 경찰, 헌병, 관공서 직원 등을 총동원하여 과거에 조금이라도 의심이 있던 사람들을 모두 수색 검거하게 되자 선생은 형, 아우 등과 함께 붙잡혀 대구지방법원에 송치되었다. 이때 미결수 번호가 264번이었는데 이때 수감번호를 따서 호를 육사(陸史)라 하였다.

일경은 선생의 형을 이 사건의 지휘자로, 선생은 폭탄운반자로 그리고 동생은 폭탄상자에 글씨를 쓴 것으로 조작하기 위하여 온갖 고문을 가하였으나, 일본 대판(大板)에서 장진홍 의사가 붙잡히게 되자 2년 4개월여 간의 옥고를 끝으로 석방하였다. 출옥 후 선생은 윤세주가 경영하는 《중외일보》의 기자로 활동하면서 청년지도 등에 힘썼다. 선생은 모진 고문의 후유증으로 병을 얻게 되어 요양하고 있을 때 1929년 11월 3일 광주학생운동이 일어나자 다시 붙잡혔으나 증거불충분으로 풀려났다. 이후 선생은 북경으로 가던 중, 만주사변이 일어나자 심양(瀋陽)에서 김두봉을 만나 독립운동 방략을 논의한 후 다시 귀국하였다.

1932년 6월초 중국 북경에 가서 루쉰을 만나게 되어 동양의 정세를 논하였으며, 후일 루쉰이 사망하자 《조선일보》에 추도문을 게재하고 그의 작품 「고향」을 번역하여 국내에 소개하였다. 선생은 북경에서 본격적으로 무장항일운동에 뛰어들기로 결심하고 1932년 10월 22일 중국 국민정부 군사위원회에서 운영하는 간부훈련반인 조선군관학교(교장 김원봉, 남경 소재)에 입교하였다.

선생은 이 학교 제1기생 정치조에 소속되어 6개월 동안 비밀통신, 선전방법, 폭동공작, 폭파방법 등 게릴라 훈련을 받고 1933년 4월 23일 수료한 후 상해, 안동, 신의주를 거쳐 귀국하여 차기 교육대상자 모집, 국내 민족의식 환기, 국내정세조사 등의 비밀임무를 띠고 활동 중 1934년 5월 22일 서울에서 일경에게 붙잡혔으나 증거불충분으로 풀려났다. 이때 선생은 건강이 매우 악화되어 앞으로 진로에 대한 인간적인 고뇌와 갈등을 하게 되었다. 그것은 의열단의 밀명을 계속 수행할 것인가, 아니면 광복을 위한 투쟁에서 이탈할 것인가 하는 결단이었다. 마침내 선생은 시와 글을 통하여 민족의식을 깨우치고 일제에 대한 저항정신을 복돋는다는 새로운 항일의 길에 나서기로 결심하고 문인으로서 새출발하기로 결심하였다.

이후 선생은 정치, 사회분야에 걸쳐 폭넓은 작품생활을 하여 1935년 《개벽》지에 「위기에 임한 중국 정국의 전망」, 「중국청방비사(中國靑帮秘史)」 등을 발표하였다. 다음 해인 1936년에는 처음으로 「한 개의 별을 노래하자」라는 시를 발표, 시인으로서 출발하여 「해조사」, 「노정기」 등 산문을 발표하였으며, 1937년에는 윤곤강(尹崑崗)·김광균(金光均) 등과 함께 동인지 『자오선(子午線)』을 발간했다, 1938년에는 「강 건너 간 노래」, 「소공원」 등의 시작품과 「조선문화는 세계문화의 일륜(一輪)」, 「계절의 5월」, 「초상화」 등 평론과 수필을 《비판》지, 《조선일보》, 《중앙일보》 등에 발표하였다. 이어 1939년에는 「절정」, 「남한산성」, 「청포도」 등의 시작과 「영화에 대한 문화적 촉망」, 「시나리오 문학의 특징」과 같은 영화예술부문의 평론을 《인문평론》, 《문장》 등지에 게재하였고 이어 1940년에는 「일식」, 「청난몽」 등을 《인문평론》, 《문장》, 《냉광》 등 잡지에 발표하였다. 1941년에 들어서자 일제의 조선어말살정책으로 민족혼을 억압하는 상황하에서 선생의 건강은 아주 극도로 악화되었으나 문필생활은 의연히 계속되어 「파초」, 「독백」, 「자야곡」 등의 시를 지었다. 한편 선생은 중국인 호적(胡適)이 쓴 『중국 문학의 50년사』를 초역하기도 하였으나, 글을 발표하던 《문장》, 《인문평론》지 마저 일제에 의해 폐간되고 말았다.

1942년에는 사실상의 유고(遺稿)인 「광야」를 발표하는 등 시를 비롯하여 수필, 평론, 번역 등 매우 광범위한 문필활동을 계속하였다. 선생은 이와 같은 작품 활동 속에서 다시 북경으로 갔다가 모친과 백형의 소상으로 1943년 5월에 귀국하였으나 동년 7월 서울 동대문경찰서에 피체되어 북경으로 이송되었다. 압송 이듬해 베이징 감옥에서 옥사하였다. 이육사가 죽은 후, 1년 뒤에 일제강점기에서 해방되었고, 그 후, 1946년 신석초를 비롯한 문학인들에 의해 유고시집 『육사시집(陸史詩集)』이 간행되었다.

향파 선생이 이육사 시인을 만났던 1940년은 육사 시인이 가장 활발하게 문학 활동을 하던 시기임을 확인할 수 있다. 윤곤강 시인과 자오선 동인이었던 이육사를 《詩學》에 깊이 관여하고 있던 윤곤강이 향파 선생에게 소개한 것으로 보인다.

1960년대《문학 시대》가 지닌 문예지로서의 성격

1,《문학 시대》의 전사로서의 광복기, 5-60년대 부산문학 매체

　1966년에 창간된《문학 시대》가 지닌 문예지로서의 성격을 제대로 이해하려면, 이전의 부산문단에서 출몰했던 문학 매체에 대한 개관이 필요하다. 여기서 말하는 문학매체란 단순히 정기간행물화 된 문학잡지만을 말하는 것이 아니라, 문학을 기치로 내걸고 다양한 활동의 결과물로 산출된 동인지 문학작품집도 포함한다. 당시의 상황을 감안한다면, 정기적인 문학 매체를 발행할 수 있는 여건이 제대로 형성되어 있지 못했기 때문이다.

　광복 직후 항도 부산은 다른 지역과 마찬가지로 각종 사회단체의 조직과 매체의 발간으로 그야말로 열망으로 가득 찬 지역이었다. 억압된 가치들이 분출되면서 새로운 세상을 향한 정치의식이 그야말로 온 나라를 전염병처럼 뒤덮었던 형국이었다. 여러 신문 매체에서 두루 확인할 수 있는 바, 광복의 의미를 되새기는 문화강연회나 웅변대회, 가극단, 악극단 등의 각종 공연, 한글강습회 등 항도(港都)를 들썩이게 만들었다. 문예지의 창간도 이어졌다. 마산문화동맹에서 발간 예정인《초롱》창간호의 작품모집

광고를 통해 광복기의 새로운 문화건설에 대한 열망을 확인할 수 있다.

부산에서 처음 발간된 잡지매체는 월간지 《衆聲》(1946, 2, 20)이다. 발행인은 김환선(金煥善)이며, 편집인은 천철수(千哲樹)이다. 문화운동의 차원에서 발간된 '뭇소리'는 우파 계열의 종합지로 김달진, 서정주, 유엽, 홍원, 한걸레, 안대희가 시를, 천세욱이 소설「怨恨」을, 당시 부산중학교 교사로 일했던 박종우가 귀환병의 수기인「死線」을 수록하고 있다. 반면 진보단체를 표방한 잡지로 《前線》이 발간되었다. 편집인 겸 발행인은 노백용의 아들인 노재갑이며, 인민해방보사에서 발간했다. 문학 쪽에서 보면 카프 계열의 신고송, 박석정 등이 이 매체의 필진으로 참가하고 있는 것으로 보아, 광복 초기 부산 지역의 좌파 문단을 주도했음을 알 수 있다.

비교적 단발적이었던 잡지와는 달리 문학인들에게 지속적으로 발표지면을 제공했던 매체는 신문이다. 광복기 부산에서 발행된 일간신문으로는 민주중보, 조선일일신문, 부산정보신문, 인민해방보, 부산매일신문, 대중신문, 자유민보, 부산신문, 부산일보, 신한일보 등이 있었고, 주간신문으로는 수산신문, 애국문예신문, 부산인민보, 동아산업시보, 자유연합이, 경남상공신문과 학생동무는 주 2회 발행했다. 그리고 국제신보의 전신인 산업신문이 1947년 9월 1일에 창간했다. 이들 매체는 문학 지면을 따로 할애하지는 않았지만 광복시 부산문학 지형도를 구성하는 데 어느 정도 도움을 준 것으로 평가하고 있다[1].

---

1) 이순욱, 「광복기 부산 지역 문학사회의 형성과 창작 기반」, 『석당논총』 50집, 2011, p, 112

다음은 1950-1960년대 부산지역 문학 매체의 상황을 살펴보자. 황국명은 「부산지역 문예지의 지형학적 연구」에서 당시의 상황을 개관하면서 부산지역 문예지는 부산문학의 독자적인 전개를 위한 중요한 잠재력이었고, 보다 역동적인 모습으로 드러나게 되는 것은 50년대 이후로 보인다고 평가했다. 여기에는 부산은 50년대 임시수도이며 피난 문단의 중심지라는 사실에 주목한다. 서울의 언론 출판사들은 신문과 잡지를 부산에서 창간하거나 속간 또는 복간하였다. 이렇게 유입된 수도권의 문화는 새로운 부산문화를 산출하는 계기가 되었다는 것이다. 그러나 1950-1960년대의 부산의 문학 현실은 소수의 헌신적인 문인들에 의해 가까스로 유지된 듯하다고 보았다. 이 시기의 문예지를 조사한 결과, 50년대 15종, 60년대 13종으로 모두 28종이 발간되었지만, 제대로 된 종합문예지의 체제를 갖추고 지속된 잡지가 없었기 때문이다. 그 가운데 일부를 정리하면 아래와 같다.

①잡지명	②창간	③종간	④간별	⑤종별	⑥유/무가	⑦비고
珊瑚	1950	종간	부정기	동인지	미상	남녀고교생
신작품	1952	8호	부정기	사동인지	미상	
문학예술	1952	종간	주간지	종합지	미상	2002년 여름호 재창간
詩潮	1952	종간	부정기	동인지	미상	부산대 대학생문학회
현대문학	1954	종간	부정기	동인지	미상	현대문학연구회
超劇	1954	1집	부정기	동인지	미상	2인 동인지
Geiger	1956	종간	부정기	동인지	미상	Gammas동
시연구	1956	1집	부정기	사전문지	미상	
한글문예	1957	종간	계간지	종합지	미상	
문필	1957	종간	부정기	기관지	미상	부산문필가협회
新潮文學	1958	5집	부정기	종합지	미상	
新群像	1958	1집	부정기	종합지	유가	3인 잡지
오후	1962	3집	부정기	동인지	유가	
문협	1962	종간	연간	기관지	미상	한국문협경남지부
詩旗	1963	1집	부정기	동인지		
간선	1963	종간	부정기	종합동인지	미상	부산대 재학생
隨筆	1963	발행중	반년간	수필동인지	유가	Essay로 창간되었으나 2호부터 개제
新語	1963	1호	부정기	사동인지	미상	
시문예	1964	종간	계간지	사동인지	미상	
부산문예	1964	종간	연간	기관지	유가	예총부산지부
윤좌	1965	발행중	연간	수필동인지	무가	
문학시대	1966	종간	월간	종합지	유가	
부산문학	1967	발행중	연간	기관지	유가	문협부산지부, 문협 속간
석천	1956	종간	연간	사동인지	무	
殉石	1956	종간	부정기	사동인지	무	
詩門	1954	종간	연간	사동인지	무	
신지대	1955	종간	연간	사동인지	무	
꿈잔디	1954	종간	연간	합동인지	무	

1950~1960년대 문예지 활동에서 주목할 사항을 황국명은 다음과 같이 정리하고 있다.

첫째, 종별로 동인지가 압도적이고, 간별로는 부정기가 주류를 이루며, 대체로 단명하였다. 이런 특징은 전후 한국사회의 궁핍뿐 아니라, 피난문인들에 의해 형성된 피난문단의 한시성과 연관된 것으로 추정된다.

둘째, 문학청년 혹은 학생문단의 형성과 활발한 활동이 있다. 남녀고교생 동인지「瑞枝」, 부산대 재학생들의「詩潮」「간선」이 그러한 예에 속한다. 일종의 습작문단시대라 하겠고, 이후 부산지역 문학의 중요한 토대를 이루었다고 할 수 있다.

셋째, 특정 개인의 헌신적인 노력이 뚜렷하다.「詩潮」의 창간에 간여한 고석규는「신작품」「시연구」에 적극 참여했고, 문인협회 기관지인「부산문학」을 주재하기도 하였다. 특히 그는 김재섭과 함께 2인 동인지 형식으로「超劇」을 삼협문화사에서 출판하면서 1950년대 평단의 총아로 부각되었다.

넷째, 특기할 만한 것은 수필동인지로「隨筆」(창간호는 연간지였으나 2호부터 반년간으로 발행)과「輪座」는 현재까지 발행되고 있다. 이 역시 이주홍, 박홍길 등의 부단한 자기희생과 무관하지 않다.

다섯째, 1960년대에 들면서 문인단체의 기관지가 증대하였다. 문협 경남지부의「문협」, 예총부산지부에서「예총」「부산문예」, 부산문필가협회의「문필」이 그러하다. 특히 우익의 사상적 공격에 대응한 부산문필가협회의 출현은 이후 수십 년 간 한국사회를 장악한 냉전적 사고와 이로

인한 갈등의 단서를 보여준다.[2)]

이러한 부산 지역의 문단 상황 가운데서 월간 정기간행물로 출발한 《문학 시대》는 획기적인 매체의 성격을 띠고 있었다. 그 내용을 각호 별로 일차적으로 개관해 보고자 한다.

2. 의욕적인 창간과 다양한 문학 행사 기획

1960년대 한국문단에서 발간되는 문예잡지는《현대문학》과《자유문학》이었다. 종합지로《새벽》,《사상계》,《세대》가 발행되고 있어 그나마 문인들의 작품이 실릴 수 있는 여유가 있었다.

그러나 부산지역의 상황은 완전히 달랐다. 제대로 된 정기간행물이 부재했다. 이런 문화적 상황에서 새롭게 등장한 문학 잡지가《문학 시대》였다.《문학 시대》는 1963년 3월 1일에 창간호를 발행했다. 발행인은 당시 부산의 유수한 태화출판사 사장인 秋盛龜씨가 맡았고, 주간은 이주홍 선생, 편집장은 최해군 작가, 그리고 편집을 도운 또 한 사람은 김영이었다. 창간호의 분량은 166쪽이기는 하지만, 창간호에 실린 내용을 살펴보면 기획특집이나 그 구성내용이 만만치는 않다. 우선 <새벽의 기적>이란 제목의 창간사의 일부를 살펴보자.

"*文學*의 목적은 *人間*을 구원하는 데 있다. *人間*의 정신적인 *破綻*과 *虛脫*과 *絶望*에 대한 모든 *病根*을 찾아내고 그래서 그 *治愈*에 정확하고 신뢰

---

2) 황국명, 「부산지역 문예지의 지형학적 연구」, 『한국문학 논총』 37집, 2003, P, 7

할만한 방법을 써가는 것이 文學의 사명인 것이라고 본다면 人間은 누구나 가 다 처음부터 患者인 것을 면할 도리가 없다. 이것은 두 말할 나위도 없이 하나가 하나를 혹은 하나가 열을 정복해야 하는 사회생활의 宿命的인 부작용의 소치인 것이지만, 그러면서도 다행이 우리는 역사상에 많은 名醫를 가지고 있다. 이런 名醫들은 적지 않게 불행을 미연에 遠忌할 수 있게 해 주기도 했었고, 또 흡족히 患者들에 理解의 위안을 줄 수도 있었다. 그러나 蔓延되어 있는 그 病傷의 범위와 아픔의 깊이에 비해 그것은 아직도 九牛一毛에 지나지 않았던 것인데 그 위에 덮쳐온 또 하나의 불행은 이 지친 오늘의 時點에 와서 使徒 그 스스로가 患者를 放棄해 놓고 있는 일이 많다는 사실이다. 우리는 지금 醫徒의 한 從卒이 되고자 길을 떠난다. 탄탄한 서울의 大道가 아닌 釜山의 바닷길이란 점에서 이 旅路는 우리에게 많은 試鍊을 부담지우고 있다. 그러나 짙은 새벽 안개가 스무겹 시야를 가로막고 있다 하더라도 우리의 배는 기적을 울리면서 밀고 나아가 신뢰할만한 執刀者가 못될 땐 차라리 孤獨 속에서 내일을 懷疑하고 있는 患者들의 상냥한 이야기 상대가 되어주는 것으로서도 우리는 우리의 보람을 믿어 흔들리지 않을 생각이다."

창간사에서 유독 무겁게 다가서는 장면이 '文學의 목적은 人間을 구원하는 데 있다.'는 문구다. 문학이 과연 인간을 구원할 수 있을까? 이 질문에 우리는 쉽게 정답을 낼 수는 없다. 그런데도 《문학시대》는 이 엄청난 과제를 화두로 삼은 이유가 어디에 있을까? 이 이유를 따져보는 것은 문예지가 없던 시절, 부산에서 정기간행물을 시작하게 되었다는 문화적 사건 이상으로 더 깊은 의미를 지니는 본질적인 문제로 보인다. '人間의 정신적인 破綻과 虛脫과 絶望에 대한 모든 病根을 찾아내고 그래서 그 治愈에 정확하고 신뢰할만한 방법을 써가는 것이 文學의 사명인 것이라고 본다면 人間은 누구나가 다 처음부터 患者인 것을 면할 도리가 없다.' 한 마디로 말하면 정신적 차원에서 인간은 절망할 수밖에 없는 존재이고, 이 절망은 죽음에 이르는 병이기에 근원적으로 모든 인간은 환자일 수밖에 없는 존재라는 인식이다. 이러한 인간에 대한 이해와 문학의 효용론적 측면에서는 인간을 구원하는 문학으로서의 문학론이 공론화될 수밖에 없는 담론이다.

문제는 문학이 인간을 구원할 수 있다는 문학주의자들의 문학에 대한 효용가치를 왜 1960년대에 그 시대의 중심적인 화두로 삼았는가 하는 점이다. 1960년대 초 한국 사회는 정치적으로 최악의 상태였고, 경제적으로도 전쟁을 치룬 1950년대의 휴유증을 완전히 걷어내지 못한 힘든 시절이었다. 그러므로 1960년대를 살아가고 있던 모든 사람들의 정신상태는 모두가 병든 영혼의 주체가 되어 있었다. 이런 동시대 사람들에 대한 정신적 치유를 문학이 감당할 수 있어야 한다는 자각이 창간사에 그대로 반영되어 있는 것이다. 그래서 작가를 환자를 치료하는 의사로서의 소명과 일치시키고 있다. 그러나 문학인들이 제대로 된 의사로서의 역할을 못하고 있는 현실을 개탄하고 있다. 즉 '이 지친 오늘의 時點에 와서 使徒 그 스스로가 患者를 放棄해 놓고 있는 일이 많다'고 현실을 비판하고 있다. 이는 달리 말하면 당시 문화적 상황 속에서 문학이 사회에 미치는 영향력이 미미했다는 점을 반증하기도 하는 지점이다. 뿐만 아니라 일반인들이 일상에서 접할 수 있는 문학 매체가 활성화되어 있지 못한 당시의 시대적 문화상황을 드러내보여주는 장면으로도 읽힌다.

그래서 힘든 부산 지역의 문화적 현실 속에서 《문학시대》를 출범하고 있다. 출발지점에서 내보이는 그 각오는 '짙은 새벽 안개가 스무겹 시야를 가로막고 있다 하더라도 우리의 배는 기적을 울리면서 밀고 나아가겠다'는 단단함을 보이기도 하지만, '신뢰할만한 執刀者가 못될 땐 차라리 孤獨 속에서 내일을 懷疑하고 있는 患者들의 상냥한 이야기 상대가 되어주는 것으로서도 우리는 우리의 보람을 믿어 흔들리지 않을 생각이다.'라는 소박한 꿈을 꾸기도 한다.

그러면 구체적으로 이러한 각오와 꿈을 어떻게 풀어내고 있는가? 창간호의 메뉴들을 한번 살펴보자. 《문학시대》는 소위 종합문예지로서의 면모를 갖추고 있다. 창작소설로서 손동인의 「동심의 축제」, 오유근의 「머슴」, 윤정규의 「타계의 음향」, 실렸고. 특별히 장호의 시극 「오징어가 된 사나이」가 함께 자리하고 있다. 그리고 평론에는 백철의 「현대문학을 위한 서론」, 이원수의 「아동문학의 문제점」, 이호우의 「시조 단의 제초작업」이 무게를 더하고 있다. 여기에다 특집을 기획해서 싣고 있다는 점은 문예지로서의 면모를 갖추는 데 필요한 요소들을 제대로 구비하고 있음을 보이고 있다. 창간호의 특집은 「한국의 소설은 어디로 가고 있는가?」로 잡았고, 이 특집은 정태용의 「원형의 전설론」, 신동한의 「한국소설의 방향」, 김태홍의 「시에 접근한 소설의 두 가지 전형」이란 세 편의 원고로 구성되어 있다. 세 편의 문제 제기로 한국 소설의 방향을 완벽하게 제시해주고 있는 상황은 못 되지만, 문제를 인식하고 있다는 기획 의도만은 살만하다.

시에는 유치환의 「대화」, 장만영의 「꽃·독초」, 김수돈의 「태양이 외로이 있으면서」, 최계락의 「寒日」 등 오직 4명의 시인 작품만이 보인다. 산문에 비해 시가 비중있게 다루어지지 않고 있는 모양새이다. 그런데 묘하게 <새밭에서>라는 란을 두어 백일장에서 입선한 일반부와 학생들의 시 작품을 과감하게 편집해 보이고 있다는 점이다. 여기에는 이석호의 「길」, 이상익의 「불꽃」, 김수남의 「써크스단의 나팔」, 하영주의 「도서관」, 이운원의 「그림자」, 변영대의 「바람」, 김종철의 「종이」, 박갑수의 「방문」, 최선경의 「힘」, 윤인숙의 「계절의 의미」, 그리고 소설로는 서라벌 예대 문예창작회주최 전국고교문예콩쿨 소설부 당선작인 정종명의 「도주」가 실렸다. 여기에다 <학교대항연작소설>란을 두어 「저 하늘에 기빨을」을 제목으로 보성여고편으로 허선의 작품이 게재되고 있다. 이는 기성문인들의 문예지에 공식 등단을 거치지 않은 예비 문인들에게도 문호를 활짝 열어두고 있었다는 점이다. 이런 무명 학생들의 작품과 함께 <엣세이> 란에는 조연현의 「교직의 감상」, 정비석의 「나의 출세작·성황당 시절」과 같은 당시 비중있는 문인들의 글도 함께 자리하고 있는 문예지였다. 또 따로 수필 코너를 마련하여 이상로의 「분별·무분별」, 이가원의 「벽촌 서실」, 이영도의 「군자란이 피는데」 등 12명의 수필이 나란히 배치되어 있다. 여기에다 <무엇을 읽을 것인가>을 통해서는 현대편은 구우학, 고전편은 박지홍이 맡아 지상 연재강좌를, 그리고 강은파의 소설 「나는 아무도 사랑하지 않았다」의 연재를 시작하고 있다는 점이다. 부산에서 서울에서 발행되고 있던 문예지에 맞먹는 필진들을 동원해서 《문학시대》 창간호를 출범시키고 있었던 것이다. 이는 오직 향파 선생의 역량이 발휘된 결과였다.

이러한 향파 선생의 역량은 단순히 《문학시대》를 창간하는 것으로 끝나지 않았다. 창간과 함께 두 가지 문학 관련 행사를 기획해서 실천하고 있다. 하나는 문학 창작 공부를 하고 있는 사람들을 대상으로 <문학 창작 강습회 수강생 모집>을 해서 문학 강의를 시작했다. 일시는 1966년 3월 1일부터 6일까지 매일 오후 6시부터 시작되었고, 장소는 한성여자대학에서 이루어졌다. 여기에 참여한 강사는 시에 박목월, 조병화, 유치환, 소설에 주요섭, 이호철, 이주홍, 희곡에 한노단, 이근삼, 박두석, 아동문학에 이원수, 최계락 등이었다. 강사는 당시 부산에서 활동하는 문인들과 함께 전국적인 지명도가 있는 문인들이 참여하고 있다는 점이다. 또 하나의 특징은 이 문학 강습회 수강생들에게 각 장르별로 시 3편, 소설, 희곡은 1편, 동시는 3편, 동화, 소년소설은 1편씩의 작품을 요구하고 있다는 점이다. 그리고 수강료도 200원을 받았다. 접수된 작품을 심사해서 우수 작품에 대해서는 상장과 상품을 수여한다는 공고도 함께 제시되어 있다. 이러한 공식적인 유료 문학 강습회의 시작은 부산에서는 처음 있는 일로 기록된다.

또 다른 하나의 문학 행사는 《문학시대》 창간을 기념하여 <문학대강연회>를 개최했다는 점이다. 이 행사는 1966년 3월 5일 오후 2시에 부산일보 4층 부일 프레스 홀에서 개최되었다. 강연은 무료로 진행되었는데, 연제 및 강연자는 당시 한국문학의 대표적인 문인들이 맡았다. 박목월이 「시와 진실」, 이호철이 「소설문학의 새 과제」, 주요섭이 「작품에 나타나는 동서 생활철학의 차이」, 김용호가 「문학과 인간의 위치」, 백철이 「문학의 순수성과 사회성」 등의 발표가 향파 선생의 사회로 이루어졌다. 부산 문학사로 보아서는 이러한 정도의 문학 강연회를 부산에서 개최한 것은 전례가 없었던 것으로 보여진다.

이렇게 《문학시대》는 창간과 함께 창간호에는 몇 가지 특이한 사항을 게재하고 있다. 그 첫째가 창간사 앞 부분에다가 이 잡지가 탄생하기까지의 과정을 엿볼 수 있는 사진 한 장과 함께 부산에서 이 잡지 창간을 위한 준비모임을 소개하고 있다. <산실의 속삭임>이란 제목으로 짧게 정리된 산파역들은 다음의 일절에서 파악할 수 있다.

잡지라면 의례 서울인 거라고 생각하는데 습관이 들어버린 그 고질에서 튀어나와 서을 아닌 이곳 부산에서는 문학잡지를 만들어 낼 수가 없는 것일까? 이런 의견으로 듣고자 秋盛龜, 李周洪, 朴光浩, 崔海君 제씨들이 중심이 되어 자리를 마련했던 것이 사징에서 보이는 이 장면! 10월 20일 밤(1965년으로 추정 필자) 동래반점의 한 조용한 방인데 여기에는 시인의 안장현, 김태홍, 최계락, 이민영, 이동섭, 김상희 씨를 비롯해, 평론의 김종

출, 허영, 국문학의 박지홍, 김계원, 최해갑 소설의 이주홍, 최해군 씨들이 보이니 음식상을 앞에 놓고 있는 사진이라 좀 거북은 하나 그래도 우리 《문학시대》로 보아선 귀중한 역사적 자료가 되기도 하겠다.

글. 金榮 記

위의 기록을 통해 이 잡지 창간을 위해서 당시 부산에서 활동하던 문인들이 함께 자리하고 있었음을 확인할 수 있다. 또 하나 유의미한 사항은 사고(社告)를 내고 있다는 점이다. 사고의 내용은 다음과 같다.

본사는 각 학교 및 지방에 산재해 있는 문학 동인 활동에 기여하고자 하는 바 다음의 일을 연락해 주시기 바랍니다

1, 동인의 명칭

2. 동인의 성격(취지)

3, 동인의 연혁

4, 동인의 명단

*동인지가 있으면 본사로 보내 주시면 고맙겠습니다.

동인지에 관심을 가지고 있었다는 사고의 내용은 여러 지역에서 활동하고 있는 동인지 활동의 문인들을 이 잡지가 지속적으로 수용해 나감으로써 《문학시대》의 터를 더욱 든든하게 만들어 나가겠다는 의지로 읽

힌다.

이상과 같은 체제와 내용을 수반한 《문학시대》는 당시 1960년대 상황으로 보면 지역적 한계 속에서도 대단한 포부를 안고 출발했다고 볼 수 있다. 그러면 구체적으로 창간호에 실린 평론과 특집을 통해 잡지의 내용을 좀 더 살펴볼 필요가 있다. 특집은 잡지의 성격을 만들어 나가는 기획력의 핵심이고, 평론은 당시 한국문학의 흐름을 어느 정도 견인하고 있는지를 가늠해 볼 수 있는 잣대이기 때문이다. 먼저 <한국의 소설은 어디로 가고 있는가?> 특집을 살펴보자.

정태용은 「원형의 전설론」에서 장용학의 작품이 지닌 문제점을 매우 비판적으로 평하고 있다. 본껴적인 장용학의 「원형의 전설론」에 들어가기 전에 당시의 새로운 작품을 시도하고 있는 이광숙과 이호철의 작품이 지닌 문제를 비판하고 있다. 이광숙은 심리소설을 쓰고 있지만 그의 심리묘사는 인간의 심리를 묘사하지 않고 오히려 심리가 반사된 사물만을 그리고 있다고 보았다. 그리고 이호철은 프랑스의 반소설적인 요소를 흉내내고 있는데, 그 이유를 제대로 알 수 없다고 비판하고 있다. 본격적으로 장용학의 「원형의 전설론」을 여러 가지 관점해서 해부하고 있다. 첫째 원죄 의식을 다루고 있다고 일반적으로 평하고 있지만 자신이 볼 때는 본질적인 원죄의식을 다루고 있지 못하다고 본다. 둘째는 자유와 평등의 문제를 다루는 것 같지만 결코 그런 것도 아니라고 등장하는 인물 오택부, 오기미, 이장 등이 펼치는 사건들을 통해 분석하고 있다. 그래서 작중 인물의 성격도 제대로 되어 있지 않고, 대화도 인물의 것이 아니라 전부가 작가 개인의 조작이라고 분석한다. 또한 6, 25 동란이라는 배경도 아무 의미가 없다고 비판한다. 동란에 대한 리어리티나 동란을 에워싼 시대적 사상성에 대한 리어리티도 없기 때문이라는 것이다. 그래서 정태용은 결국 이 작품은 작가가 소설을 쓰기 위한 작품이 아니라, 작가가 하고 싶은 말을 하기 위해 소설의 형식을 빌린 것이라고나 생각하는 게 온당하다고 평가한다. 말하자면 현대문명에 대한 비판 같은 것을 말하고 있다고 본 것이다. 그런데 그 현대문명도 그 대상이 막연하고 작가의 사상도 막연하다고 논평한다. 현대에 대한 작가의 잡다한 불평, 불만의 혼합이라는 게 타당하다고 본다. 그래서 정태용은 장용학 씨는 많은 책을 읽고 많은 것을 생각하면서도 아직 그것을 정리하지 못한 채 이 작품을 잡다한 생각을 단편적으로만 토로하려고 한 것 같다고 종합적으로 평가하고 있다. 이 작품이 《사상계》에 연재되면서 상당한 이슈가 된 점을 감안한다면, 정태용의 이러한 비평은 당시로서는 상당한 문제의 지적이라고 볼 수 있다.

장용학의 이 소설은 1962년 3월부터 11월까지 《사상계》에 연재된 그의 대표작으로 평가되고 있고, 일반적으로 『원형의 전설』은 소외된 인간의 군상을 중심으로 현대문명으로 인해 파괴되어 가는 인간의 모습을 그린 작품으로 여겨지고 있다. 그래서 한국 문학사에서 이 작품에 대한 일반적인 평가는 체험을 서사적 방법으로 제시하기보다는 관념을 캐리커처 (caricature) 방식으로 구성하는 것으로 이러한 기법 속에 숨어 있는 그의 소설의 주제는, 현대 인간의 비인간적인 상황에 대한 고발과 인간 존재에 대한 질문이며, 장용학은 이를 관념적 문체로 진술하고 있다고 보고 있다. 이와 같은 소설적 기법과 주제의식이 더욱 확대되어 구체화 된 작품으로, 기존의 단편소설들에서 보여준 관념과 이야기의 만남을 총체적으로 보여주고 있다고 보고 있다. 여기에는 작가의 세계 인식방식이나 인간의 존재 문제, 이데올로기 비판, 허상과의 투쟁 등 그의 사상적 편린들이 종합적으로 나타난다는 것이다. 이 소설의 작중 화자에 의하면 세계는 원래 원형이며, 현대의 병적인 문명에 의해 경계와 매듭, 처음과 끝이 생겨났는데, 이런 이분법으로 이루어진 세계에서 인간은 주관적인 편견과 의식의 조작 속에 감금되어 있다는 것이다. 이 작품은 이원론의 분열에 대한 일원론의 조화로운 세계를 나타낸다고 해석한다.

그래서 작품에서 주인공 이장의 삶이 근친상간으로부터 출발하여 근친상간의 죽음으로 끝나는 것은 현대문명의 타부를 깨뜨려 보려고 시도한 주제의식에서 비롯한다는 것으로 보고 있다. 또 이 작품은 그 서술적 시각이 미래에서 현재를 바라보는 것으로 설정되어 있으며, 전설을 이야기하는 화법이라고 할 수 있는 '-입니다'체를 채용하고 있다는 것이다. 그뿐 아니라 한자를 사용한다든지 관념어를 남발하고 있으며, 비유적인 표현이 많은 것도 모두 기존의 현대 문명에 대한 비판적 의식에서 나온 것으로 긍정하고 있다. 이러한 소설적 방법은 현대문명의 벽을 뚫고자 하는 그의 작가의식에서 비롯된 것이다라는 것이다. 이러한 평가를 감안한다면 당시 정태용의 문제제기는 이후의 연구자들에 의해서 비판적인 연구가 제대로 이어져 오지 못했음을 확인할 수 있다.

다음 신동한은 「한국소설의 방향」에서 전통적으로 동인과 횡보에 의해 자리잡은 한국 소설의 평면적 리얼리즘이 의식의 흐름과 반소설이 도입되고 있는 시기로 보고 있다. 평면적 리얼리즘에 반기를 든 젊은 작가들이 서구의 프르스트나 제임스 조이스에 눈을 돌리고 있다고 본 것이다. 그러나 아직 그 새로운 흐름은 하나의 과제로 제시되고 있는 것이지 현실적으로 뚜렷한 성과를 보여주고 있지는 못하다고 본다. 특히 6·25 이후의 젊은 작가들이 작품의 스타일에서 서구를 모방한 흔적은 무슨 체계나 계통이 있는 것이 아니고 그것을 거론할 정도로 궤도에 오른 것이라고 보기는 힘들다는 것이다.

그 구체적인 작품으로 장용학의 관념소설을 거론한다. 이 작가는 확실히 다른 작가에 비해 독특한 세계를 걷고 있는데, 장용학의 관념소설이 이 나라 소설의 앞날에 어떠한 보탬을 갖다 줄 수 있느냐 하는 점에 대해서는 다분히 회의를 느끼지 않을 수 없다고 보았다. 관념이란 어떠한 구상을 전달하는 상징적인 매개가 되어주는 역할을 하는데서 그것은 빛을 발하는 데, 만약에 관념이 관념으로 그치고 마는 우를 범한다면 구태어 표현에 관념을 끌어들이는 번잡을 자초할 아무런 필요성도 없다는 것이다. 그런데 장용학의 관념소설에서 느껴지는 관념을 위한 관념을 지양, 극복하는 작업이 아직도 제대로 진보를 보이지 못하고 있음은 이 작가를 위해 유감스럽게 느끼는 바임을 밝히고 있다.

그리고 관념소설의 한편에서 심리주의소설의 수법을 많이 실험하고 있는 젊은 작가를 주목하고 있다. 송병수, 송상옥, 최상규이다. 이들의 작품은 양적으로도 월등하지만 수준작을 유지하는 저력을 지니고 있다고 본다. 수법의 새로움을 가져오려고 애쓰는 이들의 노력이 아직은 결실을 못보고 겉돌고 있지만 앞으로도 작품활동에 저조를 보이지 않는다면 어떤 안정감을 가져올 수 있는 징조를 다분히 느낄 수 있다 라고 평하고 있다. 또한 새로운 수법의 시도는 그 외도 많은 작가에 의해 꾀해지고 있지만 아직은 뚜렷한 양상이 나타나지 않고 있다고 진단한다.

이어서 또 다른 차원에서 한국 소설의 방향을 짚고 있는데, 그것이 <집단적 리얼리즘의 지향>이다. 소설이 지니는 하나의 효능은 역사의 증인이 되어준다는 데 있을 것이고 그러기 때문에 고발의 정신이 필요하고 저항의 자세를 가다듬어야 한다고 주장한다. 그러나 문학에 있어서 특히 대중적인 성격을 띤 소설에 있어서의 고발은 높은 예슬적 차원을 지니고 있어야지 그것이 감정의 즉각적인 발산인 일종의 발악이 되어서는 안 된다고 본다. 그래서 당시에 예술의 자유문제로 말썽이 났던 소설「분지」를 발악의 차원으로 비판하고 있다. 그리고 온건한 수법을 택하면서도 앞날의 산문문학을 우려하는 두 작가의 모습을 안수길, 선우휘의 세계에서 찾아보고 있다. 안수길의「북간도」는 일반소설이 지향하고 있는 주인공을 중심으로 한 인물성격형성이 제대로 되고 있지 못하다고 본다. 이 작품은 주인공을 크게 내세우지 않고 시대를 그려나가고 있으며 거기에 나타나는 인물들은 천태만상이다라는 것이다. 또 그려나가는 수법은 속도가 빠른 리얼리즘으로 평가한다. 그리고 선우휘의 장, 단편에서는 소설의 줄기인 재미를 잃지 않고 써내려가는 재치와 사회와 현실에 뻗치는 관심은 역시 재래적인 주인공을 내세우는 소설들과는 성격을 달리하고 있다고 본다. 이런 소설을 신동한은 주인공 없는 소설로 집단적 리얼리즘으로 칭하고 있다. 그래서 정태용은 앞으로 집단적 리얼리즘의 소설을 주목해봐야 한다는 입장을 내보이고 있다.

특집의 마지막 원고는 김태홍의 「시에 접근한 소설의 두 가지 전형」이다. 김태홍은 세계소설의 커다란 두 흐름이 있는데 하나는 역사에 접근하는 것이고, 또 다른 하나는 시와 수필에 접근하는 경향의 특징이 나타나고 있다고 보고 이를 살펴보고 있다. 그의 중심주제는 소설에 있어서의 시적인 면과 수필적인 측면이다. 그런데 김태홍은 이 소설에 있어서의 시적인 면과— 수필적인 면은 두 가지 양상이 있다고 본다. 그 하나가 프르스트적인 소위 무의지적인 상기에 의한 순수상태 속에서 구하는 현실이며, 또 하나가 신변소설 소위 사소설적인 수필적인 수법이라 규정한다. 그리고 이에 속하는 작가들의 작품으로, 오영수의 「수변춘추」, 김동리의 「송추에서」, 이주홍의 「바다의 시」를 들고 있다. 이 중 이주홍의 「바다의 시」는 신변소설이며, 오영수의 「수변춘추」는 수필로 기울어져 가는 대표적인 작품으로 평가한다. 그리고 김동리의 「송추에서」는 사소설적인 작품으로 규정한다. 그런데 김태홍의 글은 이들 작품을 두고 좀 더 깊이있게 왜 시와 수필적인 면이 이 소설들에 내재해 있는지를 객관적으로 분석해 내지는 못하고 있다. 그 대신 프르스트의 문학론을 중심으로 문학적 현실을 펼치고 있다. 문제의식은 참신했지만, 당대 작품들의 분석을 통해 이를 제대로 실현시키지는 못하고 있다.

이제 창간호에 실린 평론을 살펴보자. 평론은 백철의 「현대문학을 위한 서론」, 이원수의 「아동문학의 문제점」, 이호우의 「시조단의 제초 작업」 등 세 편이다. 백철은 「현대문학을 위한 서론」에서 우선 현대문학이란 개념을 규정하고 있다. 그가 파악하는 현대문학이란 19세기를 대상한 근대의 문학은 외부와 물질을 리얼리티로 생각한 대신에 현대의 문학은 인간의 내면세계 정신세계를 더 본질적인 리얼리티로 보는 문학이라고 규정한다. 그리고 그 내면세계의 의미를 도스토엡스키가 즐겨 쓴 지하실이란 단어를 통해 현대문학의 내면세계란 인간의 일상심리를 지하층으로 하고 그 이하의 지하실의 심리세계를 말하고 있다. 그리고 이는 무의식의 세계 잠재의식이라고 불린다고 말한다. 이에 대표적인 작품으로 프루스트의 「잃어버린 시간을 찾아서」를 들고 있다. 또 다른 하나의 잠재의식으로 프로이드가 말한 억압된 성의식을 들고 있다. 이에 해당하는 작가로 D.H 로렌스를 들고 있다. 그는 성의 작가가 아니라 잠재의식의 작가라는 것이다. 또 다른 하나의 특징은 2차 대전 이후 프랑스 작가들이 주동이 된 인간의 내부의식이 행동의 문학으로 바뀌는 경향도 무시할 수 없다고 본다.

이어서 백철은 현대문학의 난해성에 대한 문제를 제시하고 있다. 그 이유로는 현대문학이 순개인적인 체험의 영역이라는 점, 둘째는 체험이 복잡성을 지니고 있다는 점, 셋째 언어의 수준이 높아져가고 있다는 점 등의 원인으로 해명하고 있다. 특히 현대시는 정서만 가지고 시가 될 수 없고, 지적이고 사고하는 시로 이미지의 세계이기에 난해졌다고 분석한다. 그리고 현대문학의 특징은 의식의 흐름이라는 수법을 쓰고 있다는 점을 강조한다. 그래서 현대문학 작품을 비평하는 방법도 감상평이나 인상평으로는 제대로 작품을 분석할 수 없기에 뉴크리티시즘이란 새로운 분석적 비평방법이 활용되고 있다고 해명한다. 지금 상황에서는 전혀 새로운 것이 없는 개략적인 현대문학의 전반적인 특성을 개관하고 있다.

이원수는 「아동문학의 문제점」에서 두 가지 문제를 지적하고 있다. 첫째는 아동문학의 사상성에 대해서 논하고 있다. 일반적으로 아동문학에는 사상성이 필요없다는 생각을 갖고 있는데, 이는 잘못된 것임을 힘주어 강조하고 있다. 무사상적인 작품이 일면 순수한 동심의 작품이거나 미담적인 즐거운 작품이라고 생각하는 것이 아동문학의 정상적인 상태라고 생각하는 데, 이는 위험한 함정이라고 지적하고 있다. 아동이 처해 있는 시간적 공간적 지점은 당연히 사회 즉 부모와 이웃과 더 나아가서는 국가요 세계와의 연관하에서 성장발전해 나가는 인간이기에 일부 아동문학가들이 생각하듯 사회와 단절된 어떤 낙원에 있는 귀여운 천사일 수는 없다는 것이다. 귀여운 천사로 생각하고 즐거운 이야기로 그들을 즐겁게만 해주자는 생각은 世情 모르고 자랄 수 있는 극히 일부 아동에게는 좋을지 모르나 우리나라 전아동에게는 맞지 않으며 오히려 해독을 끼치는 것이라고 비판한다. 그리고 이러한 무사상적인 작품은 무사상적인 것 같이 보이면서 이면에 극히 봉건적이요, 비인간적인 사상을 내포하고 있다고 본다.

두 번째로 이원수는 아동문학에서의 문제로 서술에서의 성의를 요구하고 있다. 동화나 소년소설에서 항상 문제가 되는 것이 너무나 스토리 본위요, 정경묘사나 심리묘사에 소홀하다는 것이다. 소년소설이 성인소설처럼 묘사- 특히 심리묘사에 치밀할 것은 없다고 하더라도 소설이 가지는 효능을 발휘하기 위해서는 아동에게도 인상을 뚜렷이 할 묘사가 있어야 한다는 것이다. 현대문학에 있어서 소설 – 특히 단편소설에는 형용사의 과잉이 느껴지나 아동문학에서는 이와는 정반대로 형용사가 너무 없어서 탈이라는 것이다. 그 구체적인 예시로 손동인의 성인소설 「인간경품」과 오영민의 소년소설 「마음을 찍은 사진」의 서두를 비교검토하고 있다. 그 결과로 오영민의 소년소설은 성의있는 묘사가 부족하고 줄거리 위주로 서술되고 있다고 평가한다. 결국 한국의 아동문학은 사상성과 세밀한 묘사력을 확보할 수 있어야 함을 요청하고 있는 것이다.

이호우의 「시조단의 제초작업」은 자기 동생이자 시조시인인 이영도 시인에게 보낸 편지를 잡지에 실은 것이다. 편지글이긴 하지만 그 내용은 한국 시조단을 향한 쓴소리가 강렬하게 전달되어 오는 글이다. 이호우는 당시 시조단의 문제를 몇 가지로 나누어 진솔하고 거침없이 비판하고 있다.

그 첫째는 시조단의 시조부흥운동이 잘못되고 있음을 질책하고 있다. 지금까지의 시조부흥운동은 꽃모종보다는 잡초를 더 많이 길러왔다고 비판한다. 그 비판의 화살은 <잡초라도 많이만 기르다보면 그 속에서 꽃모종도 생겨날 것>이라는 이테극 교수에게로 향하고 있다. 꽃이란 힘써 제초를 해주어도 기르기가 힘겨운 일이거늘 하물며 숭상된 잡초들의 무성한 그늘 속에서 어떻게 소기의 성장을 바랄 수 있을 것인가,라고 질문한다. 다행이 몇 포기 양화들이 잡초 속에서도 이겨서 자라보려고 무진 애를 쓰고 있기도 하지만 그것이 너무나 무성한 잡초의 등살에 마음껏 개화되기도 잦아져 버릴지도 모를 판국이니 한스러운 일이라는 것이다. 이 나라 시조가 참으로 앞으로 나아가려면 먼저 제초작업부터 감행해야만 될터인데 지금까지 잡초가 꽃으로 오인되어 왔고 또 그 잡초가 성장에 안이했던 까닭에 신진들이 이미 벌써 많이들 잡초화의 內因을 바탕지어버린 징조가 없지 않다고 비판하고 있다.

둘째는 파격을 장기나처럼 착각하고 있고, 파격을 해야만 현대화되는 것처럼 생각하는 폐단을 비판하고 있다. 어휘나 표현의 기초는 쌓으려고 하지 않고 아무렇게나 파격부터 하고 덤비는 것은 문제라는 것이다. 파격은 해볼수록 어려운 것이며 여간한 자신감 위에서가 아니면 감히 생각할 수 없는 것인데, 기초수련도 없는 파격이 유행하고 있다는 것이다. 파격은 어쩔 수 없는 피치 못하는 경우나 또는 파격 그 자체가 가일층의 묘를 조성할 때 비로소 행해질 것이지 기지도 못하는 풍신에 날기부텀 해보려는 군상들의 무지와 나태를 엄폐하는 속임수가 될 수는 없다고 단호한 비판을 한다.

셋째는 양장시조에 대한 비판이다. 시조는 3장으로 된 정형시형이지 양장으로 된 것을 본 일도 들은 일도 없다는 단호한 입장을 내보인다. 1행으로 쓰든지 2행으로 쓰든지 쓰고 싶으면 마음대로 쓸 수 있는 12행의 자유시를 쓸 일이지 구차히 양장시조 시조란 명칭을 붙일 이유가 어디에 있는지를 묻고 있다. 시조는 엄연히 우리 고유의 정형시이기 때문에 그 시조의 본형을 이탈했을 땐 벌써 시조가 아니라는 것이다. 또한 시조의 현대시화라는 말도 많이 들리는데 시조의 현대화는 당연히 논의 됨직한 일이겠으나 현대시화란 말은 도대체 무엇을 말함인지 모를 노릇이라고 질책하고 있다. 시조는 자유시와는 그 유형을 달리하는 하나의 시형이라는 것이다. 그러므로 시조는 시조로서 생명할 것이며 또한 그로서 족한 것이라고 강조한다.

　　마지막으로 일부 자유시인들이 범하고 있는 신어들을 마구잡이로 만들어 내고 있는 조어에 대한 비판이다. 조어란 連脈의 근거 위에 객관적인 首肯性이 내포되어 있어야만 이루어지는 것인데, 조어가 어떻게 될 수 있는지도 모르고 사용하고 있다는 것이다. 이들을 소위 유행어휘환자들이라고 명명한다. 적절은커녕 오히려 격조의 저하를 가져오는데도 휴행되는 어휘이니까 나도 그것을 揷用해야 하고 그래야만 현대화한 시조작가가 된다고 생각한다는 점을 꼬집고 있다. 편지글 형식이긴 하지만 당시 한국 시조단을 향한 문제제기로 평가된다.

3. 여전한 열정과 잡지의 토대 마련기

　《문학시대》 2호는 1966년 6월 1일에 발행되었다. 창간호 이후에 시간이 제법 걸렸다. 그 이유를 인쇄소 사정으로 늦었다고 밝히고 있다. 제2호의 전체적인 구성은 창간호의 체제를 그대로 유지하고 있는 모양새이다. 소설에는 주요섭의 「따뜻한 물」, 김송의 「債鬼」, 삼어셋트 · 모음의 「붉은 수염의 거지」(김종출역)이, 시에서는 조병화의 「송도! 나의 집」, 고원의 「모나리자의 손」, 정잔업의 「곤충과 능금」, 서정봉의 「자야고」, 김규태의 「무희에의 충고」, 박경용의 「단조 2제」, 한찬식의 「어떤 풀물지」, 왕수영의 「嗚咽」, 호영송의 「Village of silent」 등이 소개되고 있다.

몇 가지 특징은 제2호에는 특집으로 <한국의 시는 어디로 가고 있는가>라는 창간호 소설 특집에 이어 시에 대한 특집을 마련하고 있다는 점이다. 그리고 <한국 문학의 반성>이란 주제로 좌담회를 가지고 이를 지상으로 소개하고 있다. 이 좌담회에는 3월 5일 백만석이란 장소에서 이루어졌으며, 참석자는 박목월, 조병화, 주요섭, 이호철, 한노단이며 사회는 이주홍이 주재를 했다. 또 하나 주목할 만한 것은 한노단의 희곡 「香娘花」 200매가 전재되고 있다. 처음으로 시에서 금숙희 씨의 추천 작품을 싣고 있다. 또한 연재 소설 강은파의 「나는 아무도 사랑하지 않았다」가 계속 연재되고 있다. 2호에서 관심을 두고 살펴보아야 할 부분은 역시 특집과 문학 좌담이다.

특집은 장백일의 「방향없는 한국시」, 김광림의 「한국 시의 새로운 가능성」, 이유식의 「과도기에 접한 오늘의 시」, 박철석의 「발굴되어야 할 언어광맥」, 김현의 「시인론」으로 구성되어 있다. 장백일은 「방향없는 한국시」에서 당시 3백여 명의 시인들의 목소리는 쉬지 않고 흘러나오고 있고, 산아제한없는 시인의 양산은 문제가 되고 있지만, 그 문제의 핵심 중의 두 가지를 제기하고 있다. 그 하나는 <한국적 서정시운동에 대한 비판>이다. 여기서 말하는 한국적 서정시는 순수시 즉 동양적 서정시를 말한다. 그 대표적 주자인 서정주 시의 문제를 강하게 비판하고 있다. 서정주의 시 「꽃」을 예시하면서 그의 역사의식 현실의식은 현재와 과거와 미래를 직선적 연속적인 것으로 보고 있다고 비판한다. 현재야말로 과거와 미래를 대립된 양극으로서 그 속에 지니고 있는 영원한 절대적인 것인데, 서정주는 이 점에서 오류를 범하고 있다는 것이다. 현재를 과거나 미래와 동등한 격으로 보고, 또 직선적 연속적인 것으로 보고 있기 있기 때문에 천 년 전의 신라를 오늘이라는 이 시대로 착각하고 있다고 본다. 천 년 전의 신라시대 언어가 오늘의 언어라고 착각하고 있는 서정주의 사고방식이야말로 참으로 편리한 초현대적(?) 사고방식이 아닐까라고 질문한다. 신라에서 차용해온 이른바 순수시의 세계 그것은 언어뿐이지 실체가 없는 하나의 환상의 세계에 불과하다 할 뿐이라는 것이다. 신라에서 차용해온 한국적(동양적) 서정, 그것은 너무나도 낡고 녹쓸었다고 비판한다.

다른 하나의 문제는 <서구적 실험시에 대한 비판>이다. 조향의 「바다의 층계」를 예시하면서 이 시는 서구시의 모방에서 이루어진 것으로 규정한다. 조향은 이 시를 전혀 현실적인 논리나 연관성이 없는 두 개의 이미지를 결합시켜놓는 슈르 리얼리즘에서 있어서 더빼이즈망이라고 주장하고 있지만, 장백일이 보기에는 이는 너무 많은 이질적인 요소를 지니고 있다고 본다. 이미지의 무책임한 나열이라고 판단한다. 이미지의 결합이란 무책임한 나열만 가지고 이루어지지 않는다는 것이다. 남의 것을 자기 나름대로 본래의 의미와는 달리 받아들이는 것이 이 땅의 시가 나아가야 할 방향은 아니라고 힘주어 강조한다. 외래사조의 섭취도 필요하지만 비판적으로 받아들여야 함을 강조하고 있다. 그래서 장백일이 제시하는 한국시의 방향은 한국적인 바탕에 세계사상을 주지적으로 담은 시, 즉 일례를 든다면 주지적 서정시가 되어야 하지 않을까 라고 제안하고 있다.

김광림은 「한국 시의 새로운 가능」에서 우선 당대 시의 큰 흐름을 심정으로 쓰는 시와 머리로 쓰는 시로 양분하고 이들 시의 문제를 논하고 있다. 심정으로 쓰는 시의 전형으로 서정주와 박목월을 지목한다. 서정주의 「연꽃 만나러 가는 바람같이」와 박목월의 「심야의 커피」를 두고, 서정주가 심정을 자연발생적으로 유로하고 있는데 비해 박목월은 그것을 의식적으로 억제했다가 자연스럽게 처리하고 있다고 본다. 서정주 시인은 영매로서 시를 낳지만 박목월은 감동으로 시를 읊어나간다는 것이다. 그리고 두 시인 다 생의 근원적인 서글픔이나 외로움 같은 것을 다루고 있지만 서정주는 신라쯤에 가서 영매하여 시를 주문하고 박목월은 신변의 생활적인 것을 비비드한 감정으로 텃취하고 있다고 본다. 그러므로 같은 심정의 시인이면서도 한 사람은 전근대적으로 보이고 한 사람은 근대적인 데가 있어 보인다고 평가한다.

이들 심정의 시와는 대조적인 입장에 서 있는 시인으로 박남수와 김춘수 시인을 거명하고 있다. 두 시인은 존재성에 근원을 두고 있지만, 박남수는 보다 이미지의 조형에 김춘수는 이미지의 실험에 보다 부심한다고 본다. 김춘수 시인은 현실과의 접촉을 소홀하지 않고 추상화의 경향으로 흐르면서도 시의 미학을 새로운 각도에서 시도하는 입장의 시인으로 평가한다. 이런 김춘수 시인과 같은 조심스런 변모를 좀 더 노골화하고 적극화한 시인이 김수영이라고 본다. 그래서 김춘수의「동국」과 김수영의「말」을 두고 분석하고 있다. 분석의 결과는 전자가 이미지의 복합과 言語感覽의 재평가를 시도하고 있는데 비해 후자의 시는 이미지의 단순화와 說喩調의 웅변을 취하고 있다고 해석한다. 그리고 전자가 언어의 통제로서 함축성 있는 이미지를 추출하고 있는데 비해 후자는 饒舌的인 인생론을 펴고 있다고 평가한다. 즉 김수영은 파괴적이고 직접적인 다혈질의 시인이라고 본다. 이러한 평가를 토대로 서정주나 박목월의 심정의 시나 박남수, 김춘수의 머리의 시 김수영의 파괴적인 심정의 시가 한국시의 지배적인 요소로 있게 될 것으로 전망하고 있다.

이유식은「과도기에 접한 오늘의 시」에서 한국시는 지금 방향감각을 잃고 있다고 진단하고 있다. 지금의 한국시는 어떤 주류를 형성할만한 공통적인 방향감각이 없다는 것이다. 각자 자기 나름대로의 시학을 발견하고 자기류의 노래를 부르고 있다고 본다. 특히 이러한 현상은 동인지 운동에서 나타나고 있다고 판단하고 있다. 동인지가 내보이고 있는 모습은 작품 유대가 아니라 인간적 유대로만 얽히어 작품 발표의 공간으로만 여기고 있다는 평가이다. 이러한 동인지 운동의 방향감각 상실증이 오늘 한국시 전체에 확대시켜 적용할 수 있다는 점이라고 지적하고 현 시단의 몇 가지 양상에 대해 논하고 있다.

그 첫째가 전후 시인군의 한 부류이다. 이 그룹의 시인으로는 동양적 민족적 고유정서에 뿌리를 둔 서정파의 시인군으로, 이동주, 이형기, 구자운, 박재삼, 김관식, 이성교, 최계락, 고은 등을 들고 있다. 이들은 소월이나 서정주, 박목월류의 세계와 악수를 하고 있으며, 이 시인들의 시학과 궤를 거의 같이 하고 있다고 평가한다. 자연을 접하는 시작의 태도나 복잡한 현실보다는 회고취향 등을 주목한다는 것이다. 이들은 무엇보다 동양적, 좁혀서 한국전래의 관조의 시학을 몸에 지니고 있으며, 이 관조의 눈을 통해 인생의 애수라든가, 비감, 정이나 한의 세계를 율조화시키고 있다고 규정한다. 이들은 좋게 말해서 전통을 계승하고 있다고 할 수 있으나 세 세대의 시인들에게서 느껴질 수 있는 혁명적인 몸부림이 없었다고 평가한다. 그러나 우수한 몇몇 시인들은 기성의 그들에게만 안주하지 않고 그것을 바탕삼아 새로운 서정의 재편성을 통해 새로운 시의 가락을 뽑고 있기도 하다고 긍정적인 평가도 하고 있다.

다음 제2의 그룹으로 주지적 서정시파를 들고 있다. 앞선 서정시파가 安價한 서정의 세계에 빠질 수 있었던 시의 약점을 인식하고 거기에다 지성을 도입하여 그야말로 주지적 서정시를 쓰고 있는 그룹에 주목하고 있다. 이 그룹에 속하는 시인으로 김광림, 민재식, 박성룡, 김종삼을 들고 있다. 그리고 제3 그룹으로 내면의 시를 쓰는 시인들을 논하고 있다. 오브제의 내면응시 의식의 심층에서 잠재의식의 표출 등 그 방법론은 각양각색인데 이 그룹에 속하는 시인으로는 전봉건, 김구용, 조향, 신동집, 김춘수, 문덕수, 성찬경, 송춘복, 박희진, 조순 등을 예거하고 있다. 제4 그룹으로는 현실파 시인을 들고 있다. 여기에는 김수영, 신동문, 송욱, 전영경, 유정, 정공채, 유경환, 이상화, 신동엽, 김규태 등을 예거한다. 이들은 현실을 직접 고발하거나 아니면 풍자나 아이러니의 방법을 도용하여 현실비판에 시의 초점을 맞추고 있다고 본다.

이렇게 네 가지 제 양상들을 논의한 후에 이유식은 당시로서는 제3그룹과 제4 그룹의 시파가 보다 강력하고 활발한 세력이라고 판단한다. 그러나 지금의 입장으로서는 이 두 시의 경향이 너무나 많은 핸디캡을 지니고 있다고 본다. 제3그룹인 내면탐구의 시는 내면에 치중한 나머지 외면(사회나 현실)을 등진 내면 해부에만 끝날 위험성을 지니고 있고, 제4그룹인 현실파는 시의 행동성을 살릴 수는 있지만 예술성을 잃기 쉽다는 한계를 지니고 있다고 비판한다. 그래서 이유식이 내린 결론은 오늘의 한국 시단은 몇 가지 경향은 있으나 뚜렷한 지표를 찾지 못한 채 서로 혼류하고 있을 뿐이라고 규정한다. 그리고 이를 과도기적 현상으로 파악하고 있다.

박철석은 「발굴되어야 할 언어광맥」에서 현대 한국시의 모습을 <전통에 대하여>, <현대시의 효용> 등 여러 가지 형태로 논의하고 있지만 핵심적인 내용은 시에 있어서 언어의 문제를 다루고 있다. 한국 현대시가 가야 할 길에는 다른 어떤 문제보다도 스스로의 경험을 적절하게 조직시키는 기술적인 문제가 과제인데. 그 핵심은 언어라는 것이다. 한국어의 산맥을 향해서 새로운 광맥을 발견해야 한다는 것이다. 운이 없다느니 언어의 다양성이 없다느니 하는 것은 어쩔 수 없는 고민이지만 그렇다고 제자리걸음만 할 수 없다고 강조한다. 시인은 언어의 채집자요

연금사라느니 하는 말이 새삼 필요하지 않다고 강조한다. 한국의 언어산맥에서 캐낸 무수한 채광을 제련하는 기술이 한국시의 앞날을 위해서는 절대적으로 필요하다는 것을 더욱 강조하고 있다.

　김현은 「시인론」에서 황동규, 박이도, 최하림, 정현종의 시를 논하고 있다. 김현이 황동규의 여러 시편을 분석 해명한 결과는 "「비가」가 나에게 항상 되떠오르는 것은 비가가 한국재래의 가요와 톤과 감각이 거의 비슷하단 바로 그 점에서이다. 특히 두시언해의 음조와 매우 흡사한 그의 어법은 한국시의 틀에 관해 매우 희망적인 면을 보여주고 있다"라고 평가한다. 그리고 정신적인 면에서도 청산별곡의 그 허무감과 상당한 근사점을 보여주고 있다고 본다. 이는 아마도 <결핍에서 부재로>라는 명제로 요약될 수 있을 것인데, 시대적인 상황을 잘 비교하면 매우 중요한 결론이 나올 수도 있을 것으로 평가한다.

　박이도의 세계는 황동규에 짙은 허무의 세계에 비해서 원초적인 생명력의 찬가를 내보여주고 있다고 평가한다. 「초부와 비둘기」, 「스파르타의 숲」, 「황제와 나」, 「독립문」 등의 시제 자체가 보여주듯이 박이도의 시는 어려운 내면추구의 시가 아니라는 것이다. 장시보다는 단시를 즐겨 쓰며 추상적인 난해성을 피하기 위하여 <하나의 스토리적인 포엠>을 쓰려한다고 본다. 그리고 이것이 박이도 시인이 제기한 한국시의 가능성이라고 평한다. 또한 「눈물의 의무」, 「육안」 등의 작품에 나타나는 생을 사랑하라는 원초적이고도 기본적인 위대한 생각은 긍정적인 몸짓으로 시를 높은 경지에 끌어올린 경우로 주목의 대상이 된다고 평가한다.

다음 최하림의 세계는 그의 『만남의 행진여 만남의 행진여』라는 시집 속에 요약되어 있는데, 그의 가장 큰 특질은 가난함에 있다고 지적한다. 그의 시 전편에 기아와 빈곤이 쏟아져 내리고 있기 때문이다. 그런데 그의 가난과 빈곤이 형이상학적인 면으로 이끌려 있다는 점을 특기하고 있다. 즉 기아, 기근 등 아주 평면적인 상황에서 보다 높은 존재자 일반의 정신적인 상황을 보여준다는 데에 최하림 시가 갖는 의미가 있다고 본다. 마지막으로 정현종 시인의 시는 앞선 세 시인과는 외면상으로는 다른 것처럼 보인다고 본다. 앞선 시인들은 구문론적인 문제가 야기될 필요가 없게끔 주어, 동사, 목적어의 단순한 구조로 되어 있으나 정현종의 시는 심한 르제(rejet)가 곳곳마다 행해져 있어 마치 미숙한 번역투처럼 서구어의 냄새가 강하게 풍기고 있다는 것이다. 김현은 정현종의 「여름과 겨울의 노래」, 「화음」 등의 작품 분석을 통해 그의 시가 지닌 모호성, 이국정조의 병치를 통해 훌륭한 관념시를 보여주고 있다고 본다. 또한 교묘한 대화법을 통해 이미지를 이끌고 있다고 평가한다. 그래서 황동규의 허무의 심연을 바라보는 물끼있는 눈초리와 박이도의 원초적인 긍정의 세계, 최하림의 가난에 대한 이중의 이해, 정현종의 찬란한 관념이 갖는 행복감 등은 앞으로 한국시의 새로운 지평을 열어 보여줄 수 있을 것으로 기대하고 있다.

<한국 문학의 반성>이란 주제로 한 좌담회는 이주홍의 사회로 박목월, 조병화, 주요섭, 이호철, 한노단이 참석해서 난해시, 소설이 나아갈 길, 그리고 희곡의 어제 오늘에 대한 논의가 전개되었다. 난해시 문제는

여러 가지 입장에서 비판이 제기되었다. 소통이 안 되는 시의 문제, 그 원인으로 서구시의 영향, 복잡해진 현실세계, 기본이 안 된 신인들의 언어 감각 등이 논의되었다. 결론은 이 난해시가 한국시단의 발전에 이바지할 수 있기를 기대하고 있다. 다음 소설의 갈 길에서는 요즘 소설이 재미가 없다는 점, 모랄을 제시하지 못하고 있다는 점, 폭로 소설 유행의 문제, 우리 사회에 대한 깊은 안목의 필요, 작가의 성실성과 모랄 등이 논의되고 있다. <희곡의 어제 오늘>에서는 희곡부재 시대, 희곡과 연극의 관계성, 연극관객 동원의 문제, 한국적 연극 등이 한노단을 중심으로 펼쳐지고 있다.

4. 합본호를 내어야 하는 상황으로

《문학시대》3호는 1966년 7월 10일 발행했는데, 7.8월호 합본호로 발행되었다. 전체 구성은 앞선 두 호에서 크게 변하지 않고 그 체제를 유지하고 있다. 시와 소설 중심으로 편집되어 있는데, 소설에 박용숙의 「타인의 마을」 중편이 전재되어 있고, 이호철의 「표면이면」, 전병순의 「파장금 서정」, 왕수영의 「노을이 타는데」 등의 소설이, 시에는 신석정, 신동집, 이영도, 조순, 성춘복의 시가 함께 자리하고 있다. 학생들의 소설(경북고교 이상무의 「저 하늘에 깃발을」)이 릴레이로 연재되고 있고, 특별기고로 박종화의 「학생시절과 문학」을 통해 당시 젊은 문학도를 위한 글을 게재하고 있다. 그리고 유치환의 시작교실과 정비석의 소설교실이 지상으로 소개되고 있다. 평론으로는 백철의 「시련적인 것과 한국문학」, 김수영이

번역한 앙드레 지드의 「젊은 작가에게 보내는 글」, 권선권의 「작가의 자세와 그 환경」이 잡지의 무게 중심을 잡고 있다.

먼저 3호의 성격을 알기 위해 박종화의 특별기고부터 살펴보자. 그는 20대에 쓴 「탱자」라는 시를 통해 자신이 문학의 길에 들어서게 되었음을 고백하고 있다. 그리고 소년 시절에 나중에는 문인이 된 좋은 친구들이 많이 있었음을 소개하고 있다. 그 친구들은 노작, 홍사용, 묵소, 정백, 도향, 나빈, 회월 등의 문명을 지닌 후에 작가가 된 자들이다. 이들은 모두 초창기에는 고대소설이나 신소설 그리고 최남선이나 이광수의 글들을 읽고 자랐지만, 이들을 넘어서서 서구문학에 접하면서 이를 극복하고 문학에 심취하게 된 이력을 소개하고 있다. 그 때의 문학에 대한 심취가 어느 정도였는지를 그의 시 「그대의 세계」를 통해 내보여주고 있다. 문학을 통해 신선한 연애를 발견하게 되었음을 밝히고 있다. 그래서 당시 이광수의 연애지상주의 소설이 현실에 미친 악영향들을 비판하고 있다.

평론에서 백철은 「시련적인 것과 한국문학」에서 한국문학에서 욥적인 인간상을 내보이는 작품들이 무엇인가를 추적하고 있다. 욥적인 인간상이란 구약에 나오는 특수한 이야기에 그치는 것이 아니라 보편성을 띤 것이라고 한다면, 서구의 문학에서만 나타난 것이 아니라 우리 문학 작품에서도 산재해 있을 것이라는 생각 때문이다. 우리의 역사가 수난의 역사였기에 이 과정 속에서 인고의 상들이 많이 존재한다는 것이다. 그 구체적인 인간상의 하나로 한국의 농민의 인간상을 들고 있다. 그리고 그 농민상을 보여주는 작품으로 남궁벽의 시 「馬」를 들고 있다.

말님/나는 당신이 웃는 것을 본 일이 없습니다./언제든지 숙명을 체념한 것 같은 얼굴로 간혹 웃는 일이 있으나/그것은 좀처럼 하여서는 없는 일이외다/대개는 침묵하고 있습니다/그리고 온순하게 물건을 운반도 하고 사람을 태워가기도 합니다//말님/당신의 운명은 다만 그것 뿐입니까/그러하다는 것은 너무나 섭섭한 일이외다/나는 사람의 힘으로는 어찌 할 수 없는 사람의 악을 볼 때/항상 내세의 심판이 꼭 필요하다가 생각합니다/그와 같이/당신의 운명을 생각할 때, 항상 당신도 사람이 될 때가 있고/사람도 당신이 될 때가 있지 않으면 아니 되겠다고 생각합니다

현재의 고난을 참고 일을 하고 있으면 후일의 보과를 기다릴 수 있다는 인생관, 이것이 과거의 선조 모습이기도 하고 현재의 한국인상이기도 하다고 본다. 문학의 전통 속에서는 「콩쥐팥쥐」, 「장화홍련전」, 「심청전」, 「춘향전」 등의 작품에서 이런 모습을 발견할 수 있다는 것이다. 그리고 1920년대 서정시에 나타나는 기다림의 정서를 나타내는 이육사의 「광야」와 주요한의 「아름다운 새벽」에 나타나는 「기다림」을 앞선 인간상을 드러내는 시편으로 보고 있다. 그리고 한국문학에 나타나는 기독교적 모랄을 드러내는 이광수의 「사랑」에 나타나는 주인공을 같은 선상에서 바라보고 있다. 마지막으로 전란 속의 인간상을 보인 임옥인의 「월남전후」와 김은국의 「순교자」에 나타나는 주인공들을 예거하고 있다. 결

국 백철의 목적은 김은국의 「순교자」에 나타난 신 목사가 현대판 한국의 욥과 같은 주인공이라고 평가하고 싶었던 것으로 보인다.

김수영이 번역한 앙드레 지드의 「젊은 작가에게 보내는 글」은 《런던 매가진》지에 게재된 앙드레 지드의 Advice to a Young Writer를 번역한 것으로 그 내용 중 중요한 몇 구절을 옮기면 다음과 같다.

여러분은 공격에 대해서 답변을 해야 할 것인지? 그에 대해서 나는 여러분에게 결코 그런 유혹에 져서는 안 된다고 충고하고 싶습니다. 만약에 공격이 부당한 경우에는 독자로 하여금 스스로 그것을 발견하도록 하지 않으면 아니 됩니다. 그런 때에는 시세로나 캠브론이 비상시에 한 말을 조용히 되씹어 보십시오. 만약에 그런 공격이 지극히 정당성을 띠운 것이고, 따라서 여러분의 적이 여러분의 투구의 버려진 틈을 발견하고 있는 경우에는, 여러분의 답변은 다만 여러분의 상처를 더 악화시키고, 다른 사람들에게 여러분의 약점을 들추어 내보이는 것 밖에는 되지 않습니다. 아베·브레몽이 사우데에게 응수하려고 햇을 때, 그는 상대방이 옳지 않다는 것보다도 오히려 자기가 초조하고 거만하고 보잘것없는 인간이라는 것을 보여주었던 것입니다. 공격은 여러분이 그것을 사람과 같이 취급한다면, 여러분에게 새로운 힘을 불어넣어 주게 되는 것이지만, 칭찬은 기운을 빼앗고는, 다만 고생을 덜 하라고 여러분을 격려해 주는 것 밖에는 되지 않는다는 것을 알아야 합니다. 여러분의 작품으로 하여금 스스로 변호하게 하십시오! 여러분의 마음에 초점을 다른 곳에 두십시오! 여러분의 저자가 공격 이전에 항복을 한다면 그대에는 그것을 구출할 수 있는 여하한 일도 여러분은 할 수 없습니다. 여러분은 그다지 허약하지 않은 다른 일을 다시 곧 시작하는 것이 가장 현명합니다.

언어의 힘이란 그것이 올바르게 담겨져 있을 때에는 곧장 독자의 심금을 울리게 됩니다. 그러나 만약에 여러분이 그것을 지상의 도처에 쏟아 놓게 되면 그것은 아무런 효과도 거두지 못하게 됩니다.

사람들을 놀라게 하거나 적대시를 당하는 것을 두려워하지 마십시오. 그러나 결코 놀라게 하거나 적대시를 당하려고 <꾀하지는> 마십시오. 참다운 예술가는 항상 놀라게 하고 항상 당황하게 한다고 여러분은 말할 것입니다. - 사실 그렇습니다. 그렇지만 자기도 모르게 그렇게 되는 것입니다. 예술작품에 있어서는 <뜻하지 않은> 기묘성만이 정당한 것입니다.

대부분의 위대한 서책들은 처음에는 추문거리가 되는 것이 사실입니다. 그러나 사람들을 노하게 하는 것은 그것들의 새로움이 아니었습니다. 그것들이 새로운 것을 齊來했기 때문이 아니라, 낡은 것을 배척했기 때문에 노여움을 샀던 것입니다.

예술작품의 가장 깊은 특징은 처음에는 눈에 띄지 않고 지나가 버립니다. 완성된 예술작품은 그 자신에 대해서 주의를 환기시키지 않습니다.

권선권은 「작가의 자세와 그 환경」에서 「데카메론」과 「혈의 누」를 두고 비교 검토하고 있다. 세계문학사상 근대적 소설의 제1작인 「데카메론」의 작가 보카치오는 그 지독한 독설로서 당대의 최고 권력자인 교회와 성직자를 여지없이 희롱하고 비판하고 공격하였는데, 그의 이러한 용기는 내면적으로는 남다른 불행한 출생과 코스모폴리탄적 생애에 유래하고 역사적으로는 끊임없이 계속된 어둡고 부자유스러운 중세에의 혐오와 때마침 발흥을 보게 된 인문주의의 세례에 연유되는 것이라고 보고 있다. 이에 비해 한국문학 사상 근대적 소설의 제1작인 「혈의 누」의 작가 이인직은 지나칠 정도로 일제를 찬양하고 그에 아부했다고 본다. 이는 내면적으로 그가 가지고 있던 공명심과 출세욕 그리고 排淸思想 때문으로 보고 있으며, 역사적으로는 한국의 근대적 개혁이 급작히 일제의 억압에 의해 이루어졌고, 그 개혁이 민중의 환영을 못 받았기 때문에 새로운 소설의 작가 이인직은 고독을 느끼지 않을 수 없었을 것이라고 평하고 있다.

그런데 이 두 작품의 비교는 한 편은 권력에 대한 비판이라는 점, 또 다른 한 편은 권력에 대한 아부라는 점 외는 별다른 비교연구의 의미있는 결과를 얻을 수 없다는 점에서 논의 자체의 발상에서부터 비교문학연구의 토대에서 멀어져 있다.

5. 여전히 어려워지는 잡지 발간 상황

《문학시대》 4호는 1966년 9월 10일 발행되었다. 4호 역시 앞선 호와는 그 구성에서 특별하게 바뀐 것은 없다. 시, 소설, 수필 등의 작품이 수록되고, <학교 대항 릴레이> 작품은 계속되고 있으며, 소설교실에는 정비석이, 시작교실은 장호가 맡아서 지상 강좌를 펼치고 있다. 특별 좌담으로 <학원과 문학 교육>이 펼쳐지고 있다. 소설로는 최인욱의 「1969년의 피서」, 승지행의 「이것이 수도 서울이라오」, 정을병의 「크산티페」, 최해군의 「불연속선」이 개재되어 있다. 그리고 시에는 신석정의 「슬프지도 않아」, 김용호의 「誤錄의 별」, 박남수의 「작품」, 박두진의 「패각」, 김현승의 「가을의 서시」, 이설주의 「독립문」, 이경순의 「열풍에 기를 달다」, 유경환의 「대장이의 노래」, 이성교의 「여름집」, 박재능의 「추억」, 이일기의 「바람 속의 비밀」, 김어수의 「산도라지」 등이 실려있다. 평론으로는 김종출의 「우리 현대소설은 어디로 가는가」, 정재완의 「유치환의 시세계」가 자리하고 있다. 이에 좌담과 두 편의 평론을 중심으로 제 4호의 내용을 살펴보고자 한다.

<학원과 문학교육> 좌담은 구자학, 김원연, 박지홍, 박태신, 백순학, 이수봉, 이유식, 최계락, 최해갑, 하석우 등의 학교에 재직하고 있는 현직 교원들과 《문학시대》 관련자인 추성구, 이주홍, 최해군, 박광호 씨가 함께 참여하고 있다. 이 자리에서 논의된 내용은 우선 학교에서의 문학교육의 현실적인 문제점들이다. 학교 문학교육이 제대로 이루어지지 못하고, 입시준비에 단어 풀이 정도에만 정신을 팔고 있는 현상, 학교가 학원화되어 가고 있어 인간 교육이 결여되고 있는 점, 독서를 하고 싶어도 교과서에 정신이 쏠리는 현실, 도덕을 시험과목에 넣는 일의 문제점, 문학 같은 것에 접근할 시간이 없는 현실, 문학 작품을 문학 작품으로 가

르칠 시간이 주어지지 않음, 국어 선생이 문학에 조예가 깊지 않음, 대학 시험에 작문과목을 추가해야 함, 인생과 연결시켜 작품을 지도할 필요성, 독서 지도의 필요성, 학생들이 정신을 순화시킬 기회가 없음, 도서관 이용학생들 대부분이 수험 위주의 책을 활용 문학은 특수학생들 뿐, 작문 시간의 유용한 활용 필요, 학원의 문예활동에 국어교사의 정신적 자세가 더 필요함 등의 다양한 논의가 이루어지고 있다.

평론에서 김종출은 「우리 현대소설은 어디로 가는가」를 통해 우리 소설의 현단계를 진단하고 있다. 그는 우선 신구세대 간의 불신을 비판적으로 바라보면서 기성작가들이 처한 현실을 비판적으로 개관하고 있다. 그 첫째가 기성작가들과 더불어 늙어가는 독자가 없다는 점이며 둘째는 그들의 대부분이 사회의 아우트사이더로부터 시작하여 인사이더로 화했다는 점이다. 우리나라의 순수소설을 읽는 40대 이상의 독자는 특수한 소수의 사람을 제외하고는 거의 없다는 것이다. 그리고 현재의 순문예지 구독자들은 거개가 젊은 층이고 그것도 국문학도나 작가지망의 특수한 경우가 많다는 것이다.

이런 상황 속에서도 《문학》 6월호에 게재된 이주홍의 「승자의 미소」는 의미있는 작품으로 평가하고 있다. 이 작품은 소재가 유니크하고 퍽 잘 쓰여진 소설로 평가한다. 소재가 유니크하다는 것은 스토리의 내용이 시체 염습에 관한 것이고, 소설이 퍽 잘 쓰여졌다는 것은 작가의 작품을 만들어 내는 솜씨가 예사롭지 않다는 것이다. 즉 간간히 나타나는 까마귀의 울음소리로서 상징되는 죽음의 이미지와 그것을 넘어서는 집념하는 인간의 이미지가 잘 부각되어 스토리를 절박하게 만들고 있기 때문이라는 것이다.

다음으로 젊은 작가들의 경우를 살펴보고 있는데, 소재면이나 기교 또는 문체 등 전기한 기성들과는 판이한 일면을 보여주고 있다고 본다. 그러나 이러한 새로운 것이 어떤 것엔 긍정보다는 불신이 앞선다고 고백하고 있다. 소재면에서 두드러지게 눈에 띄는 것이 역시 2차대전 후 유행하여 50년대 중반기 이후 우리나라에 소개된 실존주의 소설로 논하고 있다. 인간실존의 부조리, 개인의 소외의식 등을 나름대로의 이해와 인식을 바탕으로 작품 속에 나타낼 노력을 끊임없이 하고 있지만, 유행은 어디까지나 유행이기에 좀 더 시간을 두고 그 공과를 살펴야 한다고 본다. 그리고 테크니크나 문체에서도 젊은 작가들은 새로운 모습을 내보인다고 본다. 우선 기교면에서 본다면 분명히 <의식의 흐름>의 수법과 같은 것이 보인다는 것이다. 이 수법은 외국에서 30여년 전에 시도되었던 것으로서 30여년을 뒤쳐진 상태에서 새삼 도입되는 이 테크니크가 어느 정도 성공하고 있는가 라는 질문에 아직은 아주 초보적인 단계라고 평가하고 있다. 또한 문체상으로는 현재 우리의 안목으로는 진귀한 것이 시도되고 있는데, 이는 소설 산문으로는 한계를 넘어섰다고 생각되는 산문이 쓰여지고 있다고 비판하고 있다.

정재완은 「유치환의 시세계」에서 청마의 낭만주의적 시정신의 편력을 통해서 시의 내용과 형식면의 문학성을 살펴보고 있다. 그의 평가는 한국시가사상 유일 본격적인 의지와 사유의 시인이라는 점이다. 시가 감정과 언어면만이 아니고 의지와 사유의 시화가 가능하다는 것을 실천으로 보여 우리시의 영토를 확장 심화한 공로를 인정해야 한다는 것이다. 그러나 그의 시에서 예술성면에서는 취약성을 드러내고 있다고 본다. 이는 그가 시인이면서 사색인이었고 사색인이면서 시인이었다는 점에서 찾고 있다. 또한 청마가 사유를 전개시키는 데 있어 느낌을 바탕으로한 동양인의 직관에 의존하여 논리성이 결여, 모순된 점이 허다한 것은 어디까지나 사상가가 아니라 사상의 생활화, 개성화를 期한 시인이었기 때문으로 본다. 그리고 의지의 이원화의 모순이 나타나는 것도 이것 역시 그가 사상시인이 아니라 휴머니스트였다는 점에서 이해해야 한다는 입장이다. 휴머니스트는 항시 생동하는 체험 자체에 보다 관심이 쏠리기 때문에 사상의 객관면과 주관면의 차별 즉 그 체계성은 예민하게 의식하지 못하기 때문이라고 판단한다. 그래서 정재완은 청마문학의 과제를 '예술성의 취약을 극복하면서 책임성과 존귀성의 당위적 생명의지로 인간의 부분(일체의 객관적 현실)에 보다 적극적으로 앙가주망하는 데 있다'고 본다.

6. 다시 합본호를 발간해야 하는 현실

《문학시대》 5호는 1966년 10월 25일 발행되었다. 10, 11월 합본호로 발간되었다. 발간 후기를 보면 <문학시대>가 언제 나오느냐고 묻는 사람이 많다는 것은 발간이 그렇게 쉬운 일이 아니었음을 짐작하게 된다. 전체적 구성은 앞선 호와 큰 차이는 없다. 시, 소설 중심의 작품이 실리고 <청추8인 수필집>으로 수필이 자리하고 있다. 소설에는 이봉구의

「서글프던 시절」, 김성일의 「곡성」, 윤행묵의 「친구의 이야기」, 송원희의 「마음의 동반자」, 김성홍의 「腐溝」 등이, 시에서는 고두동의 「범종」, 김요섭의 「해시계」, 황금찬의 「귀항선」, 김지향의 「전전하는 胃囊」, 구연식의 「감각(A)」, 이유경의 「향수에 찬 퇴근」, 신명석의 「곡예사 탈출자에게」, 김사림의 「밤 열두시<1>」, 장승재의 「무상」 등이 소개되고 있다. 전에 없던 <문학의 세계일주>란이 마련되어 김병규가 불란스 문학의 전반을 소개하고 있다. 여전히 <학교대항 연작 리레> 소설이 소개되고 있고, 장호의 <시작교실>과 정비석의 <소설 교실>이 이어지고 있다.

새롭게 기획된 <萬人臺>라는 가두평론란을 마련하여 누구나 자유롭게 읽은 시, 소설, 평론 등을 대상으로 그 인상과 느낌이나 거슬림에 대한 기탄없는 의견을 방담하는 광장을 마련했다. 여기에는 19명에 달하는 다양한 문인들이 자신이 읽은 작품의 소회를 촌평형식으로 발표하고 있다. 장만영이 「앙리 미쇼 시선」을 읽은 촌평을, 이상노의 이광수 작품 「윤광호」를 읽은 감상, 신동한의 유현종의 작품 「거인」에 대한 촌평, 이원수의 김윤식이 쓴 「순수논의를 위한 하나의 각서」를 읽은 느낌, 이수복의 황순원의 작품 「자연」에 대한 평가, 박홍근의 石坂洋次朗의 「물로 씌어진 이야기」에 대한 비판, 강금종의 「안네의 일기」에 공감, 윤정규의 정을병 작품 「까토리의 자유」에 대한 긍정적인 평가, 권일송의 버질 작 「제2의 찬스」에 대한 호감, 예종숙의 신동집 시인의 시 「신록의 여신」에 대한 참신성, 김태홍의 김현승 시 「패각」에 대한 호평, 박철석의 김종길의 시론 「의미와 음악」에 대한 논의, 장윤우의 박남수 시인의 「작품」에 대한 완숙미, 김영송의 김승옥 작품「서울 1964」에 대한 감상, 최계락의 박경용 작「박경용 씨의 일련의 산문동시」에 대한 새로운 시도, 김종우의 김우종의「향가와 토착어의 이미지」에 대한 촌평, 최해갑의 정을병 작품「크산티페」에 대한 감상, 구연식의 김정한 작품「모래톱 이야기」에 대한 소개, 그리고 학생인 박문욱의 김용성 작품「象眼 밖으로」에 대한 비판적인 감상 등이 펼쳐져 있다. 이는 지상에 열린 비평의 광장을 연상할 수 있는 분위기를 연출하고 있다.

역시 이 호에도 평론을 비중있게 다루고 있다. 김우종의「추녀문학론」, 김상일의「황순원과 까뮈」, 천이두의「소설과 현실의 의미」, 김현의「부재 위에 사물화한 언어」등이 실려있다. 이를 중심으로《문학시대》가 지향했던 문학의 방향성을 찾아보고자 한다.

김우종은「추녀문학론」에서 근대문학에 등장하는 못난 인물에 대한 의미를 조명하고 있다. 못난 인물의 못난 이야기, 딱한 인물의 딱한 이야기를 늘어놓아도 그것이 소설로서 훌륭히 살아날 수 있다는 새로운 소설 미학을 발견하게 되었다는 것이다. 근대 이후의 소설에선 영웅도 미인도 시라졌다는 것이다. 대신 아무리 못난 인물이라도 그것은 작가의 손에 의해서 얼마든지 매력있는 예술품으로 승화될 수 있다고 주장하고 있다.

김상일은「황순원과 까뮈」에서 서로 영향관계를 실증할 수는 없지만 황순원의「카인의 후예」와 까뮈의「이방인」그리고 황순원의「인간접목」과 까뮈의「페스트」사이의 유사점을 찾아보고 있다, 전자의 경우에는 등장인물과 대여성관계를 통해서 두 작품의 유사성을 발견할 수 있다고 보고 있다. 그리고 후자의 작품에서는 기술태도와 작품에 나타나는 병원균의 동질성을 문제삼아 그 유사성을 논하고 있다. 그리고 근원적으로는 서구문학의 근저에는 그리스도교적인 원죄의식이 일관되게 흐르고 있는데, 황순원의 작품에는 그러한 원죄의식이 나타나고 있다고 보고 있다. 이게 두 작가를 비교 검토한 이유라는 것이다. 그러나 비교문학적 연구 방법론의 치밀성이나 구체성에 한계를 내보이고 있다.

천이두는 「소설과 현실의 의미」에서 소설 속 현실의 진정한 의미와 그 구체적 실천이 어떻게 이루어질 수 있는지를 모색하고 있다. 1920년대의 염상섭의 과부족 없이 정확한 묘사문학, 1930년대의 유진오, 박태원 등의 市井的 인정세태를 철저한 객관적 자세로써 그려낸 일련의 세태소설 등에서 한국사실주의 문학의 한 전형적인 스타일을 찾을 수 있음에도 불구하고, 그 사실주의가 보다 차원높은 비전을 빚어내지 못하고 실상 상식적 일상현실의 재현에 그치고 말았다고 본다. 또한 1900년대의 「무정」의 이광수에게서 볼 수 있는 계몽주의, 1920년대 후반기의 카프작가, 1930년대 후반기의 일련의 풍자소설 등에서 작가자신의 시대현실에의 일정한 관념을 구체적인 작중현실 속에 용해시키지 못하고 생경한 웅변이나 요설로 유산시켜버린 사실을 비판하고 있다. 한편 이태준, 이효석, 김유정, 김동리, 황순원 등 이른바 순수주의를 지향한 작가들의 작품에서 풍부한 한국적 감성은 찾을 수 있지만, 1930년대 및 1940년대의 구체적인 한국 현실을 등진 회고적 토속적인 한국적 이미지의 세계로 작가의 시선을 돌림으로써 소설 안에 정당히 살고 있어야 할 현실이 나타나지 않고 있다고 비판한다. 즉 오늘날 우리 소설의 일반적 기조를 이루는 객관적 묘사문학의 밑바닥에는 1920년대의 일련의 세태소설 등에서 찾을 수 있는 바 일상현실의 안이한 재현이라는 치명적 약점이 깔려있다고 비판하고 있다. 그래서 오늘날 우리 소설이 당면한 가장 중요한 과제는 현실이 소설 안에서 어떤 위상을 차지하느냐 하는 것을 진지하게 반성해야 함을 강조하고 있다.

김현은 「부재 위에 사물화한 언어」에서 이상의 시 「오감도」를 분석하고 있다. 이 분석을 통해서 이상이 펼쳐놓은 다양한 스캔들을 해명해 보려고 한다. 김현은 이상의 시 「오감도」를 분석하기 위해서 이상 시를 보는데 가장 중요한 것으로 언어를 말한다. 이상의 시에는 대상이 없고 언어가 대상이 되어 얼어붙어 있다고 본다. 그런데 이상 시의 언어는 사물이라고 본다. 그것은 우리 앞에 웅크리고 개시되기를 기다리고 있는 의식의 때가 없이 발가벗고 발정한 여체처럼 우리 앞에 있다고 본다. 누군가 와서 만져주기를, 그리고 의식의 때가 끼도록 언어는 얼어붙어 있다고 본다. 씨니피앙쎈스와 네임은 혼동된 채로 반죽이 되어 굳어 있다는 것이다. 이상은 마치 그림을 그리듯이 심미적 거리를 가지고 언어를 내동댕이치고 있다는 것이다. 실패는 그를 형성의 세계에서 항상 존재의 세계로 되돌리기 때문이라는 것이다. 이리하여 우리는 이상 시에 접근하는데 꼭 그것을 끄집어낼 수는 없다는 것이다. 언어의 추상화 때문이라고 본다. 추상화된 언어 때문에 항상 우리는 사물과 떨어져 있다는 것이다. 빠랭은 이것을 말(빠롤)이라고 부른다. 그러므로 우리는 가장 근접한 눈으로 사물과의 거리를 줄여보아야 한다는 것이다. 시제 1호의 <13>이라는 수효가 그러하다고 본다. 모두들 거기에 <언어적 실체>를 부여했다. 13=A, 13=B라는 실체를 평론가마다 절대적인 어조로 말했다. 그러나 김현은 이는 그들이 13이라는 수를 <실용적 언어>로, 도구로 보기 때문이라고 말한다. 13개의 사과를 앞에 놓고 즉 대상이 있을 때, <13>이라는 수는 도구이다. 그래서 그것은 본질을 개시한다고 본다. 그러나 우리는 이미 이상의 시에서 대상이 없고 <13> 그 자체가 대상이며 본질이라는 것을 알고 있다고 본다. 그러므로 사과가 매끄럽다 유난히 붉다라고 추상적인 언어로 그것을 본질화 하려는 것처럼 우리는 <13>이라는 수효에서 불길하다, 혹은 홀수이며 불안감을 나타내며 십삼이라고 발음할 때의 <ㅁ>이 주는 폐쇄감- 이런 속성 이외는 끌어낼 수 없다는 것이다. 그것의 본질은 <13>이니까. 그 외의 모든 것은 속성에 불과한 것이고, 딴 평론가들은 속성과 본질을 혼동하고 있다고 본다. 이는 큰 착오라는 것이다. 그들은 언어가 대상이라는 것을 모르고 출발했기 때문이라는 것이다.

그래서 김현은 이상 시 「오감도」는 부재 위에 허공 위에 유일한 사물로서 다가온다고 말한다. 그리하여 우리는 항상 다시 달려가지만, 항상 좌절한다고 말한다. 본질은 영원히 폐쇄되고 사물화된 언어는 말할 듯 말할 듯 우리 눈앞에서 몸을 도사리기 때문이라는 것이다. 그리하여 우리는 이상처럼 대상을 상실하고 본질을 보지 못하고 영원히 변두리만을 돌며 좌절한다고 본다. 본질적인 것과 비본질적인 것의 혼동, 주체와 홈

休의 혼동 – 이리하여 우리는 기교 때문에 다시 절망한다는 것이다.

7. 힘들게 이어지는 속간호

《문학시대》 6호는 1967년 5월 15일 발행되었다. 표지에 <1967년 신록>이라고 표해 두고 있다. 지난 5호가 1966년 10월 25일에 발행된 것을 감안하면 많은 시간이 지난 셈이다. 지난 호와 마찬가지로 첫 페이지를 열면 <작가 사진첩>으로 박영준 소설가가 소개되고 있다. 그리고 시, 소설, 수필 장르가 중심 체제를 이루고 있으며, 고 유치환 시인의 죽음에 따른 기사가 실려있고. 양주동 선생의 <독서만록>이 게재되어 있다. 소설 작품으로는 박영준의 「어떤 화해」, 이종환의 「일진」, 박순녀의 「전시대적 이야기」, 최상규의 「시합」이 선보이고 있으며, 시에는 유치환의 유고시 「선한 나무」, 정공채의 「재벌」, 박경용의 「어진 설음」, 이탄의 「소등」, 금숙희의 「가을ㆍ콜 니드라이」, 최두석의 「항아리」, 윤채한의 「행선지」 등이 펼쳐저 있다. 그리고 정비석의 <소설 교실>과 장호의 <시작 교실>은 여전히 연재되고 있고, 학생들의 <연재 릴레> 역시 부산고등학교의 박지열 작품 「저 하늘에 깃발을」이 계속되고 있다. 창간호에사 시작된 강은파의 신인 장편 연재인 강은파의 「나는 아무도 사랑하지 않았다」도 6회째 연재되고 있다. 특이한 것은 해를 넘겨서 새롭게 발간된 잡지였기에 책 서두에 <질긴 나무의 합창>이란 속간사를 내고 있다는 점이다. 그 동안의 잡지 발간 상황을 살펴볼 수 있는 속간사이기에 이를 먼저 소개해 본다.

나무는 꺾이워도 그 밑동에서 움이 돋는다. 나무에 따라서는 밑둥 아닌 그 동아리의 옆구리에서마저도 싹을 내뿜는 습관을 버리지 않는다. 우리의 <문학시대>가 지금 그런 처지에 놓여 있다. 일년을 애쓰다가 쓰러지진 우리에게 끝까지 용기를 잃지 않고 기다리게 한 것은 바로 그 불사신인 생명의 불꽃이었다. 우리는 이 여름과 더불어 재기하는 기쁨을 다같이 나눠가지고 싶다. 일년에 네 번도 좋고 다섯 번도 좋고 천후가 지켜주는 대로 월간이란 이름에 쫓기는 정기가 없이 몇 번이고 자유스레 꽃을 피워 나갈 결심이다. 돌이켜 본다면 우리는 너무나도 은혜로운 행운아였다. 그 동안 우리의 이 작은 잡지를 위해서 많은 중견작가들이 호응해 도와 주었다. 자랑스럽던 어제가 있었던 것도 그분들의 덕이었고, 약동하는 내일에의 기쁨을 붓안게 해준 것도 다른 이 아닌 그분들인 것이었다.

우리는 외롭지 않았다는 것을 복스럽게 생각한다. 그 위에 물적으로 우리의 뒤를 밀어주어서 이렇게 재출발을 할 수 있게 해준 많은 독지가들이 지켜주고 있다는 것을 생각하면 더욱이 마음 든든해진다.

그러기에 때문에 우리는 맹세코 우리 문단의 대열 속에 끼어들어서 높으게 합창을 해나가게 되는 것을 끝없는 영광으로 생각한다.

그 동안 발간의 어려움이 있었다는 점과 이제는 부정기 간행물이 될 지라도 계속해서 잡지를 발간해 나갈 것을 다짐하고 있다. 당시 부산지역에서의 잡지 발행이 얼마나 힘든 일이었는지를 다시 한번 실감하게 된다. 새롭게 시작하면서 <문학시대> 제자도 바뀌었는데, 이 제자가 서예가 劍如 柳熙綱 선생의 글임을 밝히고 있다. 창간호부터는 향파 이주홍 선생의 제자였다. 이번 호에는 평론이 실리지 않은 대신 여류문사들의 좌담회가 마련되고 있다. 그 내용을 먼저 살펴본다. 이 좌담회에 참석한 자는 김남조, 이영도, 한말숙, 전병순, 김수오 등이다. 사회는 역시 이주홍이 맡았다. 이들이 벌인 좌담은 거창한 문학론이나 작품론이 아니라 여류작가의 일상적인 생활론이었다. 작품을 쓰는 시간, 주부와 글쓰기, 작품을 구상하는 장소와 시간, 영화 보는 이야기, 각자 문학에 입문하게 된 동기들, 문학 지망생들과의 만남, 작품 속에 반영하는 현실의 모습, 대중소설과 신문소설의 문제 등이 논의의 대상들이 되고 있다.

양주동 선생의 <讀書漫錄>은 본인이 문인으로서 다양한 장르의 글쓰기를 해왔으나 소설은 제대로 한 편도 쓰지 못했을 고백하고 그 연유를 재미있게 풀어내고 있다. 사실 어린 시절, 그리고 대학 시절에 소설을 시도해보지 않은 것은 아니지만, 다 실패작이었고. 특별히 그가 대작을 작정하고 소설을 쓰려고 준비하였지만. 결국 허망하게 끝나버린 이야기를 漫錄으로 풀어내고 있다. 자신이 구상하는 이 한 편의 대작의 첫 문장을 쓰기 위해 동서양의 소위 대작들의 첫 문장을 두루 섭렵하고, 그들이 지닌 문제점들을 풀어내는 글쓰기는 그의 고전에 대한 박식함과 혜안을 느끼게 한다.

《문학시대》 6호에 실린 내용 중 문학사적인 의미가 있는 부분은 <청

마 유치환 시인의 죽음>에 대한 기록을 남기면서, 유고시 「선한 나무」를 싣고 있다는 점이다. 그 내용을 소개하면 다음과 같다.

일찍부터 의지의 시인, 민중의 시인이란 이름으로 불리워지던 우리 시단의 중진 청마 유치환 씨가 지난 2월 14일 밤 예층의 회합에 참석했다가 집으로 돌아오던 도중, 불의의 교통사고로 인해 급서를 하게 되었던 일은 우리나라 문단을 위해서 큰 불행이 아닐 수 없다. 한창 원숙기에 들어 지금부터 더욱 큰 일을 할 것으로 기대해 나오던 터라 그의 죽음은 문단 이외의 여러 방면으로부터서도 크게 애석해함을 받았다. 우리《문학시대》를 위해서도 언제나 걱정해 주시던 터라 삼가 애도의 뜻을 표하면서 여기다 씨의 죽음을 전후한 몇 가지의 기록을 남겨 놓는다. 씨는 1908년 7월 15일 경남 통영에서 출생, 1927년 동래고보를 졸업한 뒤 연희전문 문과에 적을 두고 있다가, 일제 때엔 만주 땅을 방랑하기도 했고, 해방 후엔 경주고교, 대구여고 등의 교장직을 거쳐 1965년 4월 부터는 부산남여상고의 교장으로 재직 중에 있었던 것이었다. 문화관계 활동으로는 문협 부산지부장, 예총 부산지부장으로 일하는 한편 1939년에 출판한 시집 『청마시초』를 위시해서 시집, 수상집 등 총 13권의 책을 내었고, 수상도 한국문협 시인상, 예술원상, 부산시문화상 등 여섯 차례나 걸쳐서 받은 바 있다. 유족으로는 미망인 권재순 여사와 출가한 따님 세분이 있는데, 문협지부, 예총지부, 남여상고 합동으로 베풀어진 고인의 영결식은 2월 17일 상오 10시부산남여상고의 교정에서 있었다. 시인 조순 씨의 사회로 문협본부에서 내려온 상임이사 이종환 씨의 개식사, 이주홍 씨의 고인 약력소개, 이정호 씨의 고인의 유작 낭독, 김정한 문협대표, 오복근 교육감 등의 조사에 뒤이어 고두동, 장하보 씨 등의 조시 낭독과 조가합창 분향 헌화 등이 있은 다음 고인의 죽음을 아끼는 장례의 행렬은 장장 광복동의 끝까지 이었다가 장지인 부산 하단의 동편산으로 가서, 하오 1시 경하관, 안장했다.

《문학시대》 6호의 내용 중 또 하나의 문학사적 기록은 당시 활동 중이던 동인지를 발굴해서 소개한 것이다. 《문학시대》에 두 번째로 소개된 동인지는 『현대시』이다. 현대시 동인의 한 사람이었던 이유경 시인이 현대시』동인들이 지향하는 시의 세계를 ①시는 언어이다. ②시의 엘렉트론이 형성되는 근거는 경험의 축적, 변형, 조화라는 과정에 있다. 그러나 그 표출은 이미지와 기교의 극명한 방법에 의해서만 가능하다. ③리리시즘은 모든 예술의 원천이며 시의 발생근거이다. 우리는 현대시에 그 변형적 조형을 실험한다 라는 점을 강조하고 있다. 동인구성은 김규태, 김영태, 박의상, 이수익, 이승훈, 이유경, 이해영, 정진규, 주문돈, 황운헌 등이었다.

이렇게《문학시대》 6호는 당시의 젊은 시인들의 활동을 소개함으로써 문학 매체로서의 역할을 이어나가야 한다는 향파 선생의 남다른 수고와 문학에 대한 열정을 편집 후기에서 다시 한번 확인하게 된다.

8. 종간사도 없는 종간호

《문학시대》 7호는 1967년 12월 25일 발행되었다. 6호가 1967년 5월

15일 발행된 점을 생각하면 반 년이 훨씬 지난 후의 발행이란 점에서 잡지 발행에 많은 어려움이 있었음을 감지할 수 있다. 전체 구성은 시, 소설, 수필 등 이전의 편집체제를 그대로 유지하고 있다. 그러나 계속되어 오던 시와 소설 교실은 빠지고, 학생들의 <장편 리레>는 마지막 회로 남성여고의 강혜숙의 「저 하늘에 깃발을」이 실려있고 강은파의 장편 연재소설 「나는 아무도 사랑하지 않았다」는 계속되고 있다. 그리고 특집으로는 <창작 12인집>으로 12명의 소설가들의 작품을 집중적으로 소개하고 있다. 여기에는 김정한의 「입대」, 김송의 「제로(0)」, 최인욱의 「삼등 유원지」, 오영수의 「閑日」, 손동인의 「백지의 반란」, 이광숙의 「강물과 삼십오원과」, 오유권의 「말뼈다귀」, 백인무의 「펜 클럽 회장」, 김의정의 「자매들의 대화」, 유현종의 「터무니 없는 오해」, 박태순의 「입이 작은 사람의 분노」, 박해준의 「부자」 등이다. 이렇게 12편의 소설특집이 마련됨으로써 7호의 전체 125페이지 중 60% 이상이 소설로 채워지고 있다. 여기에다 염기용의 꽁트 「환승」도 함께 자리하고 있다. 여기에서 잡지의 기획력에 따른 원고 수급이 원활하게 이루어지지 못하고 있었음을 확인할 수 있다. 그리고 또 다른 특집의 하나는 청마의 미발표 유작 2편이 소개되고 있다. 그 유작은 수필 「나팔」과 시 「산도화」이다.

결국 《문학시대》는 종간사도 없는 종간이 7호에서 이루어지고 있는 셈이다. 의욕적으로 시작된 부산에서의 본격 종합문예지는 결국 출판 재정의 원활한 확보가 이루어지지 못함으로써 종간에 이르게 된 것이다. 서울에서 《창작과 비평》이 1966년 1월 15일에 계간지로 출발하여 지금까지 이어오고 있는 현실과 비교해 보면, 당시 지역문화 생산의 토대가 얼마나 취약했는지를 실감하게 된다. 뿐만 아니라 당시 서울에서 발행되던 종합문예지를 따라 이를 부산지역 문화판에 정착시켜보려고 한 열정은 굉장했지만, 잡지의 성격을 새롭게 살려가지 못한 부분은 역사적 교훈으로 남는다.

당시 한국문학의 중심매체 중의 하나였던《현대문학》이 서울에서의 출판과 운영이라는 지역적 여건도 작용했지만 지속될 수 있었던 것은 조연현이 실천해간 편집원칙과 관련된 5개항의 편집노선이 분명했기 때문이다. 1)한국을 대표할 수 있는 문단의 총체적인 표현지가 되어야 한다. 2)문학상의 일 경향이나 혹은 특수한 유형을 초월한 정통적인 위치를 엄수해야 한다. 3)고전에 대한 정당한 계승과 새로운 세계문학에 대한 정당한 흡수 4)문학적인 가치평가에 대한 엄정한 태도 5)역량있는 신인의 양성 등이었다. 특히 신인의 양성을 위한 신인추천제도는《현대문학》이 폭넓은 문단적 입지 구축의 배경이 되었다[3]고 본다. 그러나《문학시대》는 이를 제대로 활성화하지 못했다. 그런 측면에서는 처음부터 월간지라는 부담을 줄이고 반년간지 혹은 계간지로 출발하면서 단계적으로 토대를 구축해 나갈 필요도 있지 않았을까 하는 생각도 하게 된다. 이러한 부산지역 문학매체의 창간과 종간의 지난 역사가 지금의 부산지역 문학 매체가 생성되게 된 밑거름이 되어주었는지도 모른다. 그나마 당시로서는 전국적인 지명도를 가진 문인들의 작품을 실어 전국문예지로서의 발돋

---
[3] 한형구, 「편집자-비평가로서 조연현의 생애와 문예지〈현대문학〉」, 「한국현대문학연구」 제9집, 2001, PP. 81

음을 시도해 볼 수 있었던 것은 향파 선생이 가진 한국문단에 대한 영향력과 역량 덕분이라고 할 수 있다.

향파 이주홍 선생이 주관한 동인지《윤좌》

1)《윤좌》창간, 그리고 전문 잡지 편집자로서 향파의 열정

1965년 6월 5일, 여름의 기운이 느껴지기 시작할 즈음, 부산에는 또 하나의 문화사적인 기록이 새겨지고 있었다. 그것은《윤좌》라는 독특한 일군의 문필가 중심의 동인지의 탄생이다. 여기에는 당시 부산지역에서 문단의 중심축으로 활동하던 청마, 향파, 요산, 청운 등과 함께, 평론가 김종출, 경제학자 김석환, 교육자 김하득, 국어학자 박지홍, 소설가 최해군, 이용기 교수, 국어교육자 이주호, 최준호 교수, 영화 평론가 허영 등 14명으로 구성된 동인지가 출범한 것이다. 이 동인지는 출발하면서 동인선언에 가까운 하나의 입장을 표명하고 있다는 점이 특별히 눈에 띈다. 창간호의 목차를 넘기면, 바로《윤좌》라는 제목으로 다음과 같이 선언하고 있다. 이 선언은 이후《윤좌》가 발행될 때마다 동인선언으로 자리를 잡고 있다는 점에서, 윤좌의 성격과 방향 그리고 그 정신을 이해하는 데에는 필수적인 항목이다. 그 동인선언을 다시 읽어보자.

제각기 가진 *行路* 위에서 앞서 가고 뒤서 가고 하는 중 지극히 우연히 이뤄진 한 무리의 *一行*인지 모른다. 거기엔 까다로운 그 무엇도 있을 턱이 없다.

제각기의 마음 내킨 행색이요 목적이면서도 서로가 주고받는 심중을 속임 없이 이야기하고 또 듣고 하는 가운데 어느새 마련된 마음과 마음의 통로와 유대를 서로가 아끼게 된 그것인 것이다.

그리하여 앞길을 가름하여 알맞은 시간에 알맞은 곳, 훤히 트인 草原의 한 그루 나무 그늘이나 맑은 계곡 기슭 같은 데서 걸음을 쉬어 둘러앉아 무거웠던 마음들을 풀어놓곤 다시 서로의 이야기에 꽃을 피우는 것이다.
馬生

馬生은 청마의 별칭으로서 「윤좌」 동인지의 동인선언 기초를 마련하였다고 한다. 여기에 나타나는 선언의 특징은 우선 동인 구성이 특별히 의도적이거나 어떤 특정한 자격이나 틀이 존재한 것이 아님을 드러내고 있다. 지극히 우연히 이뤄진 한 무리라는 점에서 이를 확인할 수 있다. 그리고 제각기 가진 行路라는 점에서 특정 영역에 한정해서 동인을 구성한 것이 아니라는 점도 확인할 수 있다. 이는 문인이 다수이긴 하나 문인 중심의 동인 구성이 아니라는 점에서 이를 알 수 있다. 그러면서도 서로 마음과 마음이 통하는 그런 관계의 모임임을 강조하고 있다. 그래서 둘러앉아 마음을 풀어놓고 이야기의 꽃을 피울 수 있는 모임으로《윤좌》가 탄생했음을 다시 한 번 확인할 수 있다.

　우선 창간호를 읽다보면, 이 동인지가 수필동인지이긴 하지만, 편집상으로는 잡지와 많이 닮은 모습을 하고 있다는 점을 당장 발견하게 된다. 이는 편집위원으로는 박지홍, 이주홍, 허영이 맡았지만, 실제 전체 편집을 이주홍 선생이 다 맡았기 때문이다. 향파 선생이 그동안 만들어 왔던 수많은 잡지출판 경험을 바탕으로《윤좌》는 동인지이면서도 잡지의 형태를 띤 아기자기한 문예지의 모습으로 태어났다. 여백마다에 컷으로 책의 분위기를 살리고 있다든지, 책의 중간중간에 고사나 잠언에 가까운 명언을 소개하는 난을 만들어서 책을 읽는 사람들이 쉬어갈 수 있게 한 점은 동인지를 잡지의 모습을 닮아가게 만든 요인이다. 그래서인지 가격도 당시 50원이란 정가를 달고 탄생했다.

　창간호는 동인지에 참여한 면면들의 성향을 처음 보이는 장면이기에 수록한 글들을 중심으로 동인들의 성향을 개관할 필요가 있을 것 같다. 처음 실린 글이 요산 선생의「세론과 진실」이다. <한 사람도 호랑이를 만든다>, <토정의 현명?>, <둔갑된 민원>이란 소제목으로 일화들을 중심으로 현실을 비판하는 강직한 목소리를 내고 있다. 세상사에서 왜곡되고 진실이 묻혀지는 현실의 부조리를 드러내고 있는 전형적인 현실비판의 글들이다. 이어지는 김종출 교수의「닥터 포오스트스의 경우」는 셰익스피어와 동시대에 살았던 크리스토파 마우로우라는 극작가의 작품「닥터 포오스트의 비극적인 경력」에 나타난 작품을 논하면서, 선과 악이 공존하고 있는 이 현실 속에서 많은 사람들이 쉽게 악에 기울어져 있는 현실을 비판하고 있다. 특별히 순수해야 할 교육의 장에서 벌어지고 있는 위악적인 작태들을 비판하면서 그래도 사회 정의는 존재해야 함을 힘주어 강조하고 있다. 「미국유학 일화」에서는 미국에 유학을 가서 살면서 겪었던 일화들을 소개하면서 내린 결론은 자신은 여전히 한국인이라는 사실을 뼈저리게 더 깊게 인식하게 되었다는 얘기다.

김하득 학장의 「김재금 씨의 퇴짜김치」는 현모양처로 지역사회에 존경받는 김재금 씨의 아름다운 삶의 모습을 잘 그려내고 있다. 박지홍 선생의 「내일의 하늘은 오렌지색」이란 수상은 들끓는 내면의 소리를 시적 분위기로 서술해 간 열정적인 서사이다. 유치환 시인은 「봄 2제」라는 서정적인 시를 선보이고 있다. 이영도 시인의 「중절모자와 고추장」은 기차간에서 경험했던 중절모자를 잃어버린 한 주인공을 중심으로 펼쳐지는 일상사를 담담하게 전개하고 있는 수상이다. 김석환 교수의 「20만 원짜리 인생」은 모든 가치를 돈으로 환산하는 한 친구의 이야기를 재미있게 풀어내고 있는 수상이다. 다음 「화분」은 선친이 귀하게 간직하던 화분을 아들이 잘못하여 금이 가게 된 과정의 일화를 통해 사람살이의 한 진면목을 느끼게 하는 글이다. 향파 선생의 「분화구」는 D선생과 R여사 사이의 사랑의 문제를 화자가 형이라고 설정한 한 대상을 향해 편지 형식으로 구성한 글이다. 향파 선생이 생각하는 사랑의 본질을 소설이나 시의 형식이 아닌 수상을 통해 드러내고 있는 글이다. 최해군 선생의 「낙방」은 집을 새로 얻어야 하는 송 교수가 찾아간 집이 제자의 첩네집이어서,

결국 그 집을 얻지 못하고 마는 꽁트적인 작품이다. 인간사의 굴곡을 다시 생각하게 하는 작품이다. 허영의 「영화에서 본 여인상」은 감명 깊게 남아 있는 영화 속의 여주공인 카비리아, 훼드라, 비트리오, 카브리엘 등을 소개하고 있다. 흥미로운 한 장면은 당시에 여러 사람으로부터 받은 박지홍, 이영도, 이주홍 선생의 개인 서간을 모아 발표하고 있다는 점이다. 개인 서간이기는 하지만, 사적이면서도 공적인 당시의 상황을 내밀하게 엿볼 수 있는 자료로서의 가치가 있어 보인다. 윤좌 창간호는 전체 50페이지로 마감되고 있지만, 동인지의 장정이나 편집 내용은 표지에 그려진 한 장의 푸른 나뭇잎처럼 문예지가 없던 부산지역의 1960년대에는 신선한 작업으로 평가된다.

봄에 시작된 《윤좌》의 출발은 해를 넘기지 않고, 그해 가을 10월에 다시 2집을 묶어낸다. 2집에는 큰 변화는 없지만, 김재문, 박성준 두 동인이 새로 동행을 하게 된다. 동인지의 편집체제는 창간호의 모습을 그대로 유지하고 있고, <考備淸覽>이란 난을 통해 《윤좌》 창간호를 받은 전국의 많은 사람들이 보낸 축하의 편지를 싣고 있다. 축하 글을 보낸 분들은 정태용, 안수길, 이경선, 김자등, 이종기, 김송, 정신득, 김영일, 전광용, 최요안, 안춘근, 손동인, 장호, 이원수, 이가원 등이다.

2집을 열면, 첫 글은 새로 동인이 된 김재문의 「꽃불형의 사열식」이란 짧은 시적 분위기를 떠올리는 수상이 선을 보인다. 수정처럼 맑은 가을 하늘을 배경으로 한 감나무의 잔영을 이미지화하고 있는 장면은 꽃불을 연상하리만치 인상적이다.

작곡가인 이상근 교수의 「이설 베에토오벤론 ①」은 위대한 인물 이면에 숨겨진 인간으로서의 베토벤이 소상히 소개되고 있다. 김하득 학장의 「사랑은 총을 넘어서」에서는 사랑의 본질을 생명보다 강하고 국경을 넘어서는 힘이 있음을 일화를 통해 소개하고 있다. 이주호 교수의 「부정회귀」에서는 언어학에서 사용되고 있는 부정회귀란 말이 우리의 삶의 현실 속에서도 빈번하게 일어나고 있는 현상임을 꼬집고 있다. 그리고 이영도 시인의 「세월」과 유치환 시인의 「아라비안 나이트」가 소개되고 있다.

이어서 향파 선생의 「해인사 안초」란 제목의 해인사에서 보내면서, R여사에게 보낸 편지글이 소개되고 있다. 7월 31일부터 8월 24일까지의 일기식 편지는 향파 선생의 삶의 내면을 읽어낼 수 있는 글들이다. 김하득 학장의 「사제론」은 본인이 교육 현장에서 경험한 몇몇의 경우를 통해 스승이 어떤 모습으로 살아야 교육이 제대로 될 수 있는지를 실감나게 풀어내고 있다. 최해군 선생의 「기대」 역시 교사직을 맡고 있는 화자가 학교생활 속에서 만난 한 학생의 부군에 보여주는 세상살이의 굴곡을 아이러니한 기법으로 보여주고 있는 작품이다. 박성준의 「친구·일·보람」은 인간의 삶에 있어서 친구가 얼마나 중요한지를 설파하면서, 《윤좌》에 모인 동인들은 이런 의미에서 보람 있는 친구들의 모임임을 강조하고 있다. 이영도 시인은 「사푸랑」이란 산문을 통해 자연의 모습이 주는 미적 감수성을 자신의 시로 승화시켜 나가기 위해서는 이제 육체적 강건함도 돌보아야 될 것 같다고 서정적 분위기로 읊조리고 있다. 유치환 시인의 「교장 선생님의 고추는」자신의 가족사를 통해 그가 어릴 때 형님 때문에 더 사랑을 받지 못한 일화를 재미있게 그려내고 있다. 허영 선생의 「하나의 변명」은 중요한 나 자신의 발견을 논하고 있다. 인간 삶에 있어 만남이 중요한데, 본인의 만남에 있어서는 자신과의 만남이 중요한 삶의 전환점이 되었다는 것이다. 그런데 나를 인식하고 난 이후로는 끊임없이 나와 싸워야 하는 괴로움을 짊어지고 살아가야 하는 존재임을 변명하고 있다. 이용기 교수의 「산과 여인」은 지리산 천왕봉을 중심으로 고산식물의 생태를 조사하면서 같이 활동했던 S양과 Y양과 있었던 사건을 흥미롭게 들려주고 있는 글이다. 김종출 교수의 「추야잡상」은 의사형도 구국지도자형도 아닌 자신의 삶을 생각하면서 어떻게 사는 것이 제대로 살아가는 것인지를 자문하고 있는 글이다. 김석환 교수의 「잃어버린 추억」은 일본군에 학도지원병으로 끌려나가게 된 과정을 정리해 보고 있는 글이다. 시대적 아픔을 간접적으로나마 추체험해 볼 수 있는 장면들이 많다. 박지홍 교수의 「얼룩진 들찔레의 고백」은 선생의 1945년 8월 16일부터 1965년 10월 7일까지의 일기가 소개되고 있다. 해방 이후의 격변사를 단편적으로나마 접해볼 수 있는 기록이다. 《윤좌》 2집의 마지막은 향파 선생의 「곰보바위」로 마무리 되고 있다. 이 작품은 《어깨동무》지에 이미 발표된 동화로서 다시 재수록된 작품이다. 학교 정문 옆에 자리하고 있는 곰보바위가 자기 분수를 모르고 장군바위와 함께 운동회를 위해 말끔히 정리해놓은 운동장을 엉망으로 만들어 후회하는 내용으로 아동들에게는 교육적 의미를 지니는 동화이다. 2집은 창간호보다는 필진도 늘어나 72페이지나 되는 부피를 지녔다.

2) 2집과 3집 그리고 4집까지의 거리 메우기, 먼저 간 청마를 기억하며

《윤좌》3집은 1969년 7월 10일에 나왔다. 이는 2집이 나온 지 4년 만이다. 이렇게 시간이 많이 지난 이유는 역시 출판 여건이었던 것으로 보인다. 3집에서 특별하게 눈에 들어오는 장면은 동인이었던 청마가 죽어 묻힌 하단 에덴 공원묘소에서 1969년 4월 27일 찍은 사진이 화보로 실려 있다는 점이다. 사진의 주인공들은 최계락, 이종석, 김학, 이주홍, 장호강, 허만하, 정영태 시인이다. 《윤좌》 동인으로는 향파 선생이 유일하다. 이는 문인들의 야유회가 이곳에 있었는데, 사진을 같이 찍은 문인들은 소수인 것으로 보인다. 이는 향파 선생이 가지고 있던 사진을 활용하여 추모의 정을 담았다고 할 수 있다. 향파 선생은 「청마의 웃음」이란 제목으로 청마를 회상하고 있다. 이 글에서 향파는 대강 다음과 같이 술회하고 있다.

이날 부산문협지부의 야유회를 청마가 누워 있는 하단으로 가서 30여 명의 문우들과 함께 야유회를 가지면서 평소에 청마가 보여주었던 호탕한 웃음을 떠올리고 있다. 그의 무덤 곁에 앉아서 서로 담소를 나누며, 청마에 대한 기억을 떠올리는 향파의 마음은 인생살이가 무엇인지를 다시 생각게 한다. 그는 청마가 기초한 윤좌 선언문을 떠올리며 동인 중 제일 먼저 떠난 청마의 삶을 떠올리고 있다. <제 각기 가진 행로 위에서 앞서 가고 뒤서 가고 하는 중 지극히 우연히 이뤄진 한 무리의 일행인지도

모른다. 거기엔 까다로운 그 무엇도 없다.>고 했는데 그 말이 지금 와선 뭔가 쓸쓸한 기분을 자아내게 하는 것이 있다고 했다.

이주호 교수의 「평가기준」은 우리 사회의 획일화되고 너무 형식논리에 얽매여 있는 평가기준들에 대해 문제를 제기한다. 김종출 교수의 「한국소설은 왜 재미가 없는가?」는 당시의 한국소설의 문제를 엄정하게 돌아보게 하는 평문으로 평가된다. 이상근 교수의 「이설 베토오벤론②」은 유명인의 삶의 그늘에 가려진 재미있는 숨겨진 사실을 들추어내는 맛을 계속 보여주고 있다. 박지홍 교수의 「추억은 오늘도 꽃송이처럼 터지고」는 사랑하는 사람에게 부친 1947년 이후부터 1967년 6월 5일까지의 편지가 소개되고 있다.

김석환 교수의 「3대」는 꽁트 작품으로 소설가적 역량을 충분히 엿볼 수 있는 글솜씨를 내보이고 있다. 김하득 학장의 「무서운 것은 여편네 발걸음 소리다」 역시 소설적 재미가 가미된 웃음 짓게 하는 글이다. 이영도 시인의 「히야신스」는 방 안에 놓여진 히야신스를 통해 식물의 생명이 주는 의미를 새롭게 인식하게 되는 사색의 과정을 보여주고 있다. 이용기 교수의 「먹는다는 것」은 인간의 삶에 있어 먹는다는 것이 얼마나 근원적인 문제인지를 현실 속에 나도는 여러 가지 현상들을 통해 해명하고 있다. 그리고 우리 사회가 언제 이 먹는 문제를 근본적으로 해결할 수 있을지를 걱정하고 있다. 최해군 선생의 「다리가 짧았다면 가지나 말걸」이란 단편은 동창회에 참석한 화자가 겪는 내면적인 갈등이 잘 묘사되고 있다. 소위 잘 나가는 동창들 속에 끼어 당해야만 했던 샌님의 아픔이 잘 형상화되어 있다. 허영 선생의 「어록」은 향파 선생의 원고 독촉과 출판 업무에 대한 질책에 대응하는 익살스러운 재치가 엿보이는 장면이다. 김재문 선생의 「巨江」이란 제목의 사진이 자리하고 있어 윤좌의 분위기를 한층 부드럽게 만들고 있다. 박문하 수필가의 기고문인 「인간 현각 선생」은 김하득 학장의 정년을 기리는 일종의 축하글이다. 박문하 수필가는 이 글에서 김하득 학장의 인간 면모와 그의 교육철학, 삶의 태도 등을 재미있게 해부하여 그의 인간론을 펼쳐 보이고 있다. 3집은 분량은 창간호 수준인 51페이지로 다시 회귀했다.

 3집을 내고 오랜 시간이 지난 4년 후에 윤좌 4집이 선을 보였다. 그동안의 사정을 일일이 밝히고 있지 않지만, 편집후기에는 그 원인을 돈에다 밀겠지만, 실은 돈보다는 게으름이다 라고 고백을 하고 있다. 그리고 4집이 나오게 된 데는 새로 동인으로 참여한 김종규 독서신문 부산지사장의 힘이 컸음을 밝히고 있다. 4집을 열면, 동인선언이 역시 먼저 자리하고 있고, 김동주의 「반역정신」이 첫선을 보인다. 인간의 내면에 존재하는 반역 정신을 나름으로 정리하면서, 자기중심적일 수밖에 없는 인간의 본성을 논하고 있다. 김종규의 「문화재」는 우리 문화유산의 가치를 새롭게 인식하고, 그 가치를 후손들에게 물려주어야 함을 강조하고 있다. 김하득 학장의 「보은」은 척추에 이상이 생겨 고생하던 중 김동주 의원의 침으로 효과를 보고, 사람살이는 많은 사람들의 은혜로 움직일 수 있는 것에 대한 감사를 표현하고 있다. 박문하 원장은 「소주예찬」에서 소주를 한국의 나라 술로 삼아야 하는 근거와 이유를 재미있게 설파하고 있다. 박지홍 교수의 「얼룩진 들찔레는 이렇게 말한다」는 윤좌 2집에 싣기 시작한 하루하루의 일기이다. 여기서는 1965년 10월 27일부터 1973년 7월 8일까지의 일기가 펼쳐지고 있다. 일기와 편지글은 그 성격상 가장 내밀한 사적 공간의 드러냄이란 측면에서 개인의 내면사를 확인할 수 있는 장면들이 많다. 이상근 교수는 「음악의 주변 –작품 위촉 이야기」 작품을 부탁하면서 전화로 부탁하고, 수고료 얼마를 전해주는 몰상식한 형태를 비판하고 있다. 이용기 교수는 「이젠 남은 일은 무엇인가?」에서 인생의 황혼기에 무엇을 할 것인가를 사색하고 있다. 이주호 교수는 「中村町 一番地 落穗」에서 일제 때 형무소에 갇혀 영어의 몸이 되어 있었던 대전에 가서 그때의 추억을 떠올리고 있다. 독립을 위해 민족의식을 가지고 행동했던 당시의 쓰라린 기억들을 통해 현재의 우리의 삶을 다시 되새겨 볼 계기를 마련하고 있다. 「자택송」에서는 고지대에 살던 힘든 삶을 긍정적으로 해석하는 삶의 지혜를 엿보게 한다. 향파 이주홍 선생의 「지나간 사람들」에서는 평소에 정을 나누었던 자들 중에 유명을 달리한 분들에 대한 소고이다. 절친한 관계를 가지고 살던 사람들이 먼저 떠나고 나면 남는 것은 그리움과 안타까움이다. 그런 애절함이 남아 있는 조의홍 씨의 인간됨을 회고하고 있으며, 태화인쇄소에서 일하면서, 《문학시대》를 맡았던 박광호 씨를 못내 아쉬워하고 있다. 병마와 가난과 싸웠던 개인사에 대한 기록은 인생사를 다시 되돌아보게 한다. 또 한 사람, 가야산 자락에 해인국민학교를 세운 이동수 선생에 대한 기록이다. 그가 운영하던 여관에 들러 원고 작업을 하던 시절을 떠올리며 회상하는 삶의 기록들은 사람과 사람과의 인연이란 것이 무엇인지를 다시 생각하게 한다. 최해군 선생의 「유서」는 70이 넘은 박 교장이 가족들로부터 차츰 소외되어가는 현실을 생일날의 아들, 딸, 손자들의 모임을 통해 드러내고 있는 단편이다. 늘 유서를 쓰는 삶을 통해 자신의 삶을 긍정적으로 평가해 온 박 교장이 이날만큼은 극도의 외로움과 소외감을 느끼고 있는 장면을 극적으로 잘 보여주고 있다. 최해군 선생은 《윤좌》동인지에 지속적으로 단편소설을 보여주고 있어, 선생님 개인에게는 작품 발표를 위한 하나의 좋은 매개의 장이 되고 있다.

3) 창간 10년만에 통권 5집, 기념집이 마련되는 《윤좌》

《윤좌》5집은 해를 거르지 않고, 1974년 5월에 모습을 보였다. 5집은 연각 김하득 학장의 고희 기념집으로 발간되었다. 특이한 사항은 허웅 선생의 글이 실렸고, 고희 기념글로 김영송 교수의 글이 실렸다는 점, 그리고 동인이었던 김종출 교수가 타계한 지 반년이 지났다는 기록을 남기고 있다. 그 외 동인 구성에는 별 변화가 없었다. 거의 창간 10년 만에 5집을 내었으니, 부지런한 출간은 아닌 셈이다. 2년에 겨우 한 권 정도로 동인지를 발행했으니….

김동주 원장의 「小人 小路行」은 인간이 살아가면서, 마음의 뒷골목이 필요함을 역설하고 있다. 자기반성, 학문적 고찰, 정적의지 등을 찾기 위해서는 조용한 마음의 뒷골목을 가질 수 있어야 한다고 강조한다. 김석환 교수의 「밤의 해안통의 합승」은 <간판 없는 집들>, <성내 대가

를 치르던 밤>, <미국의 제국대학> 등 국제와 부산일보에 발표한 생활칼럼을 재수록하고 있는 글이다. 유머와 재치, 풍자가 깃든 일화의 모음이라 할 수 있다. 요산 김정한 선생의 「손자에게 배운다」는 손자가 내보이는 언행을 통해 기성세대가 배워야 할 것들이 많음을 지적하고 있다. 아이들의 본능에 가까운 순진무구한 행동들을 이해하고 정치를 한다면, 제대로 된 정치를 할 수 있을 것이라고 현실정치를 비판하고 있다. 김하득 학장의 「우리들의 거울- 한말의 동래서당 출신 인물들」은 동래서당에서 공부한 많은 인재들이 어떻게 살았는지를 고찰하고 있다. 삶의 가치를 일관성 있게 유지하고 산 사람이 있는가 하면, 많은 사람들의 비판의 대상이 된 자들도 있음을 밝힘으로써 앞선 세대들이 후대들의 삶의 거울이 되고 있음을 확인해 주고 있다. 「부산경로당 노인들의 이야기」에서는 경로당에 모인 노인들이 쏟아놓는 다양한 사회적인 의미가 있는 일화들을 소개하고, 특히 정치가들 중 서민적인 신익희, 정직한 박순천 같은 인물이 있는가 하면, 기생들에게 개놈이란 소리를 듣는, 자신의 욕심만 채우는 정치가들을 비판하고 있다. 박문하 원장의 「古事新解數題」는 고사의 의미를 현재적 의미로 다시 해석하고 있는 재치가 엿보이는 글이다. 박지홍 교수의 「소녀와 은행잎」은 1958년 1월에 교지에 발표한 수상을 재수록했다. 35살 때의 순정과 콤플렉스의 복잡한 심정을 고백하고 있는 상상력이 동원된 수상이다. 이용기 교수의 「과학에 의한 인간 소외」는 원래 과학은 사람을 위해서 존재하는 것인데, 현재의 과학이 그 본연의 사명을 다하고 있는가를 질문하고 있는 글이다. 갈수록 과학에 의해 인간

소외가 심화되어가고 있어, 인간을 위한 과학이 되어야 함을 주장하고 있다. 향파 이주홍 선생의「雞肋蕪束」어린 시절 고향에서 만났던 첫 사랑의 대상인 순녜를 대상으로 삶의 본질과 진정성을 그리고 있는 방송 원고를 다듬은 글이다. 허웅 선생의「공부하는 목적」은 논어에 있는 일 절을 통해 인간이 가정과 사회, 나라와 세계를 다스리는 방법, 특히 젊은이들의 일상생활 속에서 처신하는 방법을 제시하고 있다. 연각 김하득 학장의 고희를 기념하는 글들로는 김종규, 박지홍, 이상근, 이주호, 이주홍, 김영송 등의 글이 실렸다. 김종규 선생의「강남으로 가는 마음」은 서울로 거처를 옮긴 김종규 선생이 부산에서 생활할 때, 요산, 향파, 연각 선생님과 함께 자리하여 서로 주고받았던 많은 경험들을 떠올리며, 연각 선생님의 삶의 자세와 사람됨을 형상화하고 있다. 박지홍 교수는「줄거리로 엮어 본 동고의 역사」에서 동래고 출신인 연각 선생의 뿌리를 확인하기 위해 동래고등학교의 역사를 정리하고 연각 선생의 연보를 정리하고 있다. 특히 삼락학교에서 동명학교로 그리고 사립동고 시대에서 공립동고 시대를 지내온 동고의 역사를 개관하고 있어, 지역학교사를 이해하는 데 도움을 주고 있다. 이상근 교수의「연각 선생을 모시고 20년」은 20년간 학교 상사로 모셔온 연각 선생과의 인연을 풀어내고 있다. 특히 아버지 같은 분으로 생각할 수밖에 없는 깊은 인연을 소상하게 소개하고 있다. 漱蒼書樓 선생의「비둘기와 콩과」는 연각 선생의 부인과의 좋은 부부지간을 암수 비둘기의 연분에 비교해서 풀어내고 있다. 이주호 교수의「연각 선생과 나」에서는 학교에서 만난 연각 선생님의 자애로운 인간적인 모습과 애국자이면서 참된 교육자인 그를 부각시키고 있다. 이주홍 선생의 「연각의 안과 밖」에서는 연각 선생의 수필집인 「보리를 밟는 마음」에 부쳤던 서문을 다시 수록하고 있다. 동고 재학 시절의 일화를 통해 연각 선생의 고매한 인격을 보여주고 있다. 김영송 교수의 「안개와 훈화」는 학교에서 만나게 된 연각 선생과의 인연과 선생의 훈화집 발간을 위한 편집 실무를 맡아서 일하게 된 사연을 소개하고 있다. 이상 몇 분들의 연각 선생에 대한 고희 기념글들을 통해 연각 선생의 인간됨과 그의 삶의 면모를 총체적으로 살펴볼 수 있는 장이 마련되고 있다. 동인들의 고희 기념 특집이 지금까지 이어져 오고 있는데, 5집에서 그 선례가 시작되고 있음을 볼 수 있다. 《윤좌》 매호에 단편 소설을 실었던 최해군 선생은 5집에도 「변신」이란 작품을 계속 싣고 있다. 학교 교사인 화자가 퇴근 때에 술집에서 술을 마시며, 지난 시간을 떠올리면서, 돈 있고 출세한 사람들의 삶에서 드러나는 현실적인 문제들을 비판적인 시각에서 형상화하고 있다.

　5집의 편집 후기에서 밝히고 있듯이 연각 선생님의 고희 기념호를 낼 수 있었다는 점도 의미가 있지만, 5집을 내는 동안 청마와 김종출 교수가 유명을 달리해, 함께 계속 동행하지 못함에 대해 아쉬워하면서 그 정을 잊지 않고 있다. <무심하면서도 유심한 듯 유유히 떠다니는 그저 구름처럼, 이 세상을 떠났으면서도 그대로 남아 있는 그들의 謦咳가 느껴진다. 동인 일동의 이름으로 두 분의 명복을 빌어마지 않는다.> 청마 스스로 동인 선언에서 밝혔듯이 <제 각기 가진 행로 위에서 앞서 가고 뒤서

가고 하는 중> 그는 제일 앞서 간 자가 된 《윤좌》 동인 중의 한 사람이 된 기록을 만나면서 사람살이가 무엇인지를 다시 한번 생각하게 된다.

4) 6집 문패 대신 〈윤좌 그 뒤의 이야기〉, 세 동인의 합승

《윤좌》 6집은 6집이란 문패를 달지 않고, 대신 제호로 <윤좌 그 뒤의 이야기>를 내세우고 있다. 5집을 내고 1년이 훌쩍 지난 1975년 12월 1일에서야 발행되었으니, 늦게 나온 변명을 동인지의 제호로 내세운 것 같다. 그 이유를 편집후기에서 엿볼 수 있다.

윤좌는 과거에 5집을 내었으니 그런 계산으로 하면 이번이 여섯 번째가 되는 것이지만, 잡지가 아닌 일개 공동 문집이기 때문에 이번부터 책 차례를 표기하지 않고 표제도 보는 바와 같은 것으로 했다. 부정기니까 앞으로 형편되는 대로 나오게 될 것이다.

그 때나 지금이나 책 출판에 필요한 원고 모집과 출판비의 해결이 그렇게 쉽지 않았던 것 같다. 그런데 6집부터는 동인들의 변화가 많았다. 박문하 동인의 별세와 함께 새로운 동인으로 김병규, 김영송, 김종우 동인이 《윤좌》호에 동승하게 된 것이다. 6집에 실린 글들을 순서대로 개관해 보면 다음과 같은 이야기들로 채워져 있다.

새로운 동인으로 얼굴을 내민 김종우 교수는 「영원한 칠석」에서 견우직녀가 만나는 7월 7석의 전설을 통해 남·북한도 영원히 만나는 칠석을 기대하는 소망을 피력하고 있다. 김병규 교수는 「숨겨둔 돈 이야기」에서 해방 후 북만주에서 고향으로 돌아오면서, 구두창 밑에 숨겼던 돈이 다 훼손되어 쓸모없이 되어 버린 이야기와 책갈피에 아껴 두었던 돈이 화폐 개혁으로 무용지물이 되었던 실화를 통해 세상사를 다시 생각하게 하고, 「닭 울음소리를 들으며」에서는 슬픔과 기쁨의 순간에 인간들이 우는 모습 속에서 슬픔과 기쁨을 초월한다는 것이 어떤 의미인지를 사색하고 있다. 김병규 교수의 수필이 지닌 사색의 깊이가 시작되는 단초를 읽을 수 있다. 김영송 교수의 「쿵후」는 TV드라마 '쿵후'에서 느끼는 서양 사람들의 생활 습관 중 선입관 없이 수용하고 합리적으로 개혁하는, 우리가 본받아야 할 삶의 가치를 논하고 있다.

이영도 시인은 「모범 부락의 어린이들」에서 모범 부락에 환경은 개선되어 가고 있고, 또 앞으로의 계획도 있었지만, 자라나는 어린이들을 위한 미래 교육은 없는 현실을 비판적으로 꼬집고 있다. 김하득 학장은 「도루메기」에서 도루메기에 얽힌 일화를 소개하면서, 인간의 지조를 파는 <인간 도루메기>들을 비판하고 있다.

김석환 교수는 「미모와 전쟁」에서는 여인의 아름다움 때문에 벌어진 전쟁 이야기를, 「거스름돈」에서는 힘들게 택시 기사로 살아가는 자의 이야기를, 「이사」에서는 한적한 곳으로 이사를 왔는데 얼마 지나지 않아 복잡하고 소란한 곳이 되어 버려 다시 이사를 가야 할 지경에 이른 급변하는 도시공간의 삶의 이야기를 흥미롭게 풀어내고 있다. 경제학자답지 않은 글 솜씨를 내보이고 있다. 김정한 작가의 「수필과 6백」은 수필쓰기의 어려움과 6백 화투놀이의 묘미를 언급하고 있다.

이주호 교수의 「8·15 단상」은 자신의 수인번호였던 583번의 잊을 수 없는 사연과 8·15 때 처음 포도주를 마시게 된 사연을 회상하고 있다. 김종규 선생은 「돌, 나무, 그리고 인생」에서 수석과 분재가 내보이는 자연의 삶의 이치에 깊이 빠져 가고 있는 자신의 생활을 담담하게 스케치해 주고 있다. 김동주 원장은 「산중한하」에서 R 교수와 함께 한여름 금정산 산중에서 맛보는 한가로움을 전하면서, 특별히 교수는 선비이어야 함을 강조하고 있다. 이주홍 작가는 「근작 서문 2편」에서 검여 유희강 서예집과 석호 조두남 수상집에 부친 서문을 다시 선보이고 있다. 박지홍 교수는 「다같이 에스페란토를 배우자」에서 만국공통어인 에스페란토를 배워 세계 평화에 이바지하자고 열을 내고 있으며, 「얼룩진 들찔레는 이렇게 말한다」에서는 1973년 7월 4일부터 1974년 12월 27일까지의 일기를 공개하고 있다. 또한 작고한 박문하 원장의 일기(1975년 1월 1일부터 3월 20일까지)가 「우하장 일지」라는 제목으로 소개되고 있는데, 여기에서 의사인 그가 당뇨와 간경화로 투병하던 시간들의 내밀한 상황들이 가감없이 소개되고 있어 눈길을 끈다.

손동인 작가는 콩트 「고향」에서, 고향을 떠나 서울로 와서 깡패두목이 된 경수가 도피를 위해 고향을 찾아와 삼촌을 만나 새로운 삶을 작심하게 되는 과정을 흥미롭게 그리고 있다. 최해군 작가 역시 콩트 「잔인한 사람」에서 화자가 5촌의 죽음 소식을 듣고 문상을 오가는 과정을 통해, 작가인 화자가 이 모든 과정을 소설을 위한 소재로 이용하는 잔인한 사람이라는 인식을 하게 되는 반전의 묘미를 보이는 작품이다. 이상근 교수는 「음악의 주변」에서 피아노의 역사, 족보, 종류 등 피아노와 관련된 모든 것을 자상하게 소개해서 일반 독자들이 피아노에 대해 눈을 뜨게 하는 기회를 제공하고 있다. 이용기 교수의 「속정동 일지 초」는 대서양, 인도양을 경유해, 뉴욕에서 출발해서 귀국까지의 세계 여행기를 재미나게 들려주고 있다.

5) 7집, 향파를 위한 두 번째 고희 기념호

《윤좌》의 일곱 번째 이야기는 1976년에 나왔다. 7집에서 특이한 사항은 이 호가 향파 이주홍 작가의 고희 기념호가 되었고, 윤좌 제호를 한형석 선생이 썼다는 점이다. 그리고 책이 나오기 전에 이영도 여사가 회갑을 앞두고 돌아갔음을 밝히고 있다. 향파의 고희 기념을 위해 조순 시인이 향파 인물 사진을 찍어 실었고, 사진에 대한 변을 <초인> 이란 제목으로 달았다. 그리고 향파 특집란에는 이용기, 이주호, 김종규, 안춘근, 이원수 작가 등의 글이 실렸다.

이용기 교수는 「향파 선생과 나」에서 같은 고향에서 태어나 일본, 서울, 부산에서 만나게 된 인연을 소개하고 있다. 이주호 교수의 「향파 선생을 모시고」에서는 부산에서의 첫 만남과 그 이후의 인연들에 대한 이야기가 자상하게 소개되고 있다. 김종규 선생은 「향파, 香波」에서 향파의 향기가 널리 퍼지기를 기대하고 있고, 안춘근 님은 「향파 서실 방문기」를 통해 1박 2일 동안의 향파 선생 집 방문기를 인상적으로 펼쳐 놓고 있다. 이원수 작가는 「향파의 문학」에서 예술 전반, 소설, 아동문학 등 향파 문학에 대한 평가를 의미 있게 내리고 있다.

그리고 동인의 작품으로는 김정한 작가가 「아파트 생활」에서 아파트로 주거지를 옮긴 이후의 생활 속에서 느끼는 장단점을 날카로운 작가의식을 바탕으로 스케치해서 보여주고 있으며, 김석환 교수는 「포키트 속의 물건들」에서 포켓 속에 늘 들어 있는 생활 도구들에 대한 이야기와 지갑을 잃어버릴 뻔한 일화를, 「팔목시계」에서는 시계를 갖게 된 이후 시간의 의미를 생각하는 단상을 재미나게 소개하고 있다. 김병규 교수는 「양병론」에서 양병의 경험을 통해 양병이란 병을 치료하는 것과 병을 키워가는 것, 이 양면의 모순을 안고 있는 것임을 주장하면서, 이것이 인생의 삶의 진면목임을 역설하고 있다. 손동인 작가와 최해군 작가는 이번 호에도 「황금벌레」와 「중생」이란 단편 소설을 발표하고 있는데, 전자는 돈에 빠져 버린 모든 인간 군상들을 소묘하고 있으며, 후자는 한 스님의 삶을 통해 인생이 무엇인지를 다시 한번 질문하게 하는 작품이다.

6) 8집, 김종우 동인 회갑기념호

《윤좌》의 8번째 이야기는 1977년도에 하서 김종우 박사의 화갑기념호로 출간되었다. 제자는 역시 한형석 선생이 썼으며, 실무 편집은 김영송 교수가 맡았다. 기념 특집 글에는 김동욱, 이주호, 박지홍, 김종우 교수의 자서 등으로 꾸며졌다. 그리고 장을 달리하여 향파 선생이 「하서 박사 분취망청기」를 더했다. 각각의 글에서 김종우 박사와의 인연과 학문의 깊음을 칭송했고, 앞으로의 기대와 전망을 제시했다. 특별한 것은 본인의 19살 때까지의 자서전을 통해 그의 유년 시절의 한학 공부와 금강산 유림사 시절을 전해 들을 수 있다는 점이다.

동인들의 작품으로는 이용기 교수가 「隨想 二題」에서 우리 사회의 부조리한 모습을, 조삼모사하는 사연들을 통해 비판하고 있으며, 김석환 교수는 「인간서열」과 「인감증명 떼러가서」에서 우리 사회의 불신의 모습을 비판적으로 그려내고 있다. 이상근 교수는 「우리 음악에의 관심」에서 그동안 서양 음악에 정신이 빠져 있었던 사실을 새롭게 자각하고 우리 전통 음악에 관심을 가지게 됨을 고백하고 있다. 김동주 원장의 「어떤 회상」은 6·25 이후 피란 시절에 만났던 기인 장 선생에 대한 회상기이며, 이주홍 작가의 「모죽관 산고」, 「과식」, 「문병」은 살고 있는 공간에 붙여진 이름에 관한 소고와 맥주 과식에 대한 이야기와 나이를 먹으면서 병 들어 출입이 힘들어지는 조두남, 이경순 선생에 대한 일상과 인연을 풀어내고 있다.

박지홍 교수의 「얼룩진 들찔레는 이렇게 말한다」는 계속되는 1975년 1월 1일부터 8월 31일까지의 일기의 펼침이고, 김종규 선생의 「독서생활의 길잡이 끈」은 독서에 대한 중요성을 강조하면서 자신이 하고 있는 일에 대한 강한 자부심을 피력하고 있다. 이주호 교수의 「교육, 효」는 기계화 시대에 인간 교육의 중요성을 강조하고 있으며 그 근본의 하나로 효 사상의 확산이 필요함을 주장하고 있다. 김하득 학장은 「사람의 씨」에서 월남 이상재 선생과 신입 장군의 인물에 대한 소개를 통해 사람의 근본 토대가 중요함을 강조한다.

김병규 교수는 「개망초」를 통해 버려진 야생화 같은 개망초의 아름다움을 기리고 있으며, 「나하고 살려며는」에서는 힘들게 삶을 살다가 사라진 R 교수의 삶에 대한 이야기를 들려 주고 있다. 김영송 교수는 「치맛자락」에서 여성들의 옷차림에 대한 다양한 생각들을 펼쳐내면서 한복에 대한 예찬을 하고 있다. 이번호에도 변함없이 손동인 작가의 「선물 소동」과 최해군 작가의 「꽁트 —束」이 실려 있다. 전자는 장인의 생일에 사위가 한 선물에 대한 비판적 평가에 대한 이야기이고, 후자는 현실과는 동떨어진 늙은이의 삶의 모습을 풍자화하고 있다.

7) 9집. 요산 고희기념과 이용기 동인 정년 퇴임 기념호, 향파의 《윤좌》 10년사

《윤좌》 9집은 요산의 고희 기념과 이용기 박사 정년 퇴임 기념호로 엮었다. 요산에 대한 특집에는 김하득 학장과 김동주 원장이 글을 썼고, 이용기 박사 기념에는 송두영 박사, 박노석 시인, 김동주 원장 등이 글을 썼다. 김하득 학장은 「양생법」에서 고희를 맞는 요산에게 필요한 양생법을 제공하고 있으며, 김동주 원장은 「남포동의 호통 소리」에서 남포동 음식점에서 있었던 요산 선생과의 일화를 소개하고 있다. 송두영 박사는 「인간 이용기」에서 이웃해 살고 있으면서 그가 알고 있는 가족과 그의 삶을 소상하게 소개하고 있으며, 박노석 시인은 「情兄으로서의 漱蒼」에서 수창 선생과의 여행담을 풀어놓고 있다. 그리고 김동주 원장은 「기억과 추억」에서 학창 시절의 스승으로서의 수창 선생과의 인연을 들려주고 있다.

9집에서 좀 특별한 부분은 향파 이주홍 작가가 「윤좌 10년사」를 간략하게 정리하고 있다는 점이다. 책의 호수로 치면 9집이지만 창간한 연도를 치자면, 10년이 훨씬 지났기에 이러한 뒤돌아봄은 필연적인 사항이라고 본다. 특히 10년사에서 박문하 동인이 창간 동인이면서도 창간호에 이름이 빠졌던 이유를 자상하게 설명하고 있다. 창간호에 투고한 원고가 너무 학생 교육상 문제가 있다고 판단하여 싣지 못하게 되고 박문하 동인이 여기에 반발해서 함께하지 못했다는 해명은 《윤좌》동인이 출발하던 당시의 상황을 상상해 볼 수 있는 장면이다.

9집에는 동인의 작품으로 김병규 교수의 「조용해지다」와 「흔들리는 날」로부터 시작된다. 전자는 고양이의 죽음을 통해 조용해진다는 것의 의미를 추구하는 내용으로, 조용해진다는 것은 마음을 가라앉히는 일임을 깨닫고 있다. 후자는 배나무를 통해 확인하는 흔들리는 인간의 삶에 대한 인식이다. 역시 김병규 교수의 사색적 글쓰기가 그의 개성으로 드러나는 글들이다. 이주호 교수의 「내가 겪은 직업들」은 해방 전 일제 강점기에 경험한 다양한 직업들에 대한 체험기이다. 김석환 교수의 「이상한 후회」는 한시 독후감 발표 후에 중국고시 문서를 희사받게 된 사연을 소개하고 있으며, 김종규 선생의 「내 마음의 여백」은 삭막한 서울 공간에서 마음의 여유를 갖게 해 주는 <흑산도>라는 공간과 그 공간에서 만나는 사람들이 빚는 다양한 삶의 이야기를 전해 주고 있다.

김정한 작가의 「사찰 입장료」에서는 사찰 입장료를 폐지할 것과 관료적 행정에 대한 강한 비판을 읽어 낼 수 있다. 박지홍 교수의 「이 땅에 태어난 행복」은 석굴암을 방문한 후에 가졌던, 민족에 대한 자존감을 느껐던 기억을 회상하고 있는 글이며, 김종우 교수의 「독락 일화」는 학생들을 가르치는 즐거움을, 김동주 원장의 「취광 狂」은 취광의 본질적 의미를 나름대로 규정해 본 글이다. 김영송 교수의 「나무」는 집 정원에 심겨진 몇 그루의 나무를 통해 나무가 인간에게 주는 의미를 생각하고, 계속 나무를 정원에 심어야겠다는 일상 속에서의 단상이며, 이상근 교수의 「듣는 음악과 보는 음악」은 무대 위에서 펼쳐지는 음악의 가시적인 모든 현상들을 함께 감상할 수 있어야 함을 강조하는 내용이다. 박지홍 교수의 「얼룩진 들찔레는 이렇게 말한다⑸」는 계속되는 1975년 9월 1일부터 12월 31일까지의 일기이다.

이번호에도 어김없이 손동인 작가의 「죄의 늪」과 최해군 작가의 「여인 4장」이 실렸다. 전자는 딸을 징계한 학생주임인 화자가 술집에서 자신이 퇴학처분한 학생을 만나는 이야기며, 후자는 며느리, 젖먹이는 여인, 춤추는 무희, 무덤을 찾는 소복 입은 여인 등 여인 4인의 삶을 형상화하고 있는 작품이다. 동인들의 들고남은 있었지만, 여전히 앞서거니 뒷서거니 하면서 함께 자유롭게 나아가고 있는 《윤좌》의 정신과 생명을 확인할 수 있는 9집이었다.

8) 10집, 이용기 동인의 추모특집

《윤좌》의 열 번째 이야기는 1979년에 출간되었는데, 10호는 유명을 달리한 수창 이용기 교수의 추모 특집으로 엮었다. 추모 특집의 분량이 다른 호에 비해 상대적으로 많아 전체 책 분량의 과반을 넘었다. 동인들의 글 꼭지보다 더 많은 무려 14명의 필자들이 추모글에 동참했다. 이주홍 작가는 「수창을 보내며」에서 수창의 비보를 들었던 과정과 그 소식을 듣고 그의 집에 달려가 그의 주검을 확인하는 장면과 과거 동래중학교에서 함께했던 시절을 떠올리며, 영결식 때 사회를 맡아 했던 개식사의 내용을 소개하고 있다.

박지홍 교수는 「떠나시는 선생님께」란 제목으로 조사의 내용을 전하고 있으며, 김정한 작가의 「마지막 정담」에서는 어려운 시절 산 중턱 빈방에서 함께하던 고통의 시절을 떠올리며 일찍 떠난 후배에 대한 서러움을 드러내고 있다. 박노석의 「마지막 전화」에서는 경북 영천에 있는 은해사에서 먼구름, 월포, 수창과 함께 밤새워 술을 마셨던 추억을 재구성해 놓고 있다.

송두영 박사는 「달이 떠 있습니다」에서 광안리 앞 바다에서 달을 보며, 수창 선생의 명복을 비는 한시 한 구절을 바치고 있으며, 김하득 학장은 「내 가슴 묵밭이 되어」에서 한 편의 조시를 헌사하고 있다. 구자옥 선생은 「이용기 선생과 나」에서 친형처럼 지내던 선생을 보낸 자의 아픈 가슴을, 과거의 함께한 학교생활의 회상으로 달래고 있으며, 정재표 선생은 「경건한 마음으로」에서 지난 시절 수창 선생이 베풀어 준 따뜻한 정을 되새김질하고 있고, 한형석 선생은 「그저 갈 수 없잖아」에서 수창, K 화백과 밤을 새웠던 M 주점에서의 일화를 소개하고 있다.

권달술 교수는 「한 번 더 뵙고 싶은 수창 선생」에서 수창 선생과의 오랜 사귐 속에서 파악한 그의 장단점을 논의하고 있음이 인상적이다.

안영호 선생의 「수창과 수박」에서는 술에 취해 수박을 사서 가져가다 떨어뜨려 깨어지는 바람에 세 번이나 다시 수박을 사서 함께 먹었던 일화를 소개하고 있으며, 홍순형 선생의 「저희의 별이 되시어」는 제자의 입장에서 선생님으로부터 받은 삶의 자세에 대한 회고와 다짐을 확인할 수 있다. 김동규 원장의 「수창 선생 편편고」에서는 은사에 대한 추모와 영전에 드리는 내용으로 <신상고>, <바둑고>, <주석고>, <학문고>, <인생고> 등으로 나누어 선생의 인간과 삶을 소개하고 있다.

이주호 교수는 「단상의 추모」에서 수창 선생과의 인연 속에 남아 있는 대상 중 <산유화>, <등고선>, <가아의 주례> <착모의 철학> <어느 술자리> 등으로 추억의 편편을 들려 주고 있으며, 수창 이용기 교수의 연보가 정리되어 추모 특집이 마무리되고 있다.

동인의 작품으로는 김석환 교수의 「사월 초파일」, 김병규 교수의 「안개」, 김종우 교수의 「사제지간」, 김영송 교수의 「파리통신」, 이상근 교수의 「파데레프스키의 팔」, 박지홍 교수의 「얼룩진 들찔레는 이렇게 말한다」, 그리고 손동인 작가의 「명부의 요인」과 최해군 작가의 「고적」이 자리하고 있다.

김석환 교수의 「4월 초파일」은 인간들의 삶을 지탱하는 근원적인 힘은 희망임을 일화를 통해 보여 주고 있으며, 김병규 교수의 「안개」는 안개 낀 산을 오르내리며 생각하는 또 다른 세계에 대한 상념을 그리고 있으며, 김종우 교수의 「사제지간」은 사제지간의 온당한 관계 형성을 위해서 상호간의 노력이 필요함을 주장하고 있고, 김영송 교수의 「파리 통신」은 파리에 연구원으로 활동하면서 그곳에서의 생활 문화와 더 많은 한국어에 대한 연구와 세계화에 대한 생각들을 서신으로 전해주고 있으며, 이상근 교수의「파데레프스키의 팔」은 이 교수가 연재하던 음악의 주변 이야기 6번째로 20세기 초 가장 위대한 피아니스트인 파데레프스키의 삶과 일화를 소개하고 있다. 그리고 박지홍 교수의「얼룩진 들찔레는 이렇게 말한다」는 연속되는 그의 일기로 1978년 1월 1일부터 7월 7일까지가 소개되고 있다.

손동인 작가의「명부의 요인」과 최해군 작가의「고적」은 전자가 화자와 친한 동료였던 재규의 갑작스런 죽음 앞에서 인간의 삶과 실존의 문제를 생각하는 작품이며, 후자는 사업으로 일가를 이룬 뒤에 아들에게 사업을 물려주고 난 뒤 홀로된 성 회장의 말년의 고독한 삶을 잘 형상화하고 있는 작품이다.

열 번째 《윤좌》의 마지막은 역시 이용기 교수의 일기(1971년 1월 1일부터 1977년 7월 17일까지)가 장식을 하고 있어, 열 번째 《윤좌》는 이용기 교수의 추모 특집임을 확실하게 보여주고 있다.

9) 11집, 향파 이주홍 선생의 〈먼데 가 있는 동인들〉

《윤좌》 11집은 사실 연례적으로 보면, 1980년도에 발간되었어야 했지만, 해를 넘겨, 1981년 4월 10일에 간행되었다. 원고도 문제였지만, 발간비가 제대로 확보되지 못한 것이 큰 이유인 성싶다. 11집 후기에 '《윤좌》11호는 硯覺 김하득 동인의 喜壽를 축하하는 뜻으로 제자인 김동주(혜

강한의원장)동인이 낸 성금으로 간행을 보게 되었다'라는 언급이 있기 때문이다. 11집에는 특별한 특집이 마련되지는 않았지만, 향파 이주홍 선생이 쓴 <먼데 가 있는 동인들>의 글은 동인활동을 하다가 먼저 이승을 떠난 자들에 대한 회고글이라서, 동인들의 문학적 삶을 이해하는 데 필요한 많은 정보를 전달해 주고 있다. 여기에 논의 대상이 된 동인은 '청마 유치환', '김종출 교수', '우하 박문하', '정운 이영도', '해창 이용기' 등인데 먼저 떠난 자들에 대한 애틋한 정과 그들의 삶에서 풍기던 체취를 느낄 수 있는 글이다. 그리고 작고한 이용기 교수를 위해 세운 묘비에 새긴 묘비명(묘비명 글은 박지홍 교수가 지음)이 소개되고 있다.

    그 외는 동인들의 작품들이 자리하고 있는데, 11집에는 김종우의 「12월송」, 김하득의 「바른말 고운말」, 김정한의 「관쓴 원숭이」, 김석환의 「수상5제」, 김병규의 「어째서 살아있다고 하는데」, 「노파」, 이주호의 「8·15와 나」, 김영송의 「우리와 그들」, 김동주의 「저승에서도 내내」, 박지홍의 「얼룩진 들찔레는」, 이상근의 「1960. 여름. 탱글우드」 등의 수필이 실려 있고, 최해군의 「횡잿골 사람들」, 손동인의 「확인증」 두 편의 단편소설이 함께 자리하고 있다. 이들 작품 중 김동주의 「저승에서도 내내」는 당시 우리 사회의 지도자급에 속한 사람들의 일상의 한 부분을 생생하고 흥미롭게 스케치하고 있는 의미 있는 장면들이 인상적으로 그려져 있다.

10) 12집, 이어진 김하득 동인의 추모 특집

해를 거르지 않고 1981년 연말 나온《윤좌》12집의 특색은 연각 김하득 동인의 추도특집으로 꾸며진 점이다. 전체 페이지로 보더라도 2/3 이상이 추도의 글로 구성되어 있다. 특집 구성은 당시 교육감이었던 박찬우 교육감의 조사와 함께 향파 선생의「교육계의 거목을 잃다」는 추도사가 앞 자리에 마련되었고, 이어 김정한의「남을 위해 살다 간 사람」, 이영기의「영원한 가르침」, 김석환의「사투리의 추억」, 김동주의「불러드리지 못했던 노래」, 이상근의「연각 선생. 부고. 그리고 나」, 이정환의「교육계의 큰 별」, 구자옥의「길이 잊지 못할 그 어엿한 모습」, 하점생의「민족의 선각자」, 김영송의「그만!」, 이주홍의「연각과의 34년」, 박지홍의「연각선생의 한평생」 등의 애절하고 안타까운 사연들이 추모의 글로 이어져 있다.

이 많은 제자들과 동인들의 절절한 사연을 들여다 보고 있으면, 연각 선생님을 뵙지 못한 자들이라도 그의 평생이 어떠했는지를 쉽게 떠올릴 수 있는 글들이다. 결국 인간의 삶은 그가 이 땅을 떠나고 난 이후에라야 정당하게 평가될 수 있다는 것을 다시 실감나게 하는 추모의 글들이다.

특집의 원고량이 많기는 하나, 특집 앞뒤로 동인들의 작품이 배치되어 여전히《윤좌》로서의 자리를 지키고 있다. 12집에도 동인들의 작품으로는 김정한의「걱정되는 아이들」, 박지홍의「검은 포장마차」, 김병규의「에뜨랑제」, 이주호의「여행송」, 이상근의「음악출판. 인세. 작품사용료」, 두메 선생의「얼룩진 들찔레는」, 그리고 약방감초와 같은 손동인의「수양산 그늘」과 최해군의「두꺼비 교장 선생님」소설 두 편이 실려 있다. 동인들의 글 중 이주호 동인의 「여행송」은 아주 간명하면서도 여행의 맛을 자연스럽게 드러내고 있다는 점에서, 김정한 동인의 「걱정되는 아이들」은 자라나는 미래 세대들을 향한 선배 세대의 안타까운 현실인식이 잘 드러나고 있다는 점에서 의미있게 읽힌다.

11) 13집, 四仙頌壽 기념호, 구자옥, 류수현 동인의 합류

13집은 특집으로 四仙頌壽 기념호로 꾸며졌다. 이 대상이 된 동인은 희수를 맞은 이주홍, 진진갑인 김병규, 진갑인 이주호, 회갑을 맞은 이상근이다. 향파 선생의 희년에 대해서는 박지홍 동인이 「천년 묵은 거인」으로 칭송했고, 진진갑을 맞은 현석 김병규 교수에 대해서는 박철석 교수가 「고독의 심상화」를 통해 그의 수필세계의 특징을 잘 정리해 주고 있다. 그리고 진갑을 맞은 죽헌 이주호 선생에 대해서는 이태길 선생이 「흑싸리쭉지와 공산명월」로 친구지간의 격없는 관계를 나누고 있고, 회갑을 맞는 이상근 교수에 대해서는 제갈 삼 교수가 「끝없는 집념」이란 제목으로 그와 만난 이후의 음악 인생과 작품 세계를 두루 살피고 있다.

13집에서는 동인의 변화가 있었다. 구자옥과 류수현 두 신입 동인이 합류하게 된 점이다. 1965년 동인 결성 이후 함께했다가 이 땅을 떠난 동인들이 늘어나면서, 빈 자리를 채워줄 새 얼굴이 필요했던 것이다. 그래서 13집에 참여한 동인들의 글은 김석환의 「란」, 김정한의 「새타령」, 구자옥의 「딱한 사연」, 김동주의 「힘이 드는 글」, 류수현의 「생각나는 일들」, 이주호의 「내 이름들의 사연」, 김병규의 「어둠의 유혹」, 「허수아

비」, 박지홍의 「나를 키워주신 그 말씀들」, 이상근의 「카라얀과 사업의 욕」, 김영송의 「거목의 그늘에서」, 이주홍의 「머물렀다가 떠나가는 의미」, 「이조여인의 독백」 등이 실렸다. 그런데 재미있는 것은 류수현 신입동인은 자신이 부산고등학교에서 근무하던 시절에 있었던 재미나는 일화 두 건을 감칠맛 나게 잘 정리한 글을 발표했지만, 구자옥 동인은 자신은 글재주가 없어 도저히 원고를 낼 수 없다는 사연의 편지를 편집자에게 보낸 사연을 작품으로 싣고 있다는 점이다. 동인으로 추천되었지만, 그것을 사양하는 편지글이 《윤좌》에 데뷔하는 글이 되고 만 것이다.

12) 14집, 김석환 동인의 회갑 기념호

《윤좌》 14집은 해를 넘겨 1984년 4월 15일 날이 되어서야 빛을 보았다. 편집후기에는 동인 모두가 다투어 좋은 글을 쓰느라 원고가 늦어져 그만 해를 넘기고 말았다고 후술하고 있으나, 원고를 제때 내지 않은 동인들의 게으름과 출판비의 마련이 출판 시기를 지체시킨 참 이유인 듯 보인다. 14집은 김석환 동인의 회갑 기념호로 꾸며졌으며, 출판비는 당시 경남학원 원장이었던 김근준 원장이 자형(김석환)의 회갑을 기념해서 마련해 준 것으로 기록되어 있다.

회갑 특집란에는 이주호 동인의 「난을 좋아하는 난 같은 선비」, 류수현 동인의 「一片氷心在玉壺」, 그리고 본인이 쓴 「문패없는 집들」이란 글이 실려 있다. 이 중 앞선 두 편의 글은 김석환 동인의 성품을 제대로 드러내고 있는 축하의 글이 되고 있다. 이 외에도 구자옥의 「혈압」, 김동규의 「그런 것 같기도 하고」, 김영송의 「낡은 화첩에서」, 이주홍의 「酒譚半六席」, 김정한의 「바른글과 거짓글」, 박지홍의 「얼룩진 들찔레는」, 이상근의 「영남악파」, 김병규의 「어떤 거리」, 그리고 이주홍의 동화 「가야산 다람쥐」와 최해군과 손동인의 단편소설 「탈놀음」 「천주의 한」이 실려 있는데, 이상근의 「영남악파」는 영남 지역의 음악의 바탕과 지역적 자존심을 의미있게 정리한 글이다.

13) 15집, 박지홍, 손동인 두 동인의 회갑기념호

《윤좌》15집은 1985년 4월 20일에 선을 보였다. 14집이 출간된 지 꼭 1년 만이다. 15집도 동인의 변화는 없지만, 이 호에도 회갑을 맞은 박지홍, 손동인 두 동인의 회갑기념 특집이 꾸며졌다. 향파 선생이 「現世 賢者傳」에서 회갑을 맞은 박지홍, 손동인 두 동인과의 인연과 그들의 인간 됨됨이를 그리고 있으며, 김병규의 「그 파우스트적 정신」, 이주호의 「두메와 사귄 지 삼십년」, 구자옥의 「인생의 행운아 두메」, 김동주의 「평생의 스승 두메 선생님」, 김영송의 「수퍼맨 박지홍 교수」라는 글과 함께 안장현의 「바보 마을 창설의 손동인」을 기념하는 글이 특집으로 꾸며져 있다. 그런데 박지홍 동인과 손동인 동인이 회갑을 맞으며 정리한 두 분의 연구와 창작 해적이를 보면 참으로 열심히 활동해 왔다는 것을 한눈에 볼 수 있다.

그리고 김석환의 「팔자」, 류수현의 「배짱」, 김정한의 「협조의 강요」, 「도깨비 장난 같은 이야기」, 김병규의 「허상실상」, 김동주의 「있기는 있었는데」, 박지홍의 일기연재인 「얼룩진 들찔레는 이렇게 말한다」, 이상근의 「'프로 무지카' 이야기」, 손동인의 단편 「외야 인생」과 최해군의 단편 「수정산의 가랑비」가 실려 있다. 동인들의 다양한 삶에서 우려져 나오는 글의 향기들이 깊게 스며들지만, 류수현 회원의 「배짱」은 30년 전의 경험이지만 지금도 여전히 오늘의 우리 사회를 향한 날카로운 지적으로 와닿고 있다. 그리고 특별히 태야 최동원 교수가 박지홍 동인의 회갑을 축하하는 글씨를 보내어 축하의 자리가 마련되어 있다.

14) 16집, 17집 향파 이주홍 선생의 산수傘壽를 기리는 기념호, 추도하는 특집

《윤좌》16집은 향파 이주홍 선생의 산수傘壽를 기리는 기념호로 만들어졌다. 늘 문제가 되었던 출판비는 「보리밭」 출판사 사장인 최시병 씨가 향파 선생님의 산수를 기념하는 차원에서 부담을 했고, 다행히 한국문화예술 진흥원의 지원도 받아 해결한 것으로 기록되어 있다. 기념특집이라 향파 선생의 어린 시절부터의 사진들이 동인지 앞 부분에 배치되어 있고, 당시의 모습을 확인할 수 있는 해인사에서 찍은 사진도 화보로 처리되어 있다. 당시 편집 실무를 맡았던 박지홍, 김영송 두 분의 노고가 엿보인다. 향파 선생을 기리는 글들에서 손동인은 「풍류와 정력의 제왕」에서 향파의 크고 넓은 인품을, 최해군은 「향파 선생의 문학」에서 그의 문학이 지닌 폭넓은 예술성을, 김병규는 「선풍도골의 향파선생」에서 향파 선생의 도통한 듯한 성품을, 박지홍은 「정자나무 그늘에서」에서 향파 선생과의 만남에서 빚어진 숱한 숨겨진 사연들을, 구자옥은 「비탈길 계속 오르시길」에서 더욱 강건하여 여전한 삶의 여정을 희구하고 있으며, 김동주는 「힘센 丙午生」에서 향파 선생의 무한에 가까운 정력을, 그리고 회원은 아니지만 최시병은 「내 예술의 큰 그늘」에서 향파 선생의 예술 정신에 힘입어 살고 있음에 대한 고마움 등이 스며나고 있다.

그리고 16집에서 특이한 것은 편집 실무를 맡은 김영송 동인이 자전적인 삶의 기록인 「마른 땅」 연재를 시작했다는 점이다. 해방이 되고 중국에서 고향 이북으로 돌아오는 너무나 힘들었던 과정을 소상하게 기록으로 남긴 이 글은 해방 이후의 급변하던 당시의 상황을 개인적인 기록으로 추정해 볼 수 있는 의미있는 기록으로 여겨진다. 이 외도 여전히 동인들의 작품인 김병규의 「마지막 꽃잎」, 류수현의 「고약한 버릇」, 김정한의 「괸들의 발자취」, 김동주의 「내 소지품이 많은가」, 「우스개 같은 소리」, 이주호의 「한 해도, 일자리도 저물어 가는데」, 김석환의 「하나의 유유자적」, 김영송의 「예식장에서」, 이주홍의 「한 자락 구름 속으로 스쳐간」, 박지홍의 「얼룩진 들찔레는 이렇게」, 이상근의 「바하와 헨델」, 최해군의 「老患」 등이 실려 있다. 이 중 오랜만에 원고를 선보이신 이주호 선생의 「한 해도, 일자리도 저물어 가는데」는 40년 가까이 오직 교직자로서 살아오면서 느낀 자신의 삶에 대한 정직한 성찰을 통한 悠悠, 虛虛, 淡淡이란 삶의 지향은 우리의 삶이 어떠해야 하는지를 다시 한번 되돌아보게 한다.

향파 선생의 80세를 기념하는 기념호가 나오고 난 뒤, 해를 넘기자 향파 선생이 타계하셨다. 암과 오랜 동안 투병해 오셨는데, 결국 81세로 세상을 떠나신 것이다. 그래서「윤좌」17집은 자연스럽게 향파 선생을 추도하는 글이 특집으로 꾸며졌다. 그래서 당시 편집 실무를 맡았던 김영송 선생에게 향파 선생이 그려주었던 그림이 동인지의 표지화로 실렸다. 추모의 글들은 김정한의「향파와 나」, 강남주의「以制潤身을 타이르시더니」, 손동인의「향파 선생 보옵소서」, 최해군의「향파 선생과 문학시대」, 김동주의「與草濟生」, 박지홍의「정자나무 그늘에서」 등이 실리고, 각 언론사에서 보도된 기사들이 정리되어 있다. 이 중 강남주의「以制潤身을 타이르시더니」는 제자의 입장에서 떠나보내는 향파 선생에 대한 애절함과 스승으로서의 진정성을 느낄 수 있는 추모의 글이다. 박지홍의「정자나무 그늘에서」에서는 향파 선생이 20여 년 동안 끌고 오던 《윤좌》의 탄생과 관련된 이야기가 소개되고 있어 흥미롭다. 17집에는 오랜만에 원고를 내신 이태길 선생의「꾀꼬리」를 비롯해서, 김병규의「떠날 채비」, 이주호의「정년의 변」, 김석환의「만남」, 류수현의「S교수와 난동사건」, 김동주의「구두가 바뀌었다」, 이상근의「메노티와 십만불」, 박지홍의「얼룩진 들찔레」, 그리고 김영송의 연재물인「마른땅」이 계속 이어지고 있다.

15) 18집, 요산의 傘壽와 류수현과 김동주 동인의 回甲 기념호, 세로쓰기에서 가로쓰기로

《윤좌》18집은 1988년 11월 29일 발행되었다. 이 호도 역시 세 동인의 頌壽를 기념하는 기념호로 꾸며졌다. 요산 선생의 傘壽와 一耕 류수현 선생과 단곡 김동주 선생의 回甲을 기념하는 자리를 마련했다. 이 세 분을 三仙으로 모신 것이다. 요산 선생을 기념하는 글에서, 김병규는 「저항과 지사의 정신」을 통해서 요산의 문학정신이 어디에 기초해 있는지를, 이태길은 「요산 선생과 토박이말」을 통해서 '젖꽂판'에 얽힌 일화를, 최해군은 「요산 선생과 言話」를 통해서 요산 작품에 활용되고 있는 순우리말의 씀씀이를, 김동주는 「老鶴을 연상하며」를 통해 존경할 수밖에 없는 대선배의 삶을, 박지홍은 「옥심이와의 인연」을 통해서 요산 선생과의 긴 인연 속의 잊을 수 없는 일화를, 손동인은 「낙락장송 보아라」라는 필순을 맞은 요산 선생께 드리는 헌시를 바치고 있다.

다음 一耕 류수현 선생을 기리는 글은 김석환의 「류수현 교수의 회갑에 부쳐서」와 김무조의 「一耕 형의 회갑을 맞아」 두 편이 마련되었다. 절친한 인연을 맺고 살아온 두 분이 드러내고 있는 류수현 교수에 대한 평가는 그의 학자로서의 삶이 어떠한지를 한눈에 그려볼 수 있다. 단곡 김동주 선생의 회갑 기념 글은 김대상의 「내가 아는 단곡 김동주」와 두메 선생이 '돌실'이라는 필명으로 쓴 「박달재에 새 달은 뜨려나?」 두 편이다. 두 분의 글을 통해 단곡 김동주 선생의 삶이 어떠했는지를 훤히 들여다 볼 수 있다. 그의 아까운 재주를 허비하고 있는 것을 안타까워하며 단곡 선생에게 새롭게 마음을 가다듬고 많은 사람들에게 덕을 베풀 수 있는 새로운 연구를 주문하고 있는 두메 선생의 간곡한 부탁이 절절해 보인다.

이 호에도 동인들의 작품으로는 요산의 「북창을 열어 놓고」, 김병규의 「절뚝거리며」, 이태길의 「내 호에 얽힌 이야기」, 이주호의 「나와 술에 얽힌 사연(1)」, 이상근의 「음악의 주변(14)」, 류수현의 「S 교수와 뱀 소동」, 김동주의 「나는 뭣을 했나」, 박지홍의 「정자나무 그늘에서(끝)」, 그리고 최해군의 단편 「밝은 빛 밝은 세상」이 실려 있다. 동인의 글 중 이상근의 「음악의 주변(14)」 이야기는 본인이 어릴 때부터 받아온 음악 교육의 현실을 회고하면서, 현재의 음악교육의 방향성까지 제시하고 있는 의미있는 「음악 교육의 금석담」이라 생각된다. 18집부터 편집 실무를 두메 박지홍 선생과 솔뫼 최해군 선생이 맡게 되었고, 책의 편집도 세로쓰기에서 가로쓰기로 바뀌었다. 그래도 계속해서 한국문화예술진흥원으로부터 조금의 지원을 받고, 동인들의 회비와 특별히 두메 선생이 요산 선생의 산수를 기념해 얼마를 내어 동인지를 묶어내었다는 편집후기의 기록은 윤좌 동인들의 끈끈한 정을 느낄 수 있는 장면이다.

16) 19집, 김병규, 이태길 두 동인의 고희기념호, 한형석, 김용태, 김봉진 동인 참여

《윤좌》19집은 한 해를 걸러 1990년 10월 25일 발행되었다. 발행 시기가 늦어진 것은 역시 출판비의 확보가 문제였음을 편집후기에서 밝히고 있어, 지역에서의 동인활동이 얼마나 힘든 과정인지를 다시 확인할 수 있다. 19집은 김병규, 이태길 두 동인의 고희기념호로 꾸며졌으며, 새로운 동인으로 먼구름 한형석 선생, 김용태 교장, 김봉진 교장이 참여했다.

현석 김병규 선생과 여암 이태길 선생의 고희를 기념하는 글은 김용태의 「上善若水」, 김동주의 「古稀祝壽記」, 박지홍의 「현석 선생의 곁에서」,

이주호의 「여암을 생각하며」, 김봉진의 「이태길 교장과의 만남」, 박지홍의 「여암 선생의 고희를 축하합니다」 등으로 꾸며졌다. 이들의 글을 통해 두 분과의 사이에 얽힌 삶의 씨줄과 날줄들이 촘촘히 드러나고 있다. 그리고 먼구름 한형석 선생이 두 분의 고희를 축하하는 축하글과 여암 이태길 선생이 후배 현석 김병규 선생의 고희를 축하하는 글씨가 《윤좌》 책의 앞머리를 장식하고 있어 기념호를 더욱 풍성하게 만들고 있다. 19집의 편집은 대학 보직에 바빠 잠시 쉬었던 김영송 동인이 김석환, 박지홍 동인과 함께 편집을 맡았다.

동인들의 작품으로는 김정한의 「잉여인간」, 「망신당하는 전통」, 이태길의 「풍수지탄, 망양지탄」, 김석환의 「답답한 사람들」, 김병규의 「회화나무의 눈엽」, 김동주의 「하고 싶은 얘기들」, 박지홍의 「되돌아 보니」, 이주호의 「나와 술에 얽힌 사연(2)」, 이상근의 「나의 인생, 나의 음악」, 김영송의 「마른 땅(3)」, 최해군의 「이승의 輪座, 저승의 輪座」 등이 실렸다. 이 중 김영송의 「마른 땅(3)」은 해방 후 혼란했던 시기에 가족들과 함께 고향 이북을 등지고 월남하는 과정이 한 편의 드라마처럼 그려지고 있어 인상적이며, 당시의 역사적 상황을 개인사를 통해 재구성해 볼 수 있는 사료가 될 수 있으리라는 생각이 든다. 그리고 최해군의 「이승의 輪座, 저승의 輪座」는 이미 이승을 떠난 동인(청마 유치환, 정운 이영도, 우하 박문하, 해창 이용기, 김종출, 연각 김하득, 향파 이주홍)들이 환생하여 향파의 유택에 모여 술자리를 마련하여 새로운 이승의 《윤좌》를 만들어 서로 화기애애한 환담을 나누는 장면을 연출하면서, 이승과 저승으로 갈라져 있는 동인을 하나로 묶어내고 있는 흥미로운 단편이다. 솔뫼 최해군 선생의 작가로서의 상상력이 돋보이는 장면이다.

17) 20집, 이주호, 김용태 두 동인의 고희기념호, 19집까지의 목차와 편집후기, 그리고 동인 소식들을 다시 편집해서 20집 특집

《윤좌》20집은 예년대로 하면 1991년도에 발간되어야 했으나, 사정상 1992년 3월 31일이 되어서야 세상에 얼굴을 내밀었다. 편집후기에 의하면, 여러 가지 사정으로 늦게 나오게 되었다고 해명하고 있지만, 실질적으로는 동인들의 원고 수집과 출판비의 충당이 큰 원인인 것으로 보인다. 당시 동인지 출판비가 240만 원이나 들었다고 하니, 동인들로서는 부담스러운 경비였음에 틀림없다. 이 경비를 동인회비에서 130만 원 부담하고, 고희 기념 특집의 대상이었던 이주호, 김용태 동인이 30만 원, 20만 원씩을, 박지홍 동인이 20만 원을, 이태길 동인이 10만 원을, 그리고 나머지는 출판을 맡은 문성출판사 안영원 사장이 부담한 것으로 되어 있다. 20집까지 끌어오면서 힘들었던 출판비 문제가 여전히 힘든 과제가 되었음을 확인할 수 있다.

20집의 특색은 고희를 맞은 이주호, 김용태 두 동인의 고희기념호로 꾸민 것과 함께, 그 동안《윤좌》가 걸어온 길을 확인할 수 있는 19집까지의 목차와 편집후기, 그리고 동인 소식들을 다시 편집해서 20집 특집으로 묶었다는 점이다.《윤좌》의 역사를 한눈에 볼 수 있게 정리해 본 셈이다. 목차를 통해서는, 동인들이 그 동안 작품으로 남긴 개인적인 삶의 기록이 명료하게 정리되었다는 점이 의미가 있다. 특히 편집후기의 모음을 통해 20집까지의 《윤좌》의 생명이 어떻게 이어져 왔는지를 구체적으로 확인할 수 있는 장면들로 가득 차 있다. 또한 동인 소식들은 동인 개인사의 기록임과 동시에 우리 지역의 지역 문화사의 한 측면을 읽어낼 수 있는 자료로서도 의미가 있어 보인다. 동인 소식은 6집부터 19집까지 실려 있어, 1970년대부터 1990년대 초까지의 부산문화사를, 《윤좌》 동인들의 활동상을 통해 세밀하게 들여다 볼 수 있는 창의 구실을 충분히 할 수 있으리라 본다. 이렇게 많은 자료를 특집으로 싣다 보니, 《윤좌》 20집은 동인지의 분량이 처음으로 200페이지를 넘기는 두툼한 책으로 거듭나게 되었다.

이주호, 김용태 두 동인의 고희를 기념하는 글은 이태길의 「평생 내 따라와 봐라」, 박지홍의 「이주호 교수와 나」, 이주호의 「내가 알고 있는 김학장」, 박지홍의 「송천 김용태 교수의 학문」 등인데, 두메 박지홍 선생이 펼쳐놓은 두 동인에 대한 남다른 인연과 애정이 깊이 느껴진다. 특히 박지홍의 「송천 김용태 교수의 학문」은 그의 논문들을 상세히 분석하고 논평한 글로서 그에 대한 남다른 열정이 엿보인다.

동인들의 작품으로는 김병규의 「갈증」, 이태길의 「감방에서 맞은 제야」, 이주호의 「국민학교 교사시절」, 이상근의 「나의 인생 나의 음악」, 김석환의 「허영의 전설」, 류수현의 「片片斷想」, 최해군의 「우리 이젠 가슴을 열자」, 「순수를 생각하며」, 김봉진의 「장엄한 노을」, 김동주의 「나는 그저 방관하는 인생인가」, 「호랑이 이야기」, 김용태의 「대구사범 시절의 스승들」, 박지홍의 일기 기록인 「흘러간 그날그날에서」 등이 실려 있다. 이 중 김동주의 「호랑이 이야기」는 웃음을 짓게 하는 옛이야기라는 점에서 흥미롭다. 그리고 최해군 작가의 글이 이번호에서는 지금까지의 단편 소설에서 수상으로 바뀌었다.

《윤좌》가 11집에서 20집까지 건너오면서, 동인지를 꾸려온 특징은 거의 모든 특집이 동인들의 회갑, 칠순, 팔순, 추도 등으로 꾸며졌다는 점이다. 이는 그만큼 동인들의 연령대가 높았다는 것을 의미하면서, 동인들이 오랜 동안 「윤좌」의 자리를 지켜왔다는 것을 의미하기도 한다. 20집을 펴내는 동안 유치환, 김종출, 박문하, 이영도, 이용기, 김하득, 이주홍 등의 초창기 동인들이 《윤좌》에 「먼저 가신 동인들」이란, 이름만 남긴 채 이승을 떠났으니, 세월은 그렇게 흘러 흘러 《윤좌》의 27년(20집까지)의 역사를 만들어 온 것이다. 글을 통해 함께 둘러앉은 자리를 마련해 온 역사의 밑바닥에 깔린 힘은 무엇이었을까? 누군가가 자리를 주선하는 역동적인 힘이 작동하지 않으면 이는 불가능하다. 먼저 이 땅을 떠난 유치환, 김종출, 박문하, 이영도, 이용기, 김하득, 이주홍 등의 동인들의 열정이 아니었으면, 이는 불가능했음을 다시 한번 느낀다.

18) 21집, 22집 김석환, 이상근 두 동인의 고희 기념호, 박지홍 동인의 고희 기념호

《윤좌》21집은 사실 1991년에 출간되어야 하는데, 해를 넘겨 1993년 5월 13일이 되어서야 발간되었다. 동인지 발간에 필요한 중요한 두 요소인 원고와 발행 비용의 충당에 어려움이 있었던 것으로 보인다.

《윤좌》21집은 김석환, 이상근 두 동인의 고희 기념호로 묶여져 있는데, 특집에는 두 동인이 그 동안 발표한 작품들 중 대표작에 해당되는 십수 편이 재수록되어 있다. 그리고 이태길 동인이 이상근 동인을 위해서는 <이상근 선생과 나>라는 특집 원고를 마련하고, 김석환 동인을 위해서는 축시를 마련해 두고 있다. 이미 다 고인이 되어버린 세 동인의 글들이 세월의 무상함과 함께 동인들이 서로 나눈 깊은 정을 생각나게 한다.

동인들의 작품으로는 김동주의 「파리의 파아티」, 김병규의 「강건너 언덕」, 「별 단상」, 「대지의 냄새」, 김용태의 「신라의 혼인 풍습과 향가 처용가」, 김정한의 「우리말 큰 사전 발간을 축하하며」, 류수현의 「臥牛精舍有感」, 박지홍의 「흘러간 그날그날에서⑾」, 이주호의 「교단생활 40년⑵」, 이태길의 「벌초의 길」, 최해군의 「허망한 꿈」 등이 실려있다.

이들 중 김동주의 「파리의 파아티」는 당시의 현실 정치와 지도자들의 행각을 파리떼들의 형세에 비견해두고 있는 모습이 인상적이다. 또한 김용태의 「신라의 혼인 풍습과 향가 처용가」는 처용가에 대한 해석을 신라의 혼인풍습이란 시대적 문맥 속에서 새롭게 하고 있어, 처용가 연구에 상당한 시사점을 제시하고 있다. 그리고 류수현의 「臥牛精舍有感」은 1988년 이후로 시작된 학원민주화 과정에서 총장으로서 겪어야 했던 대학 내의 갈등이 당시의 시대상으로 집약되어 있어, 우리 사회의 한 단면을 읽어낼 수 있다.

《윤좌》22집은 해를 넘기지 않고 1994년 12월 15일 발행이 되었다. 24집도 역시 특집으로 박지홍 동인의 고희 기념호를 꾸몄다. 두메 박지홍 동인의 고희기념을 위해서 이태길, 류영남 동인이 글씨를 썼고, 이주호, 김용태 두 동인이 두메 선생과의 인연을 자상하게 풀어놓고 있다. 그리고 두메 선생 본인의 일기인「흘러간 그날그날에서 ⑿」가 연재되어 있다. 여기에는 1984년 2월 11일부터 1993년 12월 31일까지의 약 10년 치의 일기가 펼쳐져 있다.

그런데 22집에서의 큰 변화는 새로운 동인 세 사람이 <윤좌>호에 동승하게 되었다는 점이다. 새로 함께 하게 된 동인은 제갈 삼, 박홍길, 류영남 세 동인이다. 특히 박홍길, 류영남 두 동인이《윤좌》의 편집 실무를 맡게 되는 계기가 되었다.

22집에 실린 동인 작품은 김동주의「괴소년 '라야'」, 김병규의「역사가 살포시 다가와서」,「알 수 없는 사람」, 김석환의「몰락한 칭호」, 김용태의「나의 어린 시절」, 김정한의 「자벌레 인생」, 류수현의「橫說竪說」, 이상근의「음악의 주변」, 이태길의「6.25 사변 피난 이야기」, 최해군의「日新錄에 부쳐」, 제갈삼의「念念雜感」, 박홍길의「윤좌에 끼이면서」, 류영남의「잊혀지지 않는 사연들」등이다.

이 중 김동주의「괴소년 '라야'」는 일종의 픽션으로, 일제치하에 어린이로 살면서 당했던 마음의 상처를 상상으로 풀어내고 있는 흥미로운 구상이다. 김정한의 「자벌레 인생」은 왼쪽 다리 부상으로 걸음을 제대로 걸을 수 없는 상황 속에서, 자신의 걷는 모습이 자벌레의 움직임과 비슷하다는 점을 이야기하면서, 몸이 불편해서 남들에게 피해를 주기보다는 빨리 죽음을 맞는 것이 낫지 않은가 하는 생각을 정리한 글이다. 나이들어 남들에게 의탁해서 살아가야 하는 인생, 즉 죽음을 앞두고 있는 노작가의 솔직한 마음이 드러나고 있다. 최해군의 「日新錄에 부쳐」는 《윤좌》가 탄생한 지 29주년을 맞으면서, 초창기 동인들이 하나 둘 다 떠나버린 상태에서 느끼는 감회를 술회하면서, 1994년 1월 1일부터 13일까지의 일기를 소개하고 있다. 앞서 간 선배 동인들을 그리워하던 솔뫼 선생님도 지난 해 세상을 떠났으니, 《윤좌》의 자리도 돌고 돌아 새로운 사람으로 바뀌어 가고 있는 것이리라.

19) 23집, 24집 제갈삼, 최해군 두 동인의 고희 기념호, 김정한, 한형석 두 분의 추모 기념호

《윤좌》 23집은 또 한 해를 걸러 1996년 5월 10일에야 발행되었다. 동인들의 원고를 제 때에 모은다는 것이 그렇게 쉽지 않음을 보여준다. 23집 역시 특집은 제갈삼, 최해군 두 동인의 고희 기념호로 엮었다. 제갈삼 동인의 특집에는 이태길, 이상근 두 동인의 글과, 김일세 씨의 축하 글이 실려 있고, 본인의 수필 4편이 선집되어 있다. 그리고 최해군 동인의 기념특집에는 김정한, 최상윤, 남송우 세 사람이 쓴 최해군 선생의 문학적 삶과 작품 세계에 대한 해설이 실려 있다. 그리고 역시 최해군 선생의 글이 두 편 편집되어 있다. 두 동인의 고희 특집을 살펴보면서, 새삼 《윤좌》의 역사를 다시 떠올리게 된다. 같이 고희를 맞았지만, 한 동인은 먼저 이 땅을 떠나고, 한 동인은 아직 《윤좌》의 자리를 지키고 있다는 사실이다. <동인선언>에서 밝혔듯이 제 각기 가진 행로 위에서 앞서 가고 뒤서 하는 중 지극히 우연히 이뤄진 한 무리의 일행이지만, 이 땅을 떠나는 것도 앞서거나 뒤서거나 하며, 자리가 비워지고 있는 것이다.

23집에는 김동주의 「생물학과 그리고 생명」, 김병규의 「참 어둠」, 김석환의 「빗나간 방향」, 김용태의 「도끼 아구지」, 류영남의 「삶이 담긴 우리말」, 박지홍의 「길을 찾아 70년(1)」, 「믿거나 말거나」, 박홍길의 「아버지의 한 숨」, 이주호의 「나의 목욕 소사」, 이태길의 「그 어머니에 그 아들 딸들」 등이 동인 작품으로 소개되고 있다.

이 작품 중 박홍길의 「아버지의 한 숨」은 1950년대 말, 우리 시대의 어려웠던 생활형편을 잘 보여주고 있으며, 이주호의 「나의 목욕 소사」는 목욕탕 문화의 변화를 통해 우리 사회의 문화현상이 어떻게 변해왔는지를 감지할 수 있다. 23집에서 특기할 만한 기록은 류수현, 이상근 두 동인이 공식적으로 《윤좌》 동인을 사퇴하게 되었다는 사실을 기록으로 남기고 있다는 점이다.

《윤좌》 24집은 1997년 7월 30일에 발행되었는데, 이 호는 김정한, 한형석 두 분의 추모 기념호로 꾸며졌다. 요산 김정한의 추모 특집은 김병규, 이태길, 최해군, 박홍길, 김이상 동인의 추모글이 실렸고, 특별기고로 윤정규 작가의 글이 함께 하고 있다. 그리고 타계 이후에 언론에 소개된 다양한 기사들의 모음이 편집되어 있다. 그리고 먼구름 한형석 선생의 추모글은 이태길, 이주호 동인이 썼으며, 이목우 씨의 조시가 함께 실려 있다. 또한 자료로 한형석 선생이 작곡한 <국기가> 외 8편의 광복군 노래가 소개되고 있다.

두 분의 동인이 《윤좌》의 자리를 비우고, 대신 24집에는 김이상, 이진두 두 신입 동인이 합류하게 되었다. 김이상 동인은 「남도 땅의 역설」이란 글로, 이진두 동인은 「'불가불가'와 '알아서 해'」라는 글로《윤좌》에 첫 얼굴을 내밀었다. 이외도 24집에는 김동주의 「병은 왜 생기는 것일까」, 김병규의 「존재의 가벼움」, 김석환의 「10원짜리 동전」, 김용태의 「신라 말 돌의 일본말 반영」, 류영남의 「교단과 함께 한글과 함께」, 박지홍의 「부산 3.1운동 기념탑 건립취지문」, 「이환묵 교수님께 드리는 글」, 박홍길의 「미나리꽝 이야기」, 제갈삼의 「해변상념」, 최해군의 「몽고로 가다」 등이 실려 있다.

20) 25집, 김동주 동인의 추도 특집

《윤좌》 25집은 또 한 해를 건너뛰어 1999년 1월 30일에 발행되었다. 역시 25집에도 김동주 동인의 추도 특집이 마련되었다. 동인들이 나이 들면서, 세월 따라 <윤좌>의 자리를 비워가는 행렬이 계속된 셈이다. 김동주 동인 추모 특집에는 김대상, 최해군 두 동인의 추도문이 실렸고, <윤좌>에 남겨진 김동주 동인의 자취를 정리하여 편집하였으며, 그의 대표작 「괴소년 라야」를 재수록했다.

《윤좌》 25집에서 확인되는 재미나는 사건이 하나 있다. 그것은 24집에서 박지홍 동인이 <부산 3.1운동 기념탑 건립취지문>을 실었는데, 이 건립취지문이 교정을 하면서, 몇 군 데가 원문과 달라져, 이를 시정하는 글을 박지홍 동인이 <세상에 어찌 이런 일이!>라는 제목으로 항의하고 취지문을 다시 게재하고 있다는 점이다. 24집에 실린 취지문과 원본이라는 25집에 실린 취지문을 비교검토해보면, 4곳 정도 차이를 발견할 수 있다. 첫째는 24집에는 <기념탑을 세운 뜻은>으로 표기되어 있는데, 25집에는 <기념탑을 세우는 뜻은>으로, 둘째는 24집에는 <이 곳에>로 표기되어 있는데, 25집에는 <이 고장>으로, 셋째는 24집에는 <아, 이 어찌 한겨레의 승리가 아니랴. 놈들은 새파랗게 질리어 떨었다> 이 부분이 다음 단락으로 넘어가 있고, 25집에는 이 문장이 앞 단락에 이어져 있다. 넷째 24집에는 <또 이 기념탑을 바라보는 이는>으로 표기되어 있으나 25집에는 <또>가 빠져 있다. 어떻게 보면 사소한 문제일 수도 있으나, 본인은 원문이 잘못 되어 사흘 밤이나 잠을 이루지 못했다고 하소연하고 있으니, 박지홍 동인의 글에 대한 애착과 철저함을 읽어낼 수 있는 장면이다. 25집에는 김병규의 「삶과 죽음과 나」, 「부재의 동경」, 감석환의 「허영의 시장」, 김용태의 「나무리 소고」, 김이상의 「땀 속에 치른 두 번의 여행」, 박홍길의 「보라빛 연기의 그리움」, 이주호의 「임종을 보고 싶다던 사람」, 이진두의 「말을 글쓰듯 한다면」, 이태길의 「현대판 어로불변(魚魯不辨)」, 제갈삼의 「편편심상」 등이 실려 있다. 그리고 특별란으로 <창립동인의 자취를 찾아서(1)>에서 김하득 동인의 얼굴상이 세워져 있는 부산고등학교를 이주호, 박지홍, 김석환 동인이 함께 찾은 답사기가 실려있고, 요산이 동래고 교지인 <군봉>17집에 실은 「죽음을 각오하던 날」이 재수록되어 있다.

    1990년대를 관통하면서 《윤좌》는 세 동인의 타계와 두 동인의 사퇴로 그 구성이 많이 바뀌었다. 《윤좌》에 둘러앉았던 다섯 자리가 비워지고, 그 자리에 대신 류영남, 박홍길, 제갈삼, 김이상, 이진두 동인이 새로 자리하게 되었다. 《윤좌》의 초창기 구성원들은 거의 비워지고 새로운 동인으로 자리가 메워진 시기이기도 하다. 그렇게 《윤좌》는 세월 따라 흘러온 것이다. 1990년대를 통과하면서 5권의 동인지밖에 남기지 못했던 것은 시름시름 제 각기 가진 행로 위에서 까다롭지 않게 살아온 결과이리라.

21) 26집, 27집, 김병규 동인의 추도, 이태길 동인의 팔순 축하 기념

《윤좌》 26집은 2000년 8월 11일에 출간되었다. 특집으로는 김병규 동인의 추도로 꾸며졌다. 특집에는 김병규 동인의 유고로 「요즘의 나」, 이태길 동인의 조시, 이문걸 시인의 조사, 천두현의 「현석 선생 추념문」, 김상호의 「추모특집에 부쳐」, 김용태 동인의 「뿌리 깊은 한 그루 거목」, 이규정 동인의 「박학다식하신 문필가, 학자, 교육자, 논객」 그리고 약력 및 주요연구 업적이 정리되어 있다. 동인의 수필로는 김대상의 「그 때 그 사람들」, 「우롱당한 독서」, 김석환의 「고향을 등진 사람들」, 김이상의 「배낭 없는 여행」, 박지홍의 「나의 어린 시절」, 박홍길의 「변방 노인의 말」, 이규정의 「우리들의 가면무도회」, 이주호의 「호상 아닌 호상」, 이진두의 「행자 이야기초」, 이태길의 「책머리에 쓴 글」, 「나의 금강산 징크스」, 제갈삼의 「K군에게 주는 글」, 「금수현의 삶의 업적」, 「김학성의 삶과 음악」, 최해군의 「지역적 특징으로 형성된 부산사, 그 부산사가 형성한 부산사람들의 기질」 등의 수필이 실려있다. 그리고 「창립동인의 자취를 찾아서⑵」란에는 향파 선생의 자취를 찾아보기 위해 제갈삼, 최해군, 이태길 동인이 금강공원에 있는 향파 선생 시비를 찾아서 그곳에서 한 시간 가량 한담한 내용과 향파 선생이 남긴 일화를 담아서 재미있게 소개하고 있다. 이 중 최해군의 「지역적 특징으로 형성된 부산사, 그 부산사가 형성한 부산사람들의 기질」은 부산사람의 기질과 정체성을 확인해 볼 수 있는 의미있는 문제제기이다.

《윤좌》27집은 2000년 12월 30일 발행되었다. 2000년도에 두 권의 동인지를 발간한 것이다. 27호에도 역시 특집이 마련되어 있다. 이 특집은 이태길 동인의 팔순 축하 기념특집이다. 김대상의 「여암 이태길 선생에 대한 단상」, 김이상의 「여암 선생님의 팔순을 송축하오며」, 박지홍의 「여암 형의 팔순을 축하합니다」, 박홍길의 「꾸지람을 듣던 때가」, 이규정의 「여암 이태길 선생과 윤좌의 동인 정신」, 이주호의 「이 교장 팔순, 회혼, 자서전 간행 축하연에 부치는 글」, 제갈삼의 「맏형과 같은 선비 여암 선생」, 최해군의 「국운을 한 몸으로 받아들인 여암 이태길 선생」 등이 수록되어 있다. 그리고 제갈삼 동인이 그해 타계한 이상근 명예 동인을 추도하는 조사를 남기고 있고, 이상근 교수의 타계소식을 전한 신문기사를 함께 기록해두고 있다.

동인 수필로는 김대상의 「담요쟁이의 전설」, 김이상의 「반쪽의 금강산 여행」, 박지홍의 「흘러간 그날 그날에서⑭」, 박홍길의 「눈썹을 못본다」, 이규정의 「동네 이야기, 집 이야기」, 이주호의 「국어교육 낙수」, 이진두의 「남북합작 담배」, 「백년 해로」, 이태길의 「열 번만 쉬면 천 미터는 걸겠네」, 제갈삼의 「다시 K 군에게」 등이 실려있다. 편집인으로는 이주호, 김석환, 박지홍, 제갈삼, 박홍길, 이규정 동인이 맡았다.

22) 28집, 29집, 이주호 김용태 동인의 팔순 축하특집, 김석환 선생 팔순 축하특집

《윤좌》 28집은 2001년 11월 29일 발간되었다. 그런데 동인지 페이지가 343면이나 되어 그 어느 호보다 분량이 많아졌다. 이에는 이주호 김용태 동인의 팔순 축하특집이 마련되어 있을 뿐만 아니라, 매호 실리는 동인 소식란이 풍성해진 탓도 있다. 특집에는 김이상의 <죽헌 선생니 팔순을 축하하오며>, 김창근의 <김용태 교장님의 업적을 기리며>, 박지홍의 <이 교수의 학문>, 박홍길의 <은복 누리시는 죽헌 선생>, <송천 선생의 정신과 학문>, 이규정의 <멋과 풍류의 어른 죽헌 이주호 선생>, <송천 김용태 선생과의 인연>, 정자봉의 <내가 본 송천 선생>, 제갈삼의 <죽헌 이주호 선생, 송천 김용태 선생의 팔순을 기리며>, 천두현의 <죽헌 이주호 선생님을 생각함>, 최상윤의 <민족의 자존과 독립의 마지막 기수자>, 최해군의 <죽헌 이주호 선생의 유유, 허허, 담담> 등의 축하글을 통해 두 동인의 팔순을 기념하고 있다.

이와 함께 동인들의 수필이 다양하게 자리하고 있다. 김대상의 「회고록의 재미」, 「마닐라만의 그 황혼」, 김석환의 「역설의 풍경」, 「십이열차의 전설」, 김용태의 「인생 80고개를 넘고서」, 김이상의 「멋을 위한 별미 나들이」, 박지홍의 「흘러간 그날그날에서(15)」, 「노인은 어디로 갔나」, 박홍길의 「두 사은회」, 성병오의 「효암재 나들이」, 「편지 이야기」,

이규정의「오이디푸스 씨에게 보내는 망언」,「국어생활의 반성」, 이주호의「국어교육 낙수 −연재」, 이진두의「조국을 떠나는 사람들」,「노인 자살」, 이태길의「정의를 위한 희생은 언젠가는 사회적 보상을 받는 것인가?」, 제갈삼의「만들어진 것으로부터 만드는 것으로」,「광장과 제자」,「나무와 현석 그리고 나」, 최상윤의「부산 아시안게임에 따른 효과적인 예술문화행사의 방안」, 최해군의「어설픈 자위」등이 펼쳐져 있다. 동인 소식란에서 재미있는 항목은 이규정 동인이 일본과 몽골을 여행하면서 앞으로 쓸 소설 자료를 나름대로 수소문하고 소설을 쓸 수 있는 계기를 마련하고 있다는 점이다. 이 두 소재는 몇 년이 지난 뒤 사할린 동포들의 이야기와 이태준 선생을 소재로 한 소설로 발간되었기 때문이다.

《윤좌》29집은 2002년 연말인 12월 2일 발간되었는데, 김석환 선생 팔순 축하특집으로 꾸며져 있다. 그런데 특집 구성은 다른 동인들의 축하 글 대신에 본인이 그 동안 《윤좌》에 발표한 글들 중 5편인「잃어버린 추억」,「유전」,「밤의 해안통의 합승」,「대문 없는 집들」,「10원짜리 동전」등이 재수록되어 있다. 여기에다 이태길 동인이 쓴 축하시가 맨 앞자리에 자리하고 있다. 그리고 동인들의 다양한 글들이 실려있다. 김대상의「대마도 여담」, 김용태의「나의 반골기질(1)」, 김이상의 「물난리의 상처를 지켜본 여행」,「때를 맞추지 못한 우포늪 탐방」, 박지홍의「흘러간 그날그날에서(끝)」,「우리들의 중고교 시대」, 박홍길의「쓸데 없는 책」, 성병오의「연변삽화」, 이규정의「글을 쓰면서 하는 생각들」, 이주호의「국어교육 낙수」, 이진두의「효행에 승속이 다르랴」, 이태길의「고령 애국지사의 병상」, 제갈삼의 「어느 어머니의 경우」, 최상윤의 「2002 부산지역 축제 이렇게 준비한다」, 최해군의 「분단작가, 그 배경」 등이다. 이 중 김대상 동인의 「대마도 여담」은 한일간의 역사 속에서 남겨진 석혜옹주의 이야기는 가슴을 아리게 한다. 20페이지가 넘는 동인 소식은 개인사를 넘어 부산지역의 문화사의 일부를 읽어내는 셈이다.

23) 30집, 31집, 박지홍 동인의 팔순 기념

《윤좌》30집은 2003년 11월 29일 발간되었다. 이 호는 특집 없이 동인들의 글로만 꾸며져 있다. 김대상의 「감선과 뮤지칼 관람」, 「장군의 아들」, 김용태의 「나의 반골기질⑵」, 김이상의 「운주사의 꿈」, 「중원문화를 생각하며」, 박지홍의 「빼앗긴 땅에서 살아가던 시절」, 박홍길의 「꿀을 좋아하다가」, 성병오의 「연변산책」, 이규정의 「하늘에는 별 땅에는 풀 -되돌아 본 나의 삶」, 이주호의 「국어교육 산책」, 이진두의 「낙화와 물결무늬」, 「경봉 큰 스님」, 「달을 듣는 마음」, 이태길의 「아버지 이제 바다가 보이시죠!」, 제갈삼의 「샌프란체스코에서 들은 <조국찬가>」, 「로스트로포비치와 격물치지」, 최상윤의 「파리와의 동거」, 최해군의 「부부는 사랑을 일구어서 가꾸는 사이」, 「그날의 인정, 오늘의 무심」 등이 펼쳐져 있고, 동인 소식이 10여 페이지에 걸쳐 기록되어 있다. 동인의 글 중 김용태의 「나의 반골 기질」은 사적인 차원을 넘어서 우리 역사의 한 페이지를 새롭게 기록했던 굴직굴직한 사건들에 대한 흥미진진한 기록이라 그 의미가 새롭다.

《윤좌》 31집은 2004년 12월 24일에 발행했다. 박지홍 동인의 팔순 기념 특집호이다. 특집에는 박지홍 동인이 그 동안 쓴 글 중 「나의 발자취」, 「새해에 아내에게」, 「이 땅에 태어난 행복」, 「추억은 언제나 달밤처럼 아름답다」, 「25시에 일어났던 일」, 「내가 아는 외솔 최 현배 선생」, 「고루 이극로 박사의 교훈」, 「망각 속에서 헤매던 추억의 연화섬」, 「윤회의 세계」, 「나의 종교주의 섭리」 등이 재수록하였다. 그리고 동인들의 작품이 실렸다. 김대상의 「황토현에서 스친 단상」, 김용태의 「나의 부산 근무 시절⑴ – 그것은 나의 제2의 인생 시작이었다 –」, 김이상의 「중화민국 그 화려한 이름」, 새로운 동인으로 입회한 박선목의 「철학의 아픔」, 박홍길의 「북장대에 오른 뜻은」, 「귀신이 버린 쓰레기」, 성병오의 「염성학(鹽城學) 개론」, 이규정의 「우연에 대하여」, 「예식장의 만세 삼창」, 이주호의 「국어 교육 산책」, 이진두의 「절집 이야기」, 이태길의 「부전자전(父傳子傳)」, 제갈삼의 「심적개조(心的改造)와 물적개조(物的改造)」, 「만남과 조우(遭遇)」, 최상윤의 「2002 FIFA 월드컵 축구 대회 본선」, 「조 추첨 유치 경쟁 일화」, 최해군의 「한 노인의 어느 하루」 등이 펼쳐져 있다. 그런데 편집 후기에는 의미있는 몇 가지 사항이 남겨져 있다. 젊은 동인이 없어 염려와 걱정이 시작되고 있음을 본다. 그 당시의 상황을 편집후기를 통해 엿본다.

편집 후기

○ 박지홍 교수님의 찬여든 해를 기리는 특집호를 꾸미려 했으나 기어이 사양하시므로, 부득이 당신 자신의 추억이 어린 글들로 엮었다. 사모님을 못 잊어하시는 마음, 나라 사랑·국어 사랑의 드높으신 정신이 글귀마다 배어 있음을 본다. 부디 속히 쾌차하시길 간절히 빈다.

○ 일본 동경대학 도서관을 일부러 찾아 얻은 귀한 자료를 번역해 주신 제갈삼 교수님과 중국의 염소성 문화 소개를 알뜰히 해 주신 성병오 교수님의 글 좋은 공부가 되었다.

○ 박선목 교수의 입회, 진심으로 환영해 마지않는다. 철학의 그늘로 안내해 주실 것을 기대한다.

○ '조우'란 말이 있다. 이번 호엔 김이상 교장님과 성병오 교수님의 글이 모두 중국을 배경으로 한 글이요, 특히 제갈삼 교수님과 이규정 교수님의 글은 모두 '조우'를 내용으로 하여 '조우'하고 있어 신기하다.

○ 작품은 회원 이름의 가나다 순으로 싣다 보니 쪽 결정이 안 돼 자꾸 바꾸는 일이 생긴다. 앞으로는 원고 도착 순대로 싣자고 제의하였다.

○ 회원수를 늘려야겠다. 회원수가 적다 보니, 책 한 권 엮는 데도 힘이 든다. 왕성하게 일 좀 해 줄 젊은 회원이 많이 들어왔으면 좋겠다. 다양한 분야에서 활동하시는 여러분을 널리 추천하고 호응 있길 바란다. 아무나 앉을 수 있는 돌아가는 자리가 바로 우리 모임이다.

○ 갈샘 선생, 인문고 교장으로 그 입시 난리에도 이 책 만드는 데 애써 줘서 미안한 마음 금할 길 없다.

이 해가 저문다. 2005년 을유에는 모두 환하게 웃을 수 있길 빈다. *(먼재)*

24) 32집, 33집, 제갈삼, 최해군 동인의 팔순 기념

《윤좌》32집은 2005년 12월 10일 출간했다. 제갈삼, 최해군 동인의 팔순 기념호로 꾸몄다. 제갈삼 동인의 축하 글에는 김이상의 「맑은 모습 맑은 마음」, 김정자의 「나의 스승 제갈 교수님」, 박선목의 「항상 앞에서 계시는 선생님께」, 이규정의 「운아 제갈삼 선생과의 만남」, 이창룡의 「스승 제갈삼 선생님」, 조선우의 「초창기 부산음악사」등과 함께 제갈삼 동인의 연보가 실렸다. 그리고 최해군 동인의 축하 글은 김이상의 「언제 어디서나」, 남송우의 「솔뫼 선생님을 생각하면」, 박홍길의 「가깝게 느껴지는 대인」, 성병오의 「뒷동산의 솔처럼」, 이규정의 「작가 최해군의 인간과 문학」그리고 연보가 정리되어 있다. 이어서 동인들의 글이 꾸려져 있다. 김대상의 「일송정 푸른 솔에 선구자는 없었다」, 김보희의 「버지니아 울프의 여성해방」, 「포틀라치」, 김용태의 「나의 부산근무시절⑵」, 김이상의 「60년만에 밟은 땅」, 김정자의 「경계허물기와 혼효의 문화」, 남송우의 「게 낚시」, 「서울과 평양사이」, 류영남의 「두 개의 일본어 뿌리」, 박선목의 「어머님 학교에 다녀오겠습니다」, 박홍길의 「소금 굽는 풍경」, 이규정의 「청마 선생의 추억」, 이진두의 「사라지는 텃밭」, 「석주 스님과 범어사」, 이태길의 「세배갈 데가 없다」, 「한산사의 종소리」, 제갈삼의 「스크랩의 재미」, 「독서 삼제」, 「은사님에 대한 몇 가지 추억」, 최해군의 「나의 출생지, 그 언저리」 등이 실렸다. 지난호에서 걱정하던 동인 보충의 문제가 이번 호에서는 김보희, 김정자, 남송우 세 동인의 영입으로 어느 정도 해소되는 분위기이다.

《윤좌》 33집은 2006년 12월 12일 발간되었다. 《윤좌》의 전통으로 보면, 칠순을 맞는 박홍길, 이규정 동인의 특집을 마련해야 했지만, 두 동인이 사양하여 동인들의 글로만 꾸렸다. 19명의 도인 중 건강상 7분이 글을 내지 못했다. 동인의 글로는 김이상「<선택>을 읽고」,「향기로운 한 송이 꽃으로」, 김정자의「무서운 얼굴」,「봄이 오는 소리」,「설날과 유년의 추억과」,「에로스와 '여자 죽이기'」, 남송우의「시와 함께 걷는 신선대의 아침」, 류영남의「문학작품 속의 새 이름」,「'소제'는 일본 한자어가 아니다」, 박선목의「인도여행」,「기다림」, 박홍길의「나의 오려붙임책 이야기」, 성병오의「시내암 기념관과 능원」, 이규정의「캄보디아에서 보낸 8일」,「피차일반」, 이진두의「불가불가」,「알고도 모른 체」,「출가는 생명이다」, 이태길의「입원소동」, 제갈삼의「그대들은 다 알고 있었네」,「어느 새명과학자의 반야심경」,「여러분은 나요, 내가 여러분이오, 눈을 크게 뜨시오」,「장안사 유감」, 최상윤의「잘려진 전깃줄로 이어진 생명」, 최해군의「5월 그 닷새」등으로 구성되었다. 이 글 중에서 류영남의「'소제'는 일본 한자어가 아니다」는 제언은 우리말의 인식에 대한 지속적인 관심과 연구의 결과물로서 관심거리가 된다. 그리고 동인소식란에는 김대상, 김이상, 류영남, 박홍길, 성병오, 이규정, 최해군의 동인소식만 정리되어 있다. 나이 든 동인들의 글쓰기가 점점 힘들어져 가고 있음을 화인하는 장면이다.

25) 34집, 35집, 〈한글관계〉 특집, 청마와 요산의 탄생 100주년 기념특집

《윤좌》34집은 2007년 12월 15일 발간되었다. 특집으로는 주제로 <한글관계>로 해서 5편의 글이 선보이고 있다. 김보희의「글모양이 아름다운 훈민정음」, 박선목의「문명과 글자」,「한글박물관을 세우자」, 이규정의「국어생활의 반성」, 최해군의「우리말 우리글의 앞길」등이다. 글을 쓰는 자들이 한글의 가치와 의미를 되새김질 할 수 있는 계기를 마련한 특집이었다. 그 동안의 특집이 동인등의 회갑이나 칠순, 팔순, 그리고 추모특집이었음을 감안할 때, 이 특집은 새로운 특집주제의 선택이었다. 이어 동인들의 수필이 나열되어 있다. 김대상의「그 때 그 청년」, 김이상의「지리산의 넉넉한 그늘」, 김정자의「'스스로가 빛난다'라고 말하는 세상」,「돌아가는 길」, 남송우의「독서일기」, 류영남의「김이상 동인 출판기념회에 부쳐」,「'말글밭' 연재에 얽힌 이야기」, 박지홍의「그녀를 먼저 보내고」, 박홍길의「빠르다」, 성병오의「중국영화 황제 김염」,「영화 황제 김염의 부인」, 이규정의「내가 변한 것일까」,「가정교육의 부재」, 이진두의「황금돼지 해 그 근거가 없다 해도」,「스님과 자가용」, 이태길의「나의 병상 일기」, 제갈삼의「감동으로 읽은 묵필서한 삼제」,「스크랩 속에서」등이다. 이 중 박지홍 동인의 부인을 먼저 보내고 외롭게 투병하고 있는 나날의 기록과, 이태길 동인의 병상에서의 글쓰기는 안타까움과 애절함을 진하게 전해주고 있다.

《윤좌》35집은 2008년 12월 15일 발간되었다. 1908년생인 청마와 요산의 탄생 100주년을 기념하는 특집을 마련했다. 이 특집은 김정자의「그리운 청마 선생님께」, 이규정의「요산 선생의 회억」, 남송우의「청마와 요산의 산문이 보이는 다양한 모습」, 그리고 신문에 실린 100주년 기념 기사들 모음으로 구성했다. 이와 함께 동인들의 수필로 김보희의 「독도와 안용복」, 김이상의 「코스모스」, 「이사」, 「별밤 음악회」, 「형제의 나라 터키 여행기(1)」, 남송우의 「독서 일기」, 류영남의 「한글 예술화의 땀」, 「문텐로드를 걷다」, 「紀念과 記念 문제」, 박선목의 「킬로만자로의 보름달」, 「한가한 오후」, 「등산에서 시작된 삶」, 박홍길의 「스승의 날, 봉투 이야기」, 이규정의 「밥 한 끼(1)」「밥 한 끼(2)」, 「아침 운동장 소묘」, 「말의 법도와 질서」, 이진두의 「하심과 자존」, 「사람을 만났다」, 「보고 싶은 사람」, 이태길의 「해운대 달맞이 고개 통신문」, 제갈삼의 「7가지 업을 통하여 멋있게 살자는 이야기」, 「하와이에서 만난 두 분의 경우」, 최해군의 「일제 강점기 그 날의 낙수」 등이 펼쳐져 있다.

26) 36집, 37집, 「윤좌에 얽힌 뒷이야기」, 여암 이태길 회장님의 망백 기념

《윤좌》 36집은 2009년 12월 15일 발행했다. 특집으로는 「윤좌에 얽힌 뒷이야기」를 다루었다. 여기에 최해군의 「《윤좌》 44년의 윤좌의 자리, 그 자리마다」, 제갈삼의 「《윤좌》에 얽힌 이야기」, 이규정의 「술마시고 밥 먹으면서 나눈 정담들」, 김이상의 「《윤좌》에 얽힌 뒷이야기」 등이 실려있다. 그런데 최해군의 「《윤좌》 44년의 윤좌의 자리, 그 자리마다」는 《윤좌》 창간 이후의 뒷이야기가 소상하게 펼쳐져 있다. 결국 그 동안 윤좌에 둘러앉은 사람들이 들고 난 역사가 한 편의 긴 글 속에 이어져 있다. 제갈삼의 「《윤좌》에 얽힌 이야기」에는 《윤좌》에서 만난 동인들과의 깊은 인연을 회고하고 있다. 이규정의 「술마시고 밥 먹으면서 나눈 정담들」은 동인들의 모임이 잦지 못해 서로의 깊은 정을 나눌 수 있는 기회가 적은 때에 이규정 동인이 주선하여 두 차례의 회식모임을 가진 이야기를 소설처럼 풀어놓은 글이다. 지나간 한 과거의 시간들이 이렇게 재구성될 수 있다는 것은 글이 가진 힘이라고밖에 볼 수 없다. 김이상의 「《윤좌》에 얽힌 뒷이야기」는 최해군 동인이 가지고 있지 못한 《윤좌》 창간호와 제2집에 대한 내용과 사연을 소개하고 있다. 이로써 《윤좌》 44년의 흐름이 이 특집을 통해 일차로 정리된 셈이다.

동인들의 수필로는 김보희의 「버지니아 울프의 여성해방」, 「포틀라치」, 김이상의 「작은 고추도 맵다」, 「다시 천왕봉에 서다」, 「갯내 거느린 올레길 3일」, 김정자의 「무거운 현대의 남자들」, 「종이 교과서 실종시대」, 「<별이 빛나는 밤>에」, 「그래도 아름다운 봄날 세상」, 남송우의 「선배 교수를 보내고서」, 류영남의 「더욱 자랑스런 한글날」, 「'귀무덤' 원혼들의 한을 달래다」, 「한시 '야설'의 깨어진 신화」, 박선목의 「갠지스강의 문화」, 「반성하는 생활인」, 「우리는 행복을 따라잡을 수 있을까?」, 박홍길의 「부춘강에 띄운 우의」, 성병오의 「중국 이야기1」, 「다시 폭죽에 대하여」, 「넘쳐나는 한국 드라마」, 「월병은 추석음식?」, 이규정의 「1박2일」, 「부음을 거푸받고」, 이진두의 「내 것 남주기가 그리 쉬운 일인가」, 「푸른 하늘 밝은 달 아래의 생각」, 이태길의 「해운대 달맞이 고개 통신문」, 정약수의 「사랑은 어려운 것」, 제갈삼의 「신선대의 가을 풍경 속에서」, 「가을의 힘」, 「불역유행과 같은 한자넉자의 묘미」, 「기마민족의 후예」, 최해군의「일제의 함정에 빠진 10대의 10년」 등이 수록되어 있다. 이 중 성병오의「중국 이야기1」,「다시 폭죽에 대하여」,「넘쳐나는 한국 드라마」,「월병은 추석음식?」은 중국연변 대학에 가서 한국어 교육을 담당하던 시절의 성병오 동인의 문화적 체험기라 중국문화를 새롭게 알게 되는 흥미진진한 이야기들이다.

《윤좌》37집은 2010년 12월 15일 발간되었는데, 여암 이태길 회장님의 망백 기념호로 꾸몄다. 37집도 특집 때문에 분량이 36집에 이어 300쪽이 넘었다. 여암 이태길 회장 망백望百 축하특집에는「여암 이태길 동인 약력」, 김이상의「여암 이태길 회장님의 망백望百을 송축하오며」, 남송우의「여암 이태길 선생의 수필에 나타나는 삶의 진정성」, 류영남의「변함없이 후학들 이끌어 주시길」, 박지홍의「여암 형의 망백을 진심으로 축하합니다」, 이규정의「험준한 삶의 산맥 넘어 망백에 오르신 어른 내외분」, 제갈삼의「여암艅巖 이태길 선배님의 망백望百을 기리며」, 최해군의「이태길 선생의 망백에 즈음하여 70년 전의 대구사범 항일 운동을 생각한다」 이렇게 망백을 기리는 동인 특집은 처음이라는 점에서, 《윤좌》에서의 새로운 기록이 되고 있다.

동인 수필로는 김보희의「도산서원」, 김이상의「차이差異」,「꽃의 세상 보기」,「벚꽃, 철쭉 그리고 수국」, 金亭子의「내 생의 '뜻하지 않은 추억'」,「별들에게 쓰는 편지」, 남송우의「한방 다이어트를 시작하면서」, 류영남의「'바둑이'의 향수鄕愁」,「최계락, 이영도 시비詩碑 앞에서」,「'불꽃 축제'를 '꽃불 축전'으로 고치자」,「'결혼結婚'은 일본 한자어가 아니다」, 박선목의「삶에 있어서 덕」,「스페인 여행기」,「죽는다는 것은」, 박지홍의「그녀를 먼저 보내고(2)」, 박홍길의「'늙다'와 '젊다'」, 성병오의「중국 이야기 2」, 이규정의「몽골 기행」,「동요를 잃어버린 시대」,「손자와 함께 자면서」,「어느 시각 장애인의 미사 참례」, 이진두의「산중에 사는 벗에게」,「향교 스테이」, 이태길의「함안공립보통학교 재학 3년간의 추억」, 정약수의「백골과 함께 살기」, 제갈삼의「소리[音]를 보다」,「몇 차례의 갈림길에서」,「자의 반自半 타의 반他意半」, 최상윤의「일 원 한 장 투자하지 않고」,「누리마루와 에이펙 하우스」, 최해군의「비시非時의 시詩 : 한 묶음」등이 실려있다. 이 중 박지홍의「그녀를 먼저 보내고(2)」는 병상일기이기도 하고, 일상의 기록이기도 한 2007년과 2008년간의 글은 인생의 황혼길에 들어선 자들이 거쳐가야 할 삶의 필연적 도정을 생생하게 전해주고 있다.

27) 38집, 39집, 죽헌 이주호 동인의 망백기념호,

《윤좌》38집은 2011년 12월 20일 날 발간되었다. 이 호에는 지난 호에 이어 죽헌 이주호 동인의 망백기념호로 꾸며졌다. 그리고 박지홍, 김용태 동인이 유명을 달리하여 추도글이 실려있다. 망백 축하와 추도글이 함께 실린 경우도 처음이다. 망백 축하글에는「죽헌 이주호 동인의 약력」과 함께 리의도의「죽헌과 대곡의 사이」, 김이상의「소나무의 꿈」, 남송우의「굳굳한 삶과 곧곧한 글쓰기」, 류영남의「죽헌 선생님과의 이야기」, 이규정의「죽헌 이주호 선생님의 망백을 기림」, 이태길의「나의 영원한 지도 교수여!」, 제갈삼의 「죽헌 이주호 선생님의 망백을 기리며」, 최해군의 「내가 보는 대구사범학교 학생의 항일 독립 지하 조직과 죽헌 이주호 선생」 등이 마련되었다. 추도글에는 「박지홍, 김용태 동인 약력」, 박홍길의 「<영결사> 큰 산 두메 선생님」, 이태길의 「나와 두메 박지홍 교수와의 교우록」, 이규정의 「<조사> 송천 김용태 선생님의 선종에 부쳐」, 이태길의 「나와 송천 김용태 학장」 등이 실려 있다.

동인 수필로는 김보희의 「아근바근 살 필요는 없다」, 「영문학사를 가르치며」, 김이상의 「바다 위에 핀 꽃불」, 「국토의 동쪽, 북쪽 끝에 서서」, 김정자의 「낡은 자동차」, 「빈티지 문화」, 남송우의 「변방에서 확인하는 살아 있는 정신」, 류영남의 「'석음'의 교훈」, 「'놀 토'는 '쉴 토'로 바로잡을 우리말들」, 박선목의 「모택동의 철도」, 「잃어버린 양심」, 「해변의 세 소년」, 박홍길의 「이름 '다이'의 운명」, 성병오의 「중국 이야기 3」, 이규정의 「퇴원 후」, 이진두의 「성철 스님의 출가시」, 이태길의 「망백의 변」, 정약수의 「한라에서 백두까지」, 제갈삼의 「기도문과 나」, 「무티의 답사」, 최상윤의 「메일 사건 이야기」, 최해군의 「한일 만필」 등으로 구성되었다. 이 중 제갈삼의 「기도문과 나」는 늦게 교회 출석을 하면서 공감하는 이어령 교수의 기도문과 교회의 기도문에 대한 솔직한 자기 고백으로 인간에게 있어 신앙이란 것이 무엇인지를 생각하게 한다.

《윤좌》39집은 2012년 12월 25일 발간되었는데, 특별한 특집이 없이 동인들의 수필로만 구성되었다. 김보희의 「법은 누가 지키고 싶더냐?」, 김이상의 「희한한 증인석」, 「작은 역할」, 「버리고 길떠나기」, 「백령도와 운동화」,「단비」, 남송우의「문화교류를 통해 만난 사람」, 류영남의 「두 선물, 내 마음의 죽비들」,「졸업 50주년 행사 인사말」,「부산지역 지명고찰」, 박선목의「계림에서 자연과 예술의 만남」,「내가 죽으면 나의 커피는 누가 끓이나?」,「아파트의 비밀번호」, 박홍길의「이 무슨 낭패인고」, 성병오의「중국 이야기 4」, 이규정의「틀니」,「세태관망」,『친일인명사전』과『불확실 시대의 문학』을 관통하는 정신」, 이진두의「70에 아들을 보았는데」,「걸레와 행주」, 이태길의「생사확인」, 정약수의「한옥과 피터 바돌로뮤 씨」, 제갈삼의「종홍과 니시다의 사이」,「흰구름 김문선 선생의 선물」, 최상윤의「자백과 제자 사랑」,「두메 박지홍 선생을 기리며」, 최해군의「<짧은 소설> 내 너 여자가 되어 주께」,「때 늦은 해거름에」 등이 모여 한 권의《윤좌》를 이루고 있다. 이 중 최해군의「<짧은 소설> 내 너 여자가 되어 주께」는 전형적인 노인 소설로서 그 의미가 새롭게 읽힌다.

28) 40집, 41집,「우리겨레와 민족문화」특집, 이태길 동인과 김영송 명예동인의 추모특집

《윤좌》40집은 2013년 12월 5일 발행되었다. 40집 발간을 축하하는 시를 김이상 동인이 짓고, 글씨를 류영남 동인이 써서 권두에 실었다. 특집으로「우리겨레와 민족문화」란 주제로 류영남의「면면히 흐르는 겨레정신」, 박선목의「한글은 우리 문화의 꽃」, 박홍길의「새로운 사대주의의 문제」, 정약수의「또 하나의 기적 한류 르네상스」, 최상윤의「국립국어원에 바란다」는 문제제기와 민족문화에 대한 인식들이 제시되어 있

다. 그리고 동인들의 수필로는 김보희의 「모게 세 덩이를 못 세는 사람」, 김이상의 「한국 전쟁을 생각하며」, 「'수'와 '수手'」, 「텃밭을 가꾸며」, 김정자의 「다시『데미안』을 만나다」, 남송우의 「<윤좌> 50년의 흔적을 뒤돌아 보며」, 류영남의 「애 내소사로 바꾸었을까」, 「담배에 얽힌 이야기」, 「'요산문학축전'으로 언어 광복을」, 박선목의 「예술이 살아있는 바르셀로나」, 「행위의 열매로서의 선과 악」, 박홍길의 「'너무' -'겠'이 넘치는 세상」, 성병오의 「연변의 음식 이야기」, 송영명의 「《예술부산》 100호 발간, 그 함의와 다짐」, 이규정의 「폐차」, 「쌍둥이 일화」, 「오래된 기억과 오래지 않은 기억」, 이상금의 「달리기는 무엇일까」, 이진두의 「칠순 노승의 천일기도」, 「세음이 곧 불음」, 이태길의 「생사확인, 그 두 번째 이야기」, 정약수의 「천국행과 지옥행」, 제갈삼의 「선의 말씀」, 「어느 종신형자의 에세이」, 「3신을 지켜라」, 최상윤의 「카발레리아 루스티카나와」, 「부산 오페라 하우스」, 최해군의 「최해군의 <토막글 여섯 토막>」 등이 둥글게 자리를 형성하고 있다. 이 중 박홍길의 「'너무' -'겠'이 넘치는 세상」은 우리 언어현실 속에서 잘못 사용되고 있는 '너무'와 '겠'의 문제를 국어학자로서 명쾌하게 지적하고 있는 장면이 인상적이다.

《윤좌》41집은 2014년 12월 5일 발행했다. 이 호에는 돌아가신 이태길 동인과 김영송 명예동인의 추모특집을 마련했다. 이태길 동인의 경우는 「걸어오신 길」, 남기신 글 「수인번호에 얽힌 사연」, 「자호 여암에 관한 이야기」와 함께 추모의 글로 김이상의 「고목의 그늘」, 박홍길의 「여항산의 갓바위로 영원하소서」, 이규정의 「여암 이태길 선생님의 우리글 우리말 사랑」, 이주호의 「'존경받는 인물상'을 받는 이태길 선생에게 드리는 말씀」등이 추모의 자리를 만들었다. 이어 김영송 동인의 추모글에는 「걸어오신 발자취」의 소개와 함께 김이상의 「재인의 풍모」, 김정자의 「내가 만난 최고의 스승, 김여송 선생님」, 남송우의 「김영송 선생님에 대한 기억들」, 그리고 박홍길의 영결사인 「영원히 푸르를 소나무」가 펼쳐져 있다.

동인 수필로는 김보희의 「자존심을 손질하자」, 「여성 우위론에서 출발한 동양사상」, 김이상의 「싱그러운 숲」, 「부끄러운 질책」, 「텃밭을 가꾸며⑵」, 「덫」, 김정자의 「아버지의 회초리」, 「아, 마에스트로 윤이상 선생님」, 김철권의 「사진을 향한 자세, 사진가로서의 자세」, 「죽은 아들 옷을 입고 자는 여자」, 「다리를 묶고 자는 여인」, 남송우의 「《윤좌》50년 뒤돌아보기⑵」, 류영남의 「동인들의 국어사랑」, 「두메 선생님과 지키지 못한 약속」, 박선목의 「티베트의 하늘 열차」, 「6.25 전쟁 때 두 아버지」, 「길」, 박홍길의 「한결같은 그 달」, 「환풍기처럼 살았으면」, 성병오의 「<홍루몽>을 찾아서1」, 이규정의 「냉수마찰」, 「세벌논 매기와 입도선매」, 「도시락과 미식」, 이상금의 「위로하는 기억, 기억하는 위로」, 이진두의 「이렇게 무더운 날엔」, 「삼독이 곧 도」, 정약수의 「마지막 잔디깍기」, 「강원도 감자」, 제갈삼의 「안동을 다녀와서」, 「제자들과의 만남」, 조갑상의 「정봉옥 소장」, 최상윤의 「비대발괄할 제자, 덮두들긴 스승」, 최해군의 「최해군의 <토막글> 아홉 토막」 등이 둘러앉아 있다. 어느 때나 마찬가지이지만, 추모특집이 실린 호에서는《윤좌》의 초창기 동인들이 떠나가는 모습을 확인하면서, 《윤좌》의 과거와 미래를 다시금 생각하게 된다.

29) 42집, 창간 50주년을 기념호, 특집호

42집은 《윤좌》가 창간된 지 50주년이 되는 해이다. 창간 50주년을 기념해서 두 권의 《윤좌》가 2015년 10월 20일 발행되었다. 1권은 매년 발행하는 동인지이고 또 다른 한 권은 50주년을 기념하는 선집을 출간했다. 이 선집에는 창간호부터 참여해온 동인들이 그 동안 발표한 수필 중 한 편씩을 선정해서 <먼저 가신 동인들과 명예 동인 작품>란을 마련했고, <현역 동인>들의 자천 작품 한 편씩을 모았다. 그리고 8월 3일 세상을 뜬 솔뫼 최해군 동인의 추모특집을 마련하였다. 먼저 가신 동인과 명예 동인 작품은 이주홍의 「새벽길」, 구자욱의 「혈압」, 김대상의 「회고록의 재미」, 김병규의 「마지막 꽃잎」, 김동주의 「나는 나는 뭣을 했나」, 김봉진의 「장엄한 노을」, 김석환의 「화분」, 김영송의 「치마자락」, 김용태의 「나의 어린 시절」, 김정한의 「손자에게 배운다」, 김종규의 「독서생활의 길잡이꾼」, 김종우의 「무상의 길」, 김종출의 「한국소설은 왜 재미가 없는가?」, 김하득의 「도루메기」, 류수현의 「배짱」, 유치환의 「교장선생님의 고추는」, 박문하의 「소주예찬」, 박성준의 「친구, 일. 보람」, 박지홍의 「이땅에 태어난 행복」, 손동인의 「환갑전야」, 이상근의 「음악의 주변(14)」, 이영도의 「중절모자와 고추장」, 이용기의 「이제 남은 일은 무엇인가?」, 이주호의 「한 해도, 일자리도 저물어 가는대」, 이태길의 「입원소동」, 최해군의 「황잿골 사람들」, 한형석의 「그저 갈수 없잖아」, 허영의 「하나의 변명」등이 선택되었다. 반 세기 동안 지속되어온 동인들의 면면이 펼쳐져 있다.

이어 현역 동인들이 자천한 수필은 김보희의 「<영문학사>를 가르치며」, 김이상의 「한국전쟁을 생각하며」, 김정자의 「베푼다는 것」, 김철권의 「죽은 아들 옷을 입고 자는 여자」, 남송우의 「쓸개 없는 인간으로 살아간다」, 류영남의 「'귀무덤'의 원혼들」, 박선목의 「성불을 위한 아내의 마중물」, 박홍길의 「눈썹을 못 본다」, 성병오의 「시내암 기념관과 능원」, 이규정의 「동요를 잃어버린 시대」, 이상금의 「본데가 있어야, 난데가 있는 법」, 이진두의 「알고도 모르는 체」, 정약수의 「사랑은 어려운 것」, 제갈삼의 「언어와 진실」, 조갑상의 「세 장의 사진」, 최상윤의 「파리와의 동거」등이 자리하고 있다.

《윤좌》동인지의 역사와 50년을 함께 해오다 타계한 솔뫼 최해군 동인 추모특집에는 「최해군 소설가 연보」와 함께 조사로 남송우의 「당신이 남기신 흔적들 잘 갈무리 하겠습니다」, 박정애 시인의 조시 「백학은 날아가고」, 추도사로 부산문협회장인 변종환의 「최해군 선생님께」, 부산 소설가 협회장인 박명호의 「최해군 선생님께」, 부산 작가회의회장인 서정원의 「추도사」, 추모사로 강동수의 「마애불처럼 천진하고 넉넉했던 미소」, 각 언론보도 기사 모음 5편, 그리고 동인들의 추모글로서 제갈삼의 「솔뫼 최해군 님의 타계를 애도하며」, 이규정의 「솔뫼 선생과의 교유 45년」, 성병오의 「그 인자하고 평화로운 모습」, 정약수의 「솔뫼 최해군 선생님 영전에」 등이 추모글로 이어지고 있으며, 그가 남긴 유고「손자 손녀에게」외 2편의 글이 실렸다.

그리고 이 특집호에는 창간 50주년까지의 《윤좌》 동인 현황과 《윤좌》 발행 연도 및 회원 연도별 입회 및 별세 기록이 류영남 동인의 자료 정리로 부기되어 있어 《윤좌》 동인의 역사를 한눈에 확인할 수 있다.

특집호와 함께 나온 42집은 창간 50주년에 걸맞게 3개의 특집을 마련하고 있다. 첫째 특집은 「한국수필, 부산수필의 현황과 과제」로 정목일의 「한국수필 문학의 현황과 과제」, 권대근의 「부산 수필의 어제와 오늘」, 남송우의 「《윤좌》의 발자취를 더듬어」로 구성되어 있다. 창간 50주년을 맞아 한국수필과 부산수필의 과거와 현재를 점검해보고 《윤좌》가 나아가야 할 길을 모색해보고자 함이었다. 두 번째 특집은 「나에게 《윤좌》란 무엇인가?」란 주제로 동인들의 글을 모은 것이다. 이 특집에는 김이상의 「《윤좌》와 맺은 인연」, 김정자의 「나에게 《윤좌》란 무엇인가?」, 남송우의 「벌써 10년 세월이」, 류영남의 「우리 정신의 요람」, 박선목의 「나에게 《윤좌》란 무엇인가?」, 박홍길의 「가는 길 밝혀주는 하나의 등불」, 성병오의 「나에게 《윤좌》란 무엇인가?」, 이규정의 「내 노년기의 족적, 삶의 나침반」, 이상금의 「나에게 《윤좌》란 무엇인가?」, 이진두의 「나의 스승 <윤좌>」, 제갈감의 「윤좌와 나」, 최상윤의 「내 인생의 마지막 무대, <윤좌>」 등으로 구성되어 있다. 각 동인마다 《윤좌》와 맺은 인연이 제 각각의 길을 내고 있다.

세 번째 특집은 망백을 맞는 제갈삼 동인과 팔순을 맞는 박선목, 박홍길 동인의 축하글이 펼쳐져 있다. 제갈삼 동인의 축하글에는 김이상의「구순의 피아니스트」, 김종태의「피아니스트, 교육자로서의 모본을 보여주신 운아 선생님」, 서세욱의「우리 시대의 참 군자 −제갈삼 선생의 망백에 부쳐」등이 자리하고 있고. 박선목 도인의 축하글에는 손승길의「달메 박선목 교수 팔순을 기리면서」, 박홍길 동인의 축하글에는 김창근의「늙을수록 즐거운 인생을 위하여」, 류영남의「먼재 선생의 따사로운 정」등이 따뜻한 정을 보태고 있다.

　　동인 수필로는 김보희의「사십년만에 만난 클래스메이트」, 김이상의「온고지정의 봄나들이」, 김정자의「머나먼 캐나디언 록키의 트레킹에서」, 김철권의「시선과 인정 사이」,「어머니의 젖가슴을 찾아서」, 류영남의「두고 온 고향」, 박선목의「사람은 불안에 앞서 있는 존재」,「죄수들의 찬송가」, 박홍길의「여든 고개 청춘가」, 성병오의「요양시 조선근기념관」,「요양에서 백탑을 만나다」, 이규정의「골프」,「구걸인에게 돈을 주지 마세요」, 이상금의「시 한 편 만들기」,「시 한 편 마무리」, 이진두의「화무십일홍」,「오욕」, 정약수의「외줄타기」,「흔적 지우기」, 제갈삼의「구순음악회와 U−콘스트를 마치고」, 조갑상의「공공장소에서 티브이 방송을 왜 봐야 하나」등으로 오랜만에 300페이지가 되는《윤좌》를 펴냈다. 이렇게 창간 50주년을 맞아 특집호와 함께《윤좌》를 600페이지가 넘는 두 권을 한꺼번에 발간할 수 있었던 것은 재정적으로 부산문화재단의 지원이 있어서 가능한 일이었다. 그러나 출판비만 있다고 될 일인가? 실무 편집과 교정을 도맡아 고생한 봄내 류영남 동인의 헌신이 있었기에 가능한 일이었다.

30) 43집, 44집, 이규정 동인의 팔순을 기념

《윤좌》 43집은 2016년 12월 15일 발간되었는데, 특집으로 이규정 동인의 팔순을 기념하여 축하글을 모았다. 흰샘 이규정 선생의 해적이와 함께 공재동의 「운명을 결정한 나의 선생님」, 김정자의 「흰샘 이규정 교수님과의 추억을 더듬는다」, 남송우의 「흰샘 이규정 선생님의 삶과 작가정신」, 류영남의 「흰샘 선생님과의 추억의 조각들」, 박홍길의 「이제 겨우 여든인데 −흰샘 이규정 학장의 팔순을 기리며」, 성병오의 「흰샘 이규정 선생」, 송기인의 「흰샘 선생님의 팔순을 축하합니다」, 이진두의 「사람다운 삶으로 일관한 스승님」, 정약수의 「본이 되고 등불이 되어 − 흰샘 선생 팔순에 부쳐」, 조갑상의 「한결같으신 분 − 흰샘 이규정 선생의 팔순을 맞아」, 주상대의 「흰샘 선생님과 함께한 20여 년」 등으로 구성되었다.

그리고 동인들의 수필로는 김보희의 「추억」, 김이상의 「무엇엔가 기대는 마음」, 「혜초 스님을 생각하며」, 「<육필원고> 주어진 환경」, 김정자의 「연극 <햄릿> 상연을 보다」, 「왜 그리 미워했습니까」, 「<육필원고> 연극 <햄릿> 상연을 보다」, 김철권의 「79세 할아버지와 81세 할머니 이야기」, 「밀양 할머니는 왜 나에게 돈 50만원을 주었나?」, 「슬픈 미소」, 남송우의 「윤좌의 발자취를 더듬어⑶」, 「<육필원고> 중고자동차와 갱년기」, 류영남의 「남명 선생의 상소문을 다시 읽다」, 「버드나무 이야기」, 「<육필원고> 잃어버린 연적」, 박선목의 「군대일기」, 「스핑크스와 근친살인」「<육필원고> 저승길을 물어서 간다」, 박흥길의 「푸른 것이 좋다」, 「<육필원고> 종이가 사라진다는데」, 성병오의 「홍루몽을 찾아서 3- 북경 조설근 기념관1」, 「<육필원고> 강남에 살다」, 이규정의 「4. 19의 회억」, 「<육필원고> 밥 콧구멍에 안 들어간다」, 이상금의 「'알파고'가 독서하는 모습」, 「,육필원고> 군밤」, 이진두의 「긴 여운」, 「<육필원고> 주지 스님과 선비 부자」, 정약수의 「우리 고운이 이 세상에 오다」, 「<육필원고> 제비가 오지 않는다」, 제갈삼의 「나의 망백 기념 음악회를 마치고 -부산 1세대 음악인을 회고하면서」, 「<육필원고> 눈에 보이지 않는 어떤 크다란 힘」, 조갑상의 「<육필원고> 다큐멘타리 영화를 본 어느 하루」 등이 펼쳐져 있다. 그런데 이번 호의 특징은 각자 원고 한 편을 육필로 쓰고 그것을 그대로 실었다는 점이다. 세월이 많이 지난 후 미래 세대들에게 육필원고가 새롭게 감각되는 날이 올 수 있을까?

《윤좌》44집은 2017년 12월 26일 발행되었다. 특집은 없고 대신 김정자 동인의 특별 세미나 강의 초록인「소설 속의 작중 인물들, 어떻게 변하고 있는가」가 실려 있다. 수필 속에 나타나는 인물상을 논의했더라면 동인들에게 좋은 도움이 되었을 텐데 하는 아쉬움이 있다. 동인 수필로는 김이상의「Monterey 여행, 뜻밖의 수확」, 「왜 하필 히로시마였을까>」, 「<육필원고> 날벼락」, 김정자의 「명지의 갈대뿌리와 바다울음의 얽힘으로 자란 세월-최화웅의 수필집『예서 자란 사나이들아』」, 「<육필원고> 그리워, 그리워」, 김철권의 「귀걸이 선물」, 「불면증」, 「사랑의 고통」, 남송우의「부산의 교통문화 개선, 그 근본은」,「<육필원고> 대학개혁의 자율권도 대학에 넘겨주어야」, 류영남의「교가에 실은 모교 사랑」,「학교 이름 '대변'과 '위붕'」,「<동아일보>에 실은 생각 -'플래카드'와 '현수막', 구별해 써야」,「<육필원고> 내 마음의 풍속도」, 박선목의「편지」,「인도 여행에서 네팔,스리랑카까지」,「<육필원고> 거울과 사색」, 박홍길의「시립 학술회관을 만들자」,「<육필원고> 연모 바보」, 성병오의「홍루몽을 찾아서4 -북경 조설근기념관 2」,「<육필원고> 남편과 나그네」, 송영명의「고향예찬」, 이규정의「단추와 지퍼」,「<육필원고> 이의 제사」, 이상금의「'독서'는 가을의 계절?」,「<육필워고> 고사목」, 이진두의「달팽이 뿔 위에서」,「<육필원고> 길 가리켜 줄 때는?」, 정약수의「길상사 유감」,「<육필원고> 음수사원」, 제갈삼의「초청 연주회를 마치고」,「<육필원고> 일평생을 음악 교사로서 살아온 삶에 대한 감회」등이 수록되었다. 이번호의 특기할 사항은 지난호와 마찬가지로 육필원고와 함께 이 원고를 녹음해서 소리 수필집을 따로 제작한 것이다.동인들의 육필과 함께 목소리도 같이 오래 동안 저장해 둘 수 있다는 점에서 이상금 총무의 노력이 컸다.

31) 45집, 46집, 47집, 새 동인들 특집, 세 분의 동인 추모, 창간 55주년 기념

윤좌 45집은 2018년 12월 5일 발행되었다. 특집으로 두 꼭지가 마련되었다. 첫째 특집은 그 동안 많은 동인들이 세상을 뜨고 젊은 동인들의 수혈이 없어 새로운 동인을 맞으면서 그 새 동인들의 글로 특집을 꾸민 것이다.

김민수의 「부산의 골목 탐방, 영선고개 비망록Ⅰ-1950~80년대 영선사람들, 그리고 직업」, 「부산 골목 탐방, 영선고개 비망록Ⅱ -영선사람들, 그리고 집」, 김혜영의 「세탁소에 걸린 남자」, 「까마귀」, 「오슬로는 투명해」, 「유리병의 감정」, 「붉은 깃발과 노란 꽃과 그리고 푸른 카페트」, 박창희의 「길 이야기1 – 부산이 걸어온 길, 길의 도시, 그것은 부산의 본성이자 창조공간이었다」, 「길 이야기2 – 회동수원지 사색길에서 부산의 힐링 1번지…걷는 자의 축복과 행복」, 「길 이야기3 – 규슈 가라츠 올레길에서 만감 교차하는 현해탄과 임진왜란 출병지」, 최정란 의 「참혹의 시간을 견디는 발」, 황은덕의 「귀향」 등으로 새 동인의 이름을 올렸다.

두 번째 특집은 동인 중 타계하신 분들을 추모하는 글 모음이다. 한꺼번에 세 분의 동인을 보내야했기에 그 슬픔은 컸지만 시간에 쫓겨 많은 추모글이 모이지 못했다. 이주호 동인의 추모글은 김이상의 「유유悠悠, 허허虛虛, 담담淡淡」, 류영남의 「죽헌 선생님 영전에서」, 그리고 그가 남긴 글 「부정 회귀」, 「8·15 단상」과 걸어온 발자취가 정리되어 있다.

이규정 동인의 추모글은 남송우의 「흰샘 이규정 선생님을 생각하면」, 성병오의 「흰샘 선생님 영전에」 그리고 남긴 글 중 「동요를 잃어버린 시대」, 「냉수마찰」이 수록되었고, 걸어오신 발자취가 소개되었다.

김보희 동인의 추모글은 정약수의 「김보희 교수님의 부음을 접하고」가 있고, 남기신 글 중 「<영문학사>를 가르치며」와 「사십 년 만에 만난 클래스메이트」가 걸어오신 발자취와 함께 기록되어 있다.

동인들의 수필로는 김이상의 「한여름 밤의 꿈」, 「등산에서 산행으로」, 金亭子의 「옆자리 사람 – 현대의 이방인들」, 「집의 구석」, 「팔을 다치고」, 김철권의 「자해는 나의 힘」, 「심인성 발기부전」, 남송우의 「1만 원짜리 도시락이 부끄러워지는 시간」, 류영남의 「성화대의 달항아리」, 「'서방西房'과 '장가丈家들다'」, 박선목의 「노인과 지팡이」, 「욕망이란 이름의 삶의 의지」, 박홍길의 「시계 이야기」, 이진두의 「가장 두렵게 여길 것은」, 「말 잘 듣는 사람」, 정약수의 「담양과 송강과 강아 이야기」, 「호모 사피엔스에서 호모 데우스로」, 제갈삼의 「스스로를 돕는 동시에 이웃과 사회를 도우며 살았던 L선생」, 조갑상의 「시외버스 타고 조문弔問을 다녀오다」 등이 45집에 실렸다.

《윤좌》 46집은 2019년 12월 5일 발행되었다. 특집 없이 동인 수필만으로 구성되었다. 동인 수필로는 김민수의 「서호탐방 – 서호에는 이야기가 넘실거리고」, 김이상의 「정직, 친절, 근면」, 「옐로스톤 단상」, 김정자의 「생철지붕」, 「새벽달」, 「봄날은 간다」, 「새」, 김철권의 「100번째 데이트」, 「2019년 어느 월요일 김모 정신과 의사의 하루」, 「바다를 잃은 노인」, 김혜영의 「향유의 주체되기: 마광수의 『즐거운 사라』에 출현한 사드적 여성」, 류영남의 「우리말 우리글, 3·1운동 100주년에 돌아본다」, 「'그리운 금강산' 노랫말을 다시 본다」, 「'화냥년'의 바른 어원을 알아본다」, 박선목의 「니체는 이렇게 말했다」, 「앉아서 오줌 누는 남자, 서서 오줌 누는 여자」, 「여산과 무이9곡에서 주자를 만나다」, 박창희의 「부산진성 '탈환 작전'」, 「걷기 좋은 도시, 발칙한 상상」, 이상금의 「라트비아는 어떤 나라일까」, 「라트비아, 조국과 자유를 위하여」, 「라트비아 독립 100주년의 현장에서」, 정약수의 「닭 우는 소리」, 「설거지를 하면서」, 제갈 삼의 「<動物의 王國>을 보면서」, 최화웅의 「누구를 위한 축제인가」, 「태풍 불어오는 밤」, 「토마토가 열렸어요」, 「백화白樺 숲의 그리움」 등이 펼쳐져 있다. 동인들의 참여가 저조하여 200페이지를 채우지 못한 호가 되었다. 특별한 것은 새로운 동인들이 영입되면서 지금까지는 없던《윤좌》동인회 내규가 생겨나고 이번 호에 발표되었다는 점이다. 창간 이후 어떤 규정없이 자율적으로 운영되던 모임이 시대의 변화에 따라 동인회의 운영에 필요한 규정을 정하게 된 것이다.《윤좌》의 정신은 둘러앉는 모임체이기에 회장도 없고 대표도 없이 모두가 주체가 되는 모임체였으나, 초창기 구성원들이 다 떠나고 시대가 변함에 따라 규정이 필요한 시대로 변한 것이다. 변화 속에서도 변하지 않는 아름다운 윤좌의 정신을 어떻게 지속해 나갈 것인가가 과제로 주어진 셈이다.

　《윤좌》47집은 2020년 11월 13일 발행되었다. 47집은 창간 55주년 기념호이다. 그래서 창간 55주년을 기념하는 류영남 동인의 글씨가 책머리를 장식하고 있고, 기획특집으로 동인의 발자취를 더듬어보는 시도를 했다. 그 대상은 초기의 동인이었던 청마와 향파 그리고 현재 최고령 동인인 운아 제갈삼 동인의 활동을 점검하는 글들로 구성되었다. 청마 다시 들여다 보기는 김정자 동인의 「시대정신과 맞물린 고독한 열정과 의지의 시인」으로, 향파의 활동은 남송우의 「향파 이주홍 선생의 다양한 편모를 찾아서」, 그리고 운아 제갈삼 동인의 활동은 최화웅의 「아흔 다섯의 나이로 기네스에 도전하다」로 꾸몄다. 아쉬운 점은 초창기 요산이나 정운 등 주요 문인들이 망라되지 못한 것이다. 기획력과 원고 필자 선정의 어려움이 낳은 결과로 보인다. 55주년을 지났기에 앞선 동인들에 대한 객관적인 평가는 앞으로도 계속 시도되어야 할 주제라고 생각한다. 권명환, 이종민이 새로운 동인으로 함께 둘러앉게 되었다. 함께 한 이들이 내보인 동인 수필은 권명환의 「우울의 피스」, 「나그네 새」, 「눈물의 현상학」, 「루오, 위로의 노래」, 김민수의 「우중 산행」, 「살다」, 김이상의 「안타까운 나들이」, 「종교의 삶(1)」, 「종교의 삶(2)」, 김철권의 「외로워하지 마라, 너의 곁에는 항상 내가 있다」, 「연인에게는 만남과 이별이 없다」, 「왕후의 삶」, 「저는 텐프로예요」, 「오직 사랑만이 자해를 치료한다」, 김혜영의 「튤립」, 「뱀을 그리는 일곱 가지 비밀」, 「수월 관음도」, 류영남의 「'얼굴'의 의미」, 「'사돈'은 몽골어다」, 「유관순 여사 순국100주년에」, 「'갈맷길' 이름도 '갈맥길'로 고치자」, 박선목의 「서재에서 사막으로 이어지는 고독」, 「학문과 삶의 길을 닮은 아리스터텔레스」, 박창희의 「말무덤 앞에서」, 「첫걸음마부터 돌아가는 길까지」, 이종민의 「사라지는 것들을 위한 레퀴엠」, 「손」, 정약수의 「마스크 시대」, 「텃밭 가꾸기」, 최정란의 「사슴뿔 선인장」, 「피노키오」, 「공중사원」, 최화웅의 「공재동 문학관에 가다」, 「물, 그대로 흐르게 하라」, 「땅은 모두의 것이다」, 「청록파 시인의 우정」, 「웅녀, 평등과 자주를 외치다」로 47호는 마무리되고 있다. 여전히 《윤좌》는 일 년에 한 번씩 태어나고 있지만, 그 해 그해마다 태어난 모습들은 변하지 않는 체제 속에서 조금씩 변화의 기미를 보이고 있는 형국이다. 중요한 것은 형식의 변화라 할 수 있는 동인 구성의 변화와 함께 이들이 내보이는 글이 질적 변화를 담보해내고 있느냐 하는 점이다. 이제는 55년의 역사에 대한 자부심에 못지 않는 글에 대한 자부심을 담보해내는 자기와의 내전을 계속해 나가야 할 시점이다. 이것이 《윤좌》의 역사를 《윤좌》답게 만들어 나가는 유일한 길이며, 선배 동인들에게 부끄럽지 않게 서는 길이 될 것이다. 이는 현재 동인들 모두의 어깨에 지워진 짐이다.

《윤좌》 속에 남겨진 향파 선생의 흔적(1)

향파 선생은 그의 생이 마무리될 때까지 《윤좌》와의 인연을 끊지 않았다. 그러면서 거의 매호마다 글을 발표했다. 《윤좌》 속에 남겨진 향파 선생의 글들을 살펴보는 것은 《윤좌》의 남겨진 글 속에서 그의 삶과 문학정신을 읽어낼 수 있는 길이기도 하다. 그래서 《윤좌》 속에 남겨진 향파 선생의 글을 살펴보고자 한다.

창간호에는 향파 선생이 「분화구」라는 글을 남기고 있다. 이글은 D선생과 R여사 사이의 사랑의 문제를 화자가 형이라고 설정한 한 대상을 향해 편지 형식으로 구성한 글이다. 향파 선생이 생각하는 사랑의 본질을 소설이나 시의 형식이 아닌 수상을 통해 드러내고 있다. 그것도 편지 형식의 글을 통해 사랑의 본질을 감각할 수 있게 했다는 점에서 의의가 있다.

《윤좌》 2집에서 선보인 향파 선생의 「해인사 안초」도 해인사에서 지내면서 R여사에게 보낸 편지글이다. 편지글을 선호하고 있다는 것은 수상집의 모음인 《윤좌》의 특성을 감안한 것으로 보인다. 7월 31일부터 8

월 24일까지의 일기식 편지는 향파 선생의 삶의 내면을 읽어낼 수 있는 글이다. 편지글이 지니고 있는 소통의 진솔성 때문에 누구에게나 공감력을 불러일으키고 있다.

《윤좌》3집은 1969년 7월 10일에 나왔다. 이는 2집이 나온 지 4년 만이다. 이렇게 시간이 많이 지난 이유는 역시 출판 여건이었던 것으로 보인다. 3집에서 특별하게 눈에 들어오는 장면은 동인이었던 청마가 세상을 떠나 묻힌 하단 에덴 공원묘소에서 1969년 4월 27일 찍은 사진이 화보로 실려 있다는 점이다. 사진의 주인공들은 최계락, 이종석, 김학, 이주홍, 장호강, 허만하, 정영태 시인이다. 《윤좌》 동인으로는 향파 선생이 유일하다. 이는 문인들의 야유회가 이곳에 있었는데, 사진을 같이 찍은 문인들은 소수인 것으로 보인다. 이는 향파 선생이 가지고 있던 사진을 활용하여 《윤좌》에 추모의 정을 담았다고 할 수 있다. 향파 선생은 「청마의 웃음」이란 제목으로 청마를 회상하고 있다. 여기에서 향파 선생은 다음과 같이 술회하고 있다.

이날 부산문협지부의 야유회를 청마가 누워 있는 하단 에덴공원으로 가서 30여 명의 문우들과 함께 야유회를 가지면서 평소에 청마가 보여주었던 호탕한 웃음을 떠올렸다. 그의 무덤 곁에 앉아서 서로 담소를 나누며, 청마에 대한 기억을 떠올리는 마음은 인생살이가 무엇인지를 다시 생각하게 했다. 청마가 기초한 윤좌 선언문을 떠올리며 동인 중 제일 먼저 떠난 청마의 삶을 떠올리고 있다. <제각기 가진 행로 위에서 앞서 가고 뒤

서 가고 하는 중 지극히 우연히 이뤄진 한 무리의 일행인지도 모른다. 거기엔 까다로운 그 무엇도 없다.>고 했는데 그 말이 지금 와선 뭔가 쓸쓸한 기분을 자아내게 하는 것이 있다.

이 땅을 먼저 떠난 자의 삶을 통해 아직 이 땅에 남아있는 자들의 삶이란 것이 무엇인지를 생각나게 하는 글이다.

《윤좌》4집에서 향파 선생은 「지나간 사람들」을 통해 평소에 정을 나누었던 자들 중에 유명을 달리한 분들에 대한 그립고도 따뜻한 정을 내보이고 있다. 절친한 관계를 가지고 살던 사람들이 먼저 떠나고 나면 남는 것은 그리움과 안타까움이다. 그런 애절함이 남아 있는 조의홍 씨의 인간됨을 회고하고 있으며, 태화인쇄소에서 일하면서, 《문학시대》출판을 맡았던 박광호 씨를 못내 아쉬워하고 있다. 병마와 가난과 싸웠던 개인사에 대한 기록은 인생사를 다시 되돌아보게 한다. 또 한 사람, 가야산 자락에 해인국민학교를 세운 이동수 선생에 대한 기록이다. 그가 운영하던 여관에 들러 원고 작업을 하던 시절을 떠올리며 회상하는 삶의 기록들은 사람과 사람과의 인연에서 소중한 것이 무엇인지를 다시 생각하게 한다.

《윤좌》5집에서 향파 선생은 「雞肋蕪束」이란 글을 통해 어린 시절 고향에서 만났던 첫 사랑의 대상인 순녜를 대상으로 삶의 본질과 진정성을 그리고 있다. 첫 사랑의 순수성이 질게 묻어난다.

《윤좌》5집에는 연각 선생 고희기념란도 마련되었는데, 향파 선생은

「연각의 안과 밖」을 싣고 있는데, 연각 선생의 수필집인 『보리를 밟는 마음』에 부쳤던 서문을 다시 수록하고 있다.

《윤좌》의 일곱 번째 이야기는 1976년에 나왔다. 7집에서 특이한 사항은 이 호가 향파 선생의 고희 기념호이고, 《윤좌》 제호를 한형석 선생이 썼다는 점이다. 향파 선생의 고희 기념을 위해 조순 시인이 향파 선생 인물 사진을 찍어 실었고, 사진에 대한 변을 <초인>이란 제목으로 달았다. 그리고 향파 선생 특집란에는 이용기, 이주호, 김종규, 안춘근, 이원수 작가 등의 글이 실렸다.

이용기 교수는 「향파 선생과 나」에서 같은 고향에서 태어나 일본, 서울, 부산에서 만나게 된 인연을 소개하고 있다. 이주호 교수의 「향파 선생을 모시고」에서는 부산에서의 첫 만남과 그 이후의 인연들에 대한 이야기가 자상하게 소개되고 있다. 김종규 선생은 「향파, 香波」에서 향파의 향기가 널리 퍼지기를 기대하고 있고, 안춘근 님은 「향파 서실 방문기」를 통해 1박 2일 동안의 향파 선생 집 방문기를 인상적으로 펼쳐 놓고 있다. 이원수 작가는 「향파의 문학」에서 예술 전반, 소설, 아동문학 등 향파 선생의 문학에 대한 평가를 의미 있게 정리하고 있다.

《윤좌》의 8번째 이야기는 1977년도에 하서 김종우 박사의 화갑기념호로 출간되었다. 제자는 역시 한형석 선생이 썼으며, 실무 편집은 김영송 교수가 맡았다. 기념 특집 글에는 김동욱, 이주호, 박지홍, 김종우 교수의 자서 등으로 꾸며졌다. 그리고 장을 달리하여 향파 선생이 「하서 박사 분취망청기」를 더했다.

《윤좌》9집에서 좀 특별한 부분은 향파 선생이 「윤좌 10년사」를 간략하게 정리하고 있다는 점이다. 책의 호수로 치면 9집이지만 창간한 연도를 치자면, 10년이 훨씬 지났기에 이러한 뒤돌아봄은 필연적인 사항이라고 본다. 특히 10년사에서 박문하 동인이 창간 동인이면서도 창간호에 이름이 빠졌던 이유를 자상하게 설명하고 있다. 창간호에 투고한 원고가 너무 학생 교육상 문제가 있다고 판단하여 싣지 못하게 되고, 박문하 동인이 여기에 반발해서 함께하지 못했다는 해명은 《윤좌》 동인이 출발하던 당시의 상황을 상상해 볼 수 있는 장면이다.

《윤좌》의 열 번째 이야기는 1979년에 출간되었는데, 10호는 유명을 달리한 수창 이용기 교수의 추모 특집으로 엮었다. 추모 특집의 분량이 다른 호에 비해 상대적으로 많아 전체 책 분량의 과반을 넘었다. 동인들의 글 꼭지보다 더 많은 무려 14명의 필자들이 추모글에 동참했다. 향파 선생은 「수창을 보내며」에서 수창의 비보를 들었던 과정과 그 소식을 듣고 그의 집에 달려가 그의 주검을 확인하는 장면과 과거 동래중학교에서 함께했던 시절을 떠올리며, 영결식 때 사회를 맡아 했던 개식사의 내용을 소개하고 있다.

이상 《윤좌》 몇 권의 글에 나타난 향파 선생의 삶의 모습은 한 마디로 정리하면, 사람과 사람과의 관계를 소중하게 여겼다는 점이다. 향파 선생의 문학적 지향점이 철저하게 사람다운 삶의 구현에 놓여있었던 점을 감안한다면, 이는 자연스러운 결과로 보인다.

《윤좌》에 남겨진 향파 선생의 흔적(2)

　《윤좌》 11집은 사실 연례적으로 보면, 1980년도에 발간되어야 했지만 해를 넘겨, 1981년 4월 10일에 간행되었다. 원고도 문제였지만, 발간비가 제대로 확보되지 못한 것이 큰 이유인 성싶다. 11집 후기에 '《윤좌》 11호는 硯覺 김하득 동인의 喜壽를 축하하는 뜻으로 제자인 김동주(혜강 한의원장) 동인이 낸 성금으로 간행을 보게 되었다'라는 언급이 있기 때문이다. 11집에는 특별한 특집이 마련되지는 않았지만, 향파 이주홍 선생이 쓴 「먼데 가 있는 동인들」의 글은 동인활동을 하다가 먼저 이승을 떠난 자들에 대한 회고글이라서, 동인들의 문학적 삶을 이해하는 데 필요한 많은 정보를 전달해 주고 있다. 여기에 논의 대상이 된 동인은 '청마 유치환', '김종출 교수', '우하 박문하', '정운 이영도', '해창 이용기' 등인데 먼저 떠난 자들에 대한 애틋한 정과 그들의 삶에서 풍기던 체취를 느낄 수 있는 글이다.

　해를 거르지 않고 1981년 연말 나온 《윤좌》 12집의 특색은 연각 김하득 동인의 추도 특집으로 꾸며진 점이다. 전체 페이지로 보더라도 2/3 이상이 추도의 글로 구성되어 있다. 특집 구성은 당시 교육감이었던 박찬우 교육감의 조사와 함께 향파 선생의 「교육계의 거목을 잃다」는 추도사가 맨 앞자리에 마련되었다. 이어 김정한의 「남을 위해 살다 간 사람」, 이영기의 「영원한 가르침」, 김석환의 「사투리의 추억」, 김동주의 「불러드리지 못했던 노래」, 이상근의 「연각 선생·부고·그리고 나」, 이정환의 「교육계의 큰 별」, 구자옥의 「길이 잊지 못할 그 어엿한 모습」, 하점생의 「민족의 선각자」, 김영송의 「그만!」, 이주홍의 「연각과의 34년」, 박지홍의 「연각 선생의 한평생」 등의 애절하고 안타까운 사연들이 추모의 글로 꾸며져 있다.

13집은 특집으로 四仙頌壽 기념호로 꾸며졌다. 이 대상이 된 동인은 희수를 맞은 이주홍, 진진갑인 김병규, 진갑인 이주호, 회갑을 맞은 이상근이다. 향파 선생의 희년에 대해서는 박지홍 동인이 「천년 묵은 거인」으로 칭송했고, 진진갑을 맞은 현석 김병규 교수에 대해서는 박철석 교수가 「고독의 심상화」를 통해 그의 수필세계의 특징을 잘 정리해 주고 있다. 그리고 진갑을 맞은 죽헌 이주호 선생에 대해서는 이태길 선생이 「흑싸리쭉지와 공산명월」로 친구지간의 격없는 관계를 나누고 있고, 회갑을 맞는 이상근 교수에 대해서는 제갈삼 교수가 「끌없는 집념」이란 제목으로 그와 만난 이후의 음악 인생과 작품 세계를 두루 살피고 있다.

《윤좌》 14집은 해를 넘겨 1984년 4월 15일 날이 되어서야 빛을 보았다. 편집후기에는 동인 모두가 다투어 좋은 글을 쓰느라 원고가 늦어져 그만 해를 넘기고 말았다고 후술하고 있으나, 원고를 제때 내지 않은 동인들의 게으름과 출판비 마련이 출판 시기를 지체시킨 참 이유인 듯 보인다. 14집은 김석환 동인의 회갑 기념호로 꾸며졌으며, 출판비는 당시 경남학원 원장이었던 김근준 원장이 자형(김석환)의 회갑을 기념해서 마련해 준 것으로 기록되어 있다.

회갑 특집란에는 이주호 동인의 「난을 좋아하는 난 같은 선비」, 류수현 동인의 「一片氷心在玉壺」, 그리고 본인이 쓴 「문패없는 집들」이란 글이 실려 있다. 이 중 앞선 두 편의 글은 김석환 동인의 성품을 제대로 드러내고 있는 축하의 글이 되고 있다. 이 외에도 구자옥의 「혈압」, 김동규의 「그런 것 같기도 하고」, 김영송의 「낡은 화첩에서」, 이주홍의 「酒譚半六席」, 김정한의 「바른글과 거짓글」, 박지홍의 「얼룩진 들찔레는」, 이상근의 「영남악파」, 김병규의 「어떤 거리」, 그리고 이주홍의 동화 「가야산 다람쥐」와 최해군과 손동인의 단편소설 「탈놀음」, 「천주의 한」이 실려 있는데, 이상근의 「영남악파」는 영남 지역의 음악의 바탕과 지역적 자존심을 의미있게 정리한 글이다.

《윤좌》15집은 1985년 4월 20일에 선을 보였다. 14집이 출간된 지 꼭 1년 만이다. 15집도 동인의 변화는 없지만, 이 호에도 회갑을 맞은 박지홍, 손동인 두 동인의 회갑 기념 특집이 꾸며졌다. 향파 선생이 「現世賢者傳」에서 회갑을 맞은 박지홍, 손동인 두 동인과의 인연과 그들의 인간됨이를 그리고 있으며, 김병규의 「그 파우스트적 정신」, 이주호의 「두메와 사귄 지 삼십년」, 구자옥의 「인생의 행운아 두메」, 김동주의 「평생의 스승 두메 선생님」, 김영송의 「수퍼맨 박지홍 교수」라는 글과 함께 안장현의 「바보 마을 창설의 손동인」을 기념하는 글이 특집으로 꾸며져 있다. 그런데 박지홍 동인과 손동인 동인이 회갑을 맞으며 정리한 두 분의 연구와 창작 해적이를 보면 참으로 열심히 활동해 왔다는 것을 한눈에 볼 수 있다.

그리고 김석환의 「팔자」, 류수현의 「배짱」, 김정한의 「협조의 강요」, 「도깨비 장난 같은 이야기」, 김병규의 「허상실상」, 김동주의 「있기는 있었는데」, 박지홍의 일기연재인 「얼룩진 들찔레는 이렇게 말한다」, 이상근의 '프로 무지카' 이야기」, 손동인의 단편 「외야 인생」과 최해군의 단편 「수정산의 가랑비」가 실려 있다. 동인들의 다양한 삶에서 우려져 나오는 글의 향기들이 깊게 스며들지만, 류수현 회원의 「배짱」은 30년 전의 경험이지만 지금도 여전히 오늘의 우리 사회를 향한 날카로운 지적으로 와닿고 있다. 그리고 특별히 태야 최동원 교수가 박지홍 동인의 회갑을 축하하는 글씨를 보내어 축하의 자리가 마련되어 있다.

《윤좌》16집은 향파 이주홍 선생의 산수傘壽를 기리는 기념호로 만들어졌다. 늘 문제가 되었던 출판비는 <보리밭> 출판사 사장인 최시병 씨가 향파 선생님의 산수를 기념하는 차원에서 부담을 했고, 다행히 한국문화예술진흥원의 지원도 받아 해결한 것으로 기록되어 있다. 기념특집이라 향파 선생의 어린 시절부터의 사진들이 동인지 앞 부분에 배치되어 있고, 당시의 모습을 확인할 수 있는 해인사에서 찍은 사진도 화보로 처리되어 있다. 당시 편집 실무를 맡았던 박지홍, 김영송 두 분의 노고가 엿보인다. 향파 선생을 기리는 글들에서 손동인은 「풍류와 정력의 제왕」

에서 향파의 크고 넓은 인품을, 최해군은 「향파 선생의 문학」에서 그의 문학이 지닌 폭넓은 예술성을, 김병규는 「선풍도골의 향파선생」에서 향파 선생의 도통한 듯한 성품을, 박지홍은 「정자나무 그늘에서」에서 향파 선생과의 만남에서 빚어진 숱한 숨겨진 사연들을, 구자옥은 「비탈길 계속 오르시길」에서 더욱 강건하여 여전한 삶의 여정을 희구하고 있으며, 김동주는 「힘센 丙午生」에서 향파 선생의 무한에 가까운 정력을, 그리고 회원은 아니지만 최시병은 「내 예술의 큰 그늘」에서 향파 선생의 예술 정신에 힘입어 살고 있음에 대한 고마움 등이 스며나고 있다.

  향파 선생의 80세를 기념하는 기념호가 나오고 난 뒤, 해를 넘기자 향파 선생이 타계하셨다. 암과 오랜 동안 투병해 오셨는데, 결국 81세로 세상을 떠나신 것이다. 그래서 《윤좌》17집은 자연스럽게 향파 선생을 추도하는 글이 특집으로 꾸며졌다. 그래서 당시 편집 실무를 맡았던 김영송 선생에게 향파 선생이 그려주었던 그림이 동인지의 표지화로 실렸다. 추모의 글들은 김정한의 「향파와 나」, 강남주의 「以制潤身을 타이르시더니」, 손동인의 「향파 선생 보옵소서」, 최해군의 「향파 선생과 문학시대」, 김동주의 「與草濟生」, 박지홍의 「정자나무 그늘에서」 등이 실리고, 각 언론사에서 보도된 기사들이 정리되어 있다. 이 중 강남주의 「以制潤身을 타이르시더니」는 제자의 입장에서 떠나보내는 향파 선생에 대한 애절함과 스승으로서의 진정성을 느낄 수 있는 추모의 글이다. 박지홍의 「정자나무 그늘에서」에서는 향파 선생이 20여 년 동안 끌고 오던 《윤좌》의 탄생과 관련된 이야기가 소개되고 있어 흥미롭다.

Ⅳ.
향파의 삶과 문학

향파 이주홍의 삶과 문학

1. 향파 선생님에 대한 기억

필자가 향파 선생님을 처음 직접 뵈었던 때는 1980년대 초였다. 지산 간호보건전문대학(현 부산가톨릭대학)에서 학생들을 가르치고 있을 때였다. 그 당시 이 학교에 양재목 학장님이 계셨는데, 이 양 학장님은 수산대학(현 부경대학)에 오래 동안 계시다가 이 전문대학 학장으로 부임해 오셨던 것이다. 그런데 이 양 학장님과 향파 이주홍 선생님은 수산대학에 계실 때, 참으로 절친한 관계이어서 학교를 옮기신 이후에도 자주 온천장에서 만나셨다. 이미 그때 향파 선생님은 정년을 하시고, 명예교수로서 수산대학에 하루 정도 출강을 하고 계셨다.

봄 학기가 막 시작한 어느 오후, 양 학장님이 향파 선생님 뵈려 가는데 함께 가자고 했다. 온천장 금강공원 입구 가까이 있는 한식음식점이었던 것 같다. 그 집에 들어서니 온천장에 집이 있었던 향파 선생님이 먼저 와 계셨다. 인사를 드리고 저녁 식사를 시작했다. 그런데 향파 선생님은 식사보다는 맥주에 더 관심이 많으셨다. 맥주를 드시면서 잔을 돌리지는 않으셨다. 각자 앞에 놓인 잔이 비면 거기에 술을 부어 잔을 채워주는 주법으로 맥주를 드셨다. 내 앞에 놓인 잔이 비워질 기색이 없자, 향파 선생님은 젊은 사람이 술을 못하면 아무 것도 할 수 없다며, 자주 술을 권했다. 체질적으로 술을 많이 할 수 없다고 하자 더 이상 강요는 하지 않으셨다. 그 날 저녁 나는 술 대신 안주만 축내며 두 분을 모시기에 바빴다.

　비워진 맥주병이 열 병이 훨씬 넘고나자, 향파 선생님이 주인 마담을 불렀다. 그리고 그 주인에게 오늘은 내가 선물을 하나 준다며, 손수건 한 장을 건네었다. 주인 마담은 그것을 받아들고 좋아서 어쩔 줄을 몰라 하며 건네받은 손수건을 펼쳐보였다. 손수건에는 향파 선생님이 직접 그린 수를 놓은 듯한 그림이 한 폭 그려져 있었다. 그날 저녁 나는 밤늦도록 향파 선생님이 쏟아놓으시는 소설보다 더 재미있는 야담과 이야기를 들었다. 그날 이후 양 학장님과 함께 자주 만나는 시간을 가졌다.

　그러다가 1985년에 나는 수산대학으로 자리를 옮겼다. 학교를 옮기고 연구실을 배정받았는데, 그 방이 향파 선생님이 사용하시던 방이었다. 그 때까지도 일 주일에 하루 정도 강의하러 나오시면 그 방을 사용하셨다. 당시 연구실이 부족하여 한 방을 같이 사용하게 된 것이다. 그 방에는 선생님이 사용하시던 책상이 그대로 있었다. 그러나 한 일 년 정도 지나서 선생님의 건강이 악화되어 계속 강의하시기가 힘들어졌다. 일주일에 한 번씩 만나 뵙는 것도 힘들게 된 것이다. 댁으로 찾아가 한 번씩 뵙는 수밖에 없었다. 당시 함께 근무하던 국어과 교수들에게 병중에도 한 편씩 글씨를 써주시던 기억은 잊을 수가 없다. 결국 선생님은 1987년 1월에 우리 곁을 떠나시고 말았다. 오래 모시지는 않았지만, 향파 선생님으로부터 받은 강한 인상은 함께 사는 사람들에게 부담을 주지 않으려고 늘 자신을 추스르시며 남에게 무엇인가 베풀려는 삶의 자세를 보이셨다는 점이다.

그러한 삶의 자세가 나의 마음에 진하게 남아 선생님의 체취를 옆에 두고 싶었다. 그래서 선생님이 떠나시고 난 뒤 선생님이 사용하시던 나무 책상을 버리지 못하고 그것을 내가 부임하면서 받은 새 철제 책상 대신 사용하기로 마음먹었다. 연구실을 옮길 때마다 다리가 상해 흔들거리는 그 나무 책상을 무슨 보물단지처럼 끌고 다녔다. 그 책상을 20여년 사용하다가 향파 탄생 100주년 행사를 준비하면서 향파문학관으로 옮겼다. 그런데 합천에 향파아동문학관이 생겨 이 책상은 다시 합천으로 옮겨졌다. 잘 보관이 되어 오래 오래 유품으로 남겨졌으면 한다.

2. 향파와 아동문학

향파 선생이 타계한 해가 1987년이니, 벌써 25년이 지났다. 다재다능한 예술적 역량을 평생 보여주셨기에 향파 선생을 이야기하려면 무엇부터 풀어내어야 할지 망설여진다. 이렇게 망설여지는 또 다른 이유는 아직까지 향파에 대한 정확하고 객관적인 평가가 온전히 이루어지지 못한 데서 비롯되는 측면도 무시할 수 없다. 아동문학가·소설가·희곡 작가·서예가·시인 등 다양하게 펼쳐놓은 그의 작업들에 대한 체계적인 연구가 아직 미진하기 때문이다. 그러나 그의 문학과 삶에 대한 전반적인 성격은 어느 정도 밝혀져 있기 때문에, 이를 바탕으로 하면서 필자가 만난 향파에 대한 인상을 덧붙임으로써 그의 삶과 문학을 이해하기 위한 하나의 토대를 만들어 보고자 한다.

향파의 첫 작품은 1925년『신소년』에 발표한 동화「뱀새끼의 무도」이다. 이후 1929년《조선일보》신춘문예에「가난과 사랑」이 입선하여 동화와 소설 양쪽으로 그의 관심을 펼쳐보였다.

향파가 선보인 동화들은『섬에서 온 아이』,『피리부는 소년』,『청어뼈다귀』,『톡톡 할아버지』,『아름다운 고향』등 엄청난 분량이다. 향파 선생의 동화들은 인물 창조면에서 보면, 대부분의 인물들은 평민이며 작가에 의해 창조된 인물보다는 전래 동화나 기성적인 인물을 각색하고 있는 경우가 많다는 것이 일반적인 지적이다. 그리고 이 인물들의 특징은 주로 순진하고 미래지향적인 인물로 설정되고 있어 어린이들에 대한 교육적 배려가 개재되어 있다. 이러한 인물설정이 재미있는 스토리 속에서, 그리고 해학과 풍자·기지로 이루어져 있어 이야기를 읽는 독자들을 사로잡는 힘을 지니고 있다.

그런데 향파는 왜 이러한 어린이를 위한 글쓰기에 집착했을까 하는 점이 궁금한 사항 중의 하나다. '가난으로 잃어버린 유년기를 문학을 통해 복원하고자 하는 꿈 때문이었을 것이다(강남주「부산의 예술혼」중에서)'라고 그 이유를 논해보기도 한다. 그러나 향파 선생의 더 깊은 뜻은 자신이 잃어버린 유년기를 복원하는 데에만 있는 것이 아니었으리라고 본다. 가난과 고통을 직접 경험한 그가 이 땅의 자라나는 아이들에게 줄 수 있는 것이 무엇일까를 나름대로 고민하지 않았을까? 이들이 자라면서 만나는 고통의 순간들을 근원적으로 이겨낼 수 있는 힘을 선물하는 일이 아동문학을 통해 가능하다고 믿었던 것이라고 본다. 평생 아동문학을 버리지 않았던 그였기에 그의 삶 역시 순수함을 언제나 지향하고 살았다. 자기 자신에 충실하지 못하고 성실하지 못한 자를 깨우치는 풍자와 해학을 즐겨 작품 속에 활용하는 수법은 바로 그의 순수지향성을 달리 보여주는 측면이었던 것이다.

3. 향파와 그의 소설들

향파가 남긴 대표적인 소설로는 『조춘』, 『해변』, 『풍마』, 『어머니』, 『지저깨비』, 『아버지』 등이 있는데, 대체로 개인적이고 일상적인 삶을 구체적으로 다룬 작품들이다. 『어머니』나 『아버지』처럼 역사성을 지닌 작품이 있지만, 이 작품들도 역사의 중심인물들을 다룬 것이라기보다는 역사 속에서 주변부로 내몰린 인물들의 삶에 초점이 맞추어져 있다. 이들의 고통스런 삶을 통해 인간 삶의 진정성을 찾아보려고 하며, 나아가 인간애의 본질을 추구하고 있다. 그가 인간의 본성을 어떻게 그려내고 있느냐 하는 점은 1966년 『문학』 6월호에 발표된 「승자의 미소」를 당시 월평에서 평가하고 있는 내용을 참고하면 많은 도움이 된다.

김종출 교수는 「우리 현대소설은 어디로 가고 있는가」(『문학시대』, 1966년 9월호)에서 향파의 이 작품을 다음과 같이 평하고 있다.

작품으로서, 이 단편은, 그 소재가 유니크하고 퍽 잘 쓰여 진 소설이라 생각한다. 소재가 유니크하다는 것은 스토리의 내용이 시체의 염습에 관한 것이고, 소설이 퍽 잘 쓰였다는 것은, 작가의 작품을 만들어 내는 솜씨가 예사로 높지 않더라는 뜻이다. 즉 간간히 나타나는 까마귀의 울음소리로서 상징되는 죽음의 이미지와, 그것을 넘어서는, 집념하는 인간의 이미지가 잘 부각되어 스토리를 절박하게 만들고 있다.

독자들이 감동받을 수 있게 인간을 어떻게 그려낼 수 있느냐가 소설가에게는 중요한 과제라는 입장을 읽어낼 수 있다. 향파는 이 소설에서 그 인간을 그려내는 데 성공하고 있다는 평가이다. 이는 향파가 이 소설 속에서 스토리를 절박하게 만들고 있다는 평가 속에서 나타난다. 그래서 그의 소설들은 이야기로서의 서사성을 언제나 기본 토대로 삼고 있다. 이러한 소설의 실현은 그의 소설에 대한 다음과 같은 입장의 구체화라고 볼 수 있다.

작품은 곧 발언이다. 하고 싶은 이야기를 해 보는 것일 뿐이다. 인간으로서의 원초적인 몸부림인 것이건, 자기가 처해 있는 환경의 부조리에 저항하는 것이거나, 필경엔 발언 이상의 것일 수 없다. 굳이 그 발언의 德不德을 말하란 다면 그것은 그 사람이 순수한 자연인의 처지에서거나, 속박된 사회인으로서의 처지에서거나, 얼마만큼 쓸 만한 생각을 하고 있으며 그것이 또 얼마만큼 감칠맛 있을 정도로 인기가 되어 있느냐 하는

것이 문제가 되어야 할 것이다.

— 창작집 『해변』의 후기에서

    향파의 소설에 대한 입장이 분명히 제시되고 있는 한 대목이다. 여기서 우리는 동시대에 같은 지역에서 함께 작품 활동을 하면서, 부산문단의 터를 닦은 요산의 경우와는 사뭇 다른 입장을 읽어낼 수 있다. 요산은 작품이란 오직 발언이란 측면에 더 비중을 두고 있었다면, 향파는 발언하는 방식에 대한 관심을 견지하고 있기 때문이다. 이는 요산이 소설 자체의 주제에 집착하는 측면이 있었다면, 향파는 소설이 지닌 재미에도 상당히 관심을 가지고 있었다는 것이다. 이는 향파가 작은 이야기를 재미있게 풀어 가는데 관심을 가지고 있었다면, 요산은 주제를 정공법으로 대응하는 수법을 사용했다고 볼 수 있다. 이러한 소설관의 미묘한 차이가 결국 요산을 지사적인 이미지로, 향파를 예술가적인 이미지로 고착화시키는 데도 작용했다고 볼 수 있다. 이는 바로 요산이 오직 소설만을 고집한 것과 향파가 다양한 장르로 자신의 예술적 재능을 펼쳐나간 사실과 무관하지 않다.

4. 향파 수필의 다양성과 유연성

    향파는 1957년에 『藝術과 人生』이란 첫 수필집을 펴냈고, 1961년에 두 번째 수필집 『조개껍질과 對話』를 펴냈다. 전자에 실린 수필들은 전부 79편으로 2편을 제외하고는 전부 1950년대 초반에서 중반까지의 수필들이다. 그리고 후자의 수필집에는 전부 94편이 실려 있는데, 56편이 50년대 후반의 수필이고, 나머지는 1960년 이후의 수필이다. 그래서 이 두 권의 수필집에서 1950년대에 쓰인 글을 중심으로 그의 수필이 보여주는 세계를 점검해 보고자 한다.

1) 문학에의 눈뜸과 문학수업

향파는 그의 어린 시절의 이야기를 수필 속에 다양하게 풀어놓고 있는데, 특히 그의 문학수업에 대한 회상을 그의 수필 「藝術과 人生」에서 자세하게 언급하고 있다. 자신을 객관화하여 서술하고 있는 다음 장면은 그의 문학에의 눈뜸이 어떻게 이루어졌는지를 확인할 수 있게 한다.

열대여섯 살 됨직한 어린 소년은 풀밭에 누워서 잡지를 보느라 삼매경에 들어 있다. 소년은 가끔 얼굴 위로부터 책을 걷고는 공상에 잠긴 맑은 눈으로 바다빛 푸른 하늘을 쳐다본다. 어디선지 뻐꾸기 소리가 흘러온다. 함박꽃처럼 피어오르는 하얀 구름송이에 눈이 지치면 소년은 가벼운 한숨을 남기면서 다시 책을 얼굴로 가져간다. 눈으로 보이는 실재 외에 세상에는 또 하나의 세계가 존재한다는 것을 소년은 이때에 다시 한번 확신한다. 「예술세계」, 이런 사치스런 어휘를 쓸 수 있는 소년은 아니었다. 그러나 적어도 그런 걸 거라는 것만은 스스로 규정하고 또 자신했다. 시라는 것이 뭣인가를 소년은 알만했다. 이것은 경이의 개안이었다. 인간은 시라는 세계에도 참여할 수 있는 또 하나의 의미, 신통한 영물이란 것을 소년은 발견했다. 소년의 눈빛은 놀라리만치 광채를 뽐내고 가슴은 부듯하게 부풀어 올랐다. - 중략 - 시라는 글자에서 오는 실감이 이렇듯 향기롭고 황홀한 것이었을 줄은 물론 소년으로서는 상상도 못하던 일이었다. 인간으로 태어난 고마움과 기쁨을 소년은 비로소 만끽했다. 기미만세 다음 해인 1921년 여름의 어느 오후의 일이었던가. 빈한하고 고독하던 소년 이주홍은 그 때 풀밭에 누워서 시 잡지 『금성』을 읽고 있었다. - 하략

- 「예술과 인생」, 1954. 1. 23 《국제신보》

향파가 처음 접하게 된 문학 장르가 시였다는 점과 현실세계와는 다른 예술세계가 존재한다는 인식은 여러 가지 의미가 있다. 시는 산문보다는 상상력을 촉발하는 힘이 강하며, 이는 새로운 세계를 창출하는 역동성을 가진다. 향파가 다른 작가들보다 예술성을 그의 문학에 있어, 중요한 토대로 삼고 있는 이유도 이러한 문학에 대한 인식과 무관하지 않다. 이러한 자신의 문학에 대한 인식을 글로 객관화하고 있는 이 시기가 33년이 지난 뒤의 논의이기는 하지만, 자신의 문학적 이력을 회고하고 있는 한 장면이란 점에서, 향파 문학의 근저를 확인할 수 있는 부분이라고 본다. 이때가 향파가 보통학교를 졸업하고, 1년 동안 서당을 다니다가, 서울로 가서 1년 고학을 하고 시골로 내려온 상태이기 때문에 문학에 대해서 이제 눈뜨던 시기라고 할 수 있다. 시를 통해서 문학에 눈뜸도 있지만, 서당생활 역시 향파에게는 문학의 토대를 형성하는데 상당한 밑

바탕을 이룬 것으로 보인다.

　　서당에서는 첨 동문선습으로부터 시작해서 통감, 논어, 맹자, 중용, 그리고 여름엔 연주시와 고문진보를 배우면서 훈장님이 시키는 대로 한시를 지었다. 엄청나게 무리한 분량으로 배우기도 했거니와 몇 시간을 달아 훈장 앞에 꿇어앉아서 논어 20권을 한자의 빠짐이 없이 암송해야 했었던 것을 생각하면 당시의 서당교육이 얼마나 잔인한 주입식이었던가를 짐작할 수 있다.

　　그러나 여름 동안의 시작시간만은 한없이 재미가 났었다. 훈장은 때마다 나의 시에 관주와 비점을 찍으면서 극구하여 칭찬을 해 주시었다. 때문에 이 동안만은 동무아이들로부터 猜疑와 敬遠의 적이 되어야 하는 것도 어찌할 수 없는 노릇이었다. 이때가 내게 있어서 제일 행복한 때이기도 했거니와 아버님께서 이 불초자에게 가장 큰 기대를 가져셨던 것도 아마 이때를 빼놓고는 다시없었으리라 생각된다.

　　　　　　　　　　　　　－「고독한 소년」, 1954. 1. 24《국제신보》

　　향파는 6살 때부터 서당에서 천자문을 배운 것으로 기록되고 있다. 그런데 위의 내용은 보통학교를 마치고 다시 서당에서 공부를 한 것의 회고이다. 서당에서의 공부가 힘들었지만, 향파에게 있어, 시작시간만큼은 재미가 났다는 것은 시적인 감수성과 재능은 남달랐다는 것을 말한다. 이러한 시에 대한 재주가 이후에 시가 지닌 특별한 세계에 반응할 수 있는 바탕을 마련해 준 것으로 보인다. 향파의 유년기의 문학수업은 시만으로 이루어지지는 않았다. 《개벽》이란 잡지를 대하면서 소설과도 만나게 된다.

　개벽이라고 쓴 표제의 典麗한 서체부텀이 구미를 돋우었다. 나는 한 권 한 권 빌려보기로 했다. 맨 처음으로 읽은 소설은 憑虛가 쓴 것이었던가는 잘 기억이 나지 않으나 아무튼「病友」라는 것이었다. 훨씬 어릴 적에 이불 속에서 어머님이 읽으시던「심청전」으로 눈물을 흘려 훌쩍거리던 생각은 나나 직접 눈을 통해서 소설이라고 읽어 본 것은 아마 이것이 생후 처음이 아니었던가 생각된다. 얼마나 감명이 깊었던지 나는 금방으로 모작하여「病母」라는 소설을 쓰고 또 직각 각색을 하여 마을 동무들과 함께 방 가운데 담요를 쳐서 놓고는 연극을 했다. 이것이 나의 소설로서의 첫 작품이었고 동시에 굿쟁이로서 친히 무대에 올라서 본 것도 맨 첨의 일이었다. 열여섯 살 적의 일이었으나 소설이 무슨 소설이었으랴. 생각하면 웃음만 날 일이다. 염상섭 씨의「표본실의 청개구리」도 이때 읽었다. 현실같은 세계 같으면서 실상 현실과 같지 않은 세계가 예술이었다. 동시에 현실과 같지 않는 세계 같으면서 실상 현실과 같은 세계이던 것도 또 이 예술이었다. 예술과 같은 이 불가사의의 세계 속으로 별반 다 감하지도 못했을 이 소년의 머리는 곧장 마력에 끌리는 듯 침잠해 가기만 했다.

− 「마력의 세계」, 1954. 1. 25 《국제신보》

　　소설을 처음 접하고, 그 감동으로 모작을 쓸 정도였다면, 소설에 어느 정도 빠져들었는지를 상상할 수 있다. 소설 모작과 함께 각색하여 연극을 했다는 사실이 향파의 예술적 감각과 방향을 암시해 주는 부분이다. 시를 통해 예술세계의 눈뜸이 시작되었지만, 이미 향파는 유년시절부터 소설과 연극에까지 그 시야를 넓혀가고 있었음을 확인할 수 있다. 이렇게 향파는 문학에 대해 재미를 갖고 심취해 갔지만 더욱 흥미로운 것은 작품을 실어내는 매체 만들기에 대한 관심과 실천도 남달랐다는 점이다.

　　一方 문학이라는 것에 심취하는 이외에 나는 雜誌라는 물건에 대해서 말할 수 없는 흥미를 느꼈다. 各異各樣한 여러 사람들이 한데 모여서 제멋대로 찌끄리고 재주를 피우고 하는 이 잡지라는 市場體의 생리가 기막히도록 재미나는 것이었다. 직각 「三友」라는 종합잡지를 만들었다. 「開闢」이나 「新人間」 등의 체제를 본떠 논문, 논쟁, 유모어, 시, 소설, 광고 일체 외형은 갖추었다. 또 그 때의 잡지에 잦던 현상을 흉내 내어 한두 페이지는 伏字로 남겨두기까지 했다. 「三友」란 이 잡지를 만들기 위해서 竹馬의 마을동무들을 억지로 모아 만든 나 혼자의 취미만인 조작의 會名이었다. 잡지란 白鷺紙를 46절로 끊어서 깨알 같이 펜으로 쓴 노오트였다. 목차에 여러 사람의 이름을 나열하기는 했지만 이것이 체제를 위한 것 뿐이요, 전

부가 나의 손으로 쓰여졌던 것임은 말할 필요도 없다. 이 외에도 數三鍾 의 잡지가 있었으나 여기에만 만족할 수 없어서 일방으로는 시집 소설 등의 단행본도 만들어 냈다. 물론 모두가 펜으로 쓴 것이었다. 解說付의 名金화 보가 있는가 하면 제법 아담하게 장정이 된 장편소설도 있어서 남이 읽어 주는 것을 무상의 쾌락으로 삼았다. 짓는 것도 재미있거니와 표지와 삽화 를 그리는 것에 더 한층 희열을 느꼈다.

- 「사제잡지」, 1954. 1. 26 《국제신보》

성장한 후에 향파가 문학 활동을 하면서, 잡지를 만들고 장정까지 본인이 직접 했던 사실은 그가 유년기에 실천했던 자비로 책 만들기의 현실적인 실현이라는 점에서 의미를 갖는다. 특히 향파가 장정이나 삽화에 관심을 가진 것은 그의 유년기에 깊이 빠져 있었던 그림에 대한 관심과 깊이 관련이 있어 보인다.

奇를 추종하는 나의 분열된 취미는 잡지와 단행본 만드는 것만으로서는 또 만족할 수가 없었다. 그림이라는 데로 끌려가는 경향을 갈수록 우심해졌다. 心汕 노수현 씨가 자주 개벽에다 扉畵와 漫畵를 그렸는데 이 만화를 보고 흉내내는 것은 무엇보다도 신기한 일이었다. 때로는 나의 자세 잡지에 다 씨의 것을 그대로 전재하기도 했다.

- 「심판받는 광상」, 1954. 1. 27 《국제신보》

유년기 때부터 향파는 문학과 함께 그림에 심취해 있었다. 「흘러간 세월」(1957.7, 신조)이란 수필에서 밝혀놓고 있듯이, "종이와 연필과 화구를 들고서 맘 맞는 풍경을 골라 쏘다니던 추억이란 잊을래야 잊을 수 없는 어린 시절의 아름다운 앨범이"라고 고백하고 있다. 이처럼 그의 그림에 대한 애착과 그의 솜씨는 문학과 맞먹는 열정을 가지고 있었다. 그래서 향파는 "문학을 본업으로 작정하여 명색이 문학작품이라고 지금껏 써오고 있지만 실상은 어지럽지 않게 여기로서 익혀온 그림쪼각이 본업처럼 알려지고 있는 건 내게 있어서 적지 않은 불행이다"(「鳥口餘談」, 1947, 봄)라고 고백할 정도로 그림에 대한 뛰어난 역량을 보여 주었다.

2) 개인사와 가족사

수필 장르가 지닌 특징의 하나는 개인의 삶을 있는 그대로 드러내 놓는 글쓰기란 점이다. 그러므로 수필은 글쓴이의 지나온 삶이 투명하게 드러난다. 향파의 경우도 그의 수필에는 개인사와 가족사들이 가감 없이 드러나고 있다. 그의 개인사 중에 뚜렷한 흔적의 하나는 감방의 체험이다.

나는 직업적인 반일 운동자가 아니었지만, 8·15의 해방은 감방 안에서 맞이했다. 서울에서 봄에 붙들려고 고향인 협천서에서 여름을 지내다가 광도에 원폭이 떨어진 뒤인 8월 8일, 9일(?)경에 거창 검사국으로 송치되어 그곳의 감방에서 해방 때까지 있은 것이다. 내가 요시찰인이 된 것은 프로

문학에 참가하고, 또 지방에서 프로 연극 같은 것을 한 다음부터였다. 오랜 동안 미움받아 오던 끝이라 전쟁말기에 그들이 맺음을 하렸던 것은 그리 기이한 일이 아닌 것이었다.

— 「감방의 문 – 나의 8·15 회상」, 1959. 8. 1 《민주신보》

프로문학에 관여한 죄로 결국 감방신세를 지게 된 사실을 회고하고 있다. 감방 생활이란 것이 사람을 힘들게 하는 고통스런 시간의 연속이다. 이 고통스런 시간 속에서도 시를 지었다는 회고는 감방생활의 또 다른 차원을 엿보게 한다.

간수들은 가끔 나한테 시를 써달라고 紙筆을 넣어주고 했지만 나는 여기서 그들과의 얘기를 쓰려는 것이 아니다. 다음의 얘기는 K군과의 얘기다. K군은 평소부터 나를 무척 아껴주는 친구였다. 밑도 끝도 없었지만 그가 나를 보고서 시 하나 지어보라고 한다 해도 그리 어색하게는 들리지 않는 사이였다. 그야말로 죄 없는 선의 勸이었기 때문이었다.

— 「戱作拾遺」, 1946. 2

이 수필에서 향파는 감방에서 썼던 8편의 한시를 선보이고 있는데, 이러한 것은 그의 현실 대응이 상당히 문학적이었음을 확인할 수 있는 대목이다. 그리고 향파는 자신의 감방 체험을 특별히 내세우거나 과장하기보다는 당시의 상황을 객관적으로 보여주고 있다. 향파의 가족사 중에 강하게 와닿는 이야기는 일찍 세상을 떠난 누이동생에 대한 것이다.

 찌는 듯한 더운 여름철이었다. 내려가 보니 큰 자식 아이는 위쪽에 밀쳐 두었던 것이 기적적으로 살아나 있고, 누이동생은 운명 직전에 있어 불러도 사람을 알아보지 못하고 있었다. 머리맡에는 서울에 있는 내게 띄우려던 연필로 쓴 편지가 있었다. <오빠 손이 떨려서 아무리 애를 써도 글자를 더 쓸 수 없습니다. 오빠> 울려서 울려서 견딜 수가 없었다. 그날 저녁나절엔가 숨을 걷우었다. 오빠와는 말 한 마디 건넘 없이 또 오빠가 내려온 것도 알 바 없이 가버렸다. – 중략 – 참으로 불행한 소녀였다. 노상 우등생으로 돌았으면서도 경성사범학교에 수험했다가 오빠가 사상불온자란 이유로 떨어지고 말았으니 그 점으로도 면목없다.

         – 「少女의 幻影」, 1953. 10. 22 《부산일보》

일찍 병으로 가 버린 누이동생에 대한 애절한 감정은 평생 향파의 가슴에 남아 있었던 것 같다. 그가 누이동생을 떠나보내고 서울로 돌아갈 때, 누이동생이 남겨두었던 일기를 정리해서 「외로운 이의 일기」로 발표할 수밖에 없었던 것은 이런 사정을 짐작하게 한다.

 그를 장사한 다음 날 나는 그의 약간의 유물인 일기, 노오트繡, 몇 점만 가지고 서울로 돌아오고 말았다. 고개를 갸우뚱해가지고 노상 수가 없이 무서운 듯 내 앞을 지나치던 그의 그림자가 지금도 내 눈 앞을 가로

질러 나를 울게 한다. 나는 다시 그의 일기를 끄집어내어 봄으로 해서 그
와의 소리 없는 대화를 하고 싶고 동시에 그에게 허물을 빌고 싶다.

6월 24일
*비가, 살금 왔다. 잠시 공부를 한 다음 소를 먹이러 갔다. 아버지는
또 약주에 취해 돌아오신다. 어머니하고, 마중을 해 모셨다. 이 작은 가
슴 타는 줄 누가 헤아려 주랴. 오오 神이여 부디 오빠의 마음이 돌아 서도
록! 末順의 心身을 紛碎해 빈다.*

일찍 죽은 동생에 대한 안타까운 심정이 잘 드러나고 있다. 그런데 향파의 글쓰기의 특징은 동생에 대한 자기의 개인적이고 주관적인 심정만을 토로하는 것이 아니라, 동생이 남긴 글을 독자에게 보여줌으로써 더 객관적으로 화자의 안타까운 심정을 느낄 수 있게 만든다는 점이다. 글은 독자에게 무엇을 강요하는 것이 아니라 느끼게 해야 한다는 글쓰기에 대한 인식의 결과로 보인다. 이러한 글쓰기와 연관해서 나타나는 그의 수필에서의 특징 중의 하나는 한 편 한 편의 수필에서 가능한 많은 고전들을 인용 혹은 인유하고 있다는 점이다. 이는 고전에 대한 해박한 이해에서도 오지만, 독자에게 무엇을 강요하기보다는 이야기 속에서 느끼게 해야 한다는 예술에 대한, 미에 대한 인식의 결과가 아닌가 한다.

3) 현실인식의 대응과 문학의 자리

어려운 1950년대를 살면서, 향파도 자기식의 현실대응력을 보여준

다. 그런데 그 현실대응이란 것이 문학적인 대응이란 점에서 흥미롭다. 1958년에 보안법 통과 문제로 사회가 혼란스러웠다. 이 때 향파는 그 갈등의 문제를 극형식으로 표현하고 있어, 그의 문학적인 현실 대응방법이 특이해 보인다.

「따분한 밤」이란 희곡이 그것이다. 이 희곡은 《부산일보》에 발표된 것인데, 일반 산문을 발표하는 신문지면에 희곡을 선택했다는 것은 내용도 문제지만, 그의 현실대응방식의 문제가 더 중요하다고 본다. 신문기자인 최와 그의 처를 등장시켜 보안법에 대한 갈등양상을 극으로 보여주고 있다.

　　최 : 여자들이란 말문이 막힐 만하면 저렇게 술 먹었단 소릴 허게 마련이야.

　　처 : 누가 뭘 못했기루 말문이 막혀요?

　　최 : 아주 이젠 플래카드까지 해 달구 여간 아닌데? 뭐? 국가 보안법을 직각 통과시키랴? 무슨 부인회, 무슨 분회랴?

　　처 : 써 달았으면 내가 했나요?

　　최 : 흥, 사내는 언론인 협회 일로 매일 같이 목에 핏대를 올려 반대투쟁을 허구, 여편네는 부인회에 들어서 결사 통과시키라고만 우쭐대구, 그놈의 집구석 묘하게 돼먹었지.

　　처 : 그럼 남들은 다 입회를 하는데 나 혼자만 어떻게 빠져요.

　　최 : 누가 뭐라나! 앞으론 사내가 글 한 줄 깔끔하게 쓰지두 못허도록

부지런히 나가서 시위만 허문 되는거야.

처 : 전 입회한 것 뿐야요.

최 : 회원답지를 못허게 왜 이렇게 비겁한 소릴 해! 이왕 들어갔으면 혈서라도 써서 회원다운 구실을 해야 허는거지.

- 보고 있는 신문을 홱 뺏는다.

처 : 이 양반이 정말? 더 있어 보다가 안 되면 혈서라두 쓰게 될지 누가 알우?

최 : 으응, 표창장이나 잡수시겠다구? 그렇지만 이것만은 알아두어야 해! 난 그런 일에 대해선 적어두 내 아내에게만은 경멸할 수 있는 권리를 보유하고 있다는 사실을! 들어보라구, 제 손으로 제 몸의 피를 내다니. <身體髮膚는 受之父母라 不敢毁傷이 孝之始也니라>는 어디 갔단 말야!

처 : 케케묵은 소린 하지두 말아요. - 하략

- 「따분한 밤」, 1958. 12. 17 《부산일보》

보안법이란 사회 현상을 두고, 부부간의 서로 다른 입장을 극의 갈등으로 보여주고 있다. 이러한 사회적 문제에 대해서 문인이 글을 쓸 때, 일반적인 경우는 칼럼형식으로 입장을 분명히 드러내는 것이 상식이다. 그런데 향파는 보안법에 대해 찬성과 반대의 두 입장을 대변할 수 있는 인물을 설정하여 극형식으로 처리하고 있다. 이러한 방식으로의 현실문제에 대한 문학적 대응은 향파가 희곡작업을 많이 했다는 점도 무시할 수는 없지만, 문학은 언제나 문학의 영역을 지키면서 독자에게 강요보다는 스스로 느끼게 해야 한다는 그의 문학관이 작용한 결과로 보인다. 향파는 「主義의 편에 서는 文學」에서 이러한 문학의 자율성을 분명히 밝히고 있다.

문학은 먼저 누구를 위해서 하는가? 꾸밈없이 말한다면, 문학은 우선 누구를 위함보다도 자기 자신을 위해서 존재하는 것이 아니어서는 거짓말이다.
문학이 독자를 대상으로 하고 씌어진다는 것과 문학이 독자를 위해서 씌어져야 한다는 것과는 당초부터 별개의 것이다.
독자에게 이가 되는 것이냐, 해가 되는 것이냐는 문학의 결과에 대한 객관적 평가일 뿐이다. 엄격하게 말해서, 문학은 절대자유의 境에 있는 특권의 소유자인 것이요, 더 심하게 말한다면 모든 세속적인 풍속으로부터는 治外法權의 구역 안에 보장되어 있는 것이기도 하다.
정치나 윤리가 문학에 협력을 요구하는 것은 자유다. 그러나 어떤 특정된 시대의 문학과 정치가 그 理想은 같이하고 있는 것일지언정, 우리의 진정한 문학사는 한 때도 정치의 脚色자이거나 旣成論理의 나팔군이 된 적이 없다. 문학의 생명은 언제나 자기를 상실하지 않는 동안에만 한 해서 건강을 유지하는 것이다.
그러나 이 主義精神을 남이야 어찌 되었건 나만 위해서라는 경멸스런 <에고이즘>과 혼동해서는 안된다. 반대로 이 主義精神은 새로운 정치나 새로운 윤리가 꿈꾸는 것과 그 이상이 같은 것이 아니어서는 안 된다. 외면으로는 그것이 독자의 경계선 안에서 제 몸을 安保하고 있는 것 같으면서도 橫으로는 언제나 새로운 시대의 희구와 일치되는 것이 진정한 문학의 生理다.

또 한 번 追問해 보자. 문학은 누구를 위해서 있어야 하는 성질의 것인가? 한 작가가, 아내가 있는 남편으로서의 <남성일 경우라면> 자식이 있는 어버이로서의, 국가가 있는 국민으로서의 의무에서 벗어날 수 없는 것이지만, 의무의 일부로서 문학이 간섭을 받거나 문학이 分賣를 당할 수는 없는 것이다.

그것은 언론의 자유나, 사상의 자유나, 信敎의 자유 원칙과도 통하는 것이다. 佛道를 믿던 사람이 援助物資에 반해서 하루아침에 기독교인 된다는 것도 우스운 얘기가 되는 것이겠거니와, 寫實을 위주하던 작가가 갑자기 抽象의 유행 속에 뛰어들어 같이 춤을 춘다는 것도 쑥스러운 광경이 아닐 수 없다.

우리가 제일 경멸해야 하는 것은 자기라는 것은 亡失한 幽靈文學의 作業精神이다. 流行의 思潮가 어떻다고 해서 創作意識이 動搖를 받아서는 안 된다. 일부의 無定見한 비평가가 무어라 혼자의 食性을 중얼거린다고 해서 個性의 키를 돌릴 필요는 없다.

문학을 출세의 도구로서가 아니고 문학을 文學生活圈에 같이 끼워 보겠다는 브로오커로서 하는 것이 아니라면, 성실하게 침착하게 <생각>하고 그리고 그 <생각>을 가장 충실하게 표현할 수 있는 수업을 계속하면 그뿐이다.

누구나 빠지기 쉬운 일이기는 하지만, 얼른 문학인이 되고 싶다는 성급의 나머지에 자기는 이렇다 할 무엇도 못하면서 앉으면 남의 것이나 뜯는 것을 일로 삼고, 또 자기의 문학관에 안 맞는 것이면 어떤 작품이거나 격하해 버리려고만 하는 불성실한 태도처럼 천박한 것은 없다. 적어도 當代에서 하는 말이라면, 우리는 사람이 문학을 앞서야 한다는 말을 소홀히 생각할 수가 없다.

<사람이 되고 나서도 문학은 늦지 않다> 이것은 부족한 내 자신을 위해서도 해 보고 싶은 소리다. - 하략

- 「주의의 편에 서는 문학」, 1958. 9. 10 《국제신보》

좀은 길게 인용했지만, <井和君에게 해보고 싶은 말>이란 부제가 붙어있는 이 글에서, 향파의 문학에 대한 입장을 어느 정도는 읽어낼 수 있다. 첫째는 문학의 자율권을 확실히 하고 있다는 점이다. 그것을 <절대 자유의 境에 있는 특권> 혹은 <치외법권의 구역>으로 표현하고 있다. 문학이 건강한 것은 언제나 문학의 자기영역을 상실하지 않음에서 비롯된다고 생각하고 있다.

그러나 결코 그것이 다른 영역과 무관한 에고이즘이 아님을 분명히 하고 있다. <횡으로는 언제나 새로운 시대의 希求와 일치되는 것이 진정한 문학의 생리>임을 밝히고 있다. 다른 영역과의 관련성을 남편이 감당해야 할 다양한 역할에 비유하고 있다. 그러나 문학의 역할은 간섭을 받거나 分賣를 당해서는 안 된다는 입장이다. 그래서 향파는 많은 수필에서 사회 정치적인 이야기를 하면서도 현실의 문제를 비판하는 일방적인 주장보다는 문학적 양식을 통해 이를 풀어내고 있는 것이다.

둘째는 자기 개성의 문학을 지켜나가라는 점이다. 유행에 따라 가는 자세로 창작하여 자기 개성을 잃어버려서는 곤란하다는 것이다. 그것을 유령문학으로 명명하고 있다. 자기 개성을 지닌 문학이 필요함을 주문하고 있다.

셋째는 문학이 먼저가 아니고, 사람이 먼저 되어야 한다는 문학관을 보이고 있다. 결국 문학 자체가 문제가 아니고, 문학은 인간을 위해 존재한다는 점을 명확하게 드러내고 있는 것이다. 그래서 그의 많은 수필에서 바람직하지 않은 사람살이들에 대한 풍자와 은근한 비판이 산재해 있다.

4. 향파와 문학매체들

문학 활동은 매체 없이는 근본적으로 불가능하다. 그러므로 문인들은 어떤 형태로든 문학매체를 생산하려한다. 문인의 존재성을 지키는 바탕이 매체이기 때문이다. 향파 선생 역시 이 사실을 너무도 잘 알고 있었기에 자신이 직접 잡지를 만드는 일들을 즐겁게 한 사실을 확인할 수 있다. 그가 관여한 매체가 동인지인 『갈숲』, 『윤좌』 등이 있지만, 부산문학사로 보아 의미 있는 작업은 『문학시대』를 주도적으로 창간하였다는 사실이다. 사실 60년대란 서울 지역에 있는 몇 개의 문예지도 경영의 어려움을 호소하던 참으로 힘든 시절이었다. 그런데 그 때 부산 지역에서 문예잡지를 창간하여 운영한다는 것은 실로 혁기적인 사건이었다. 1966년 3월 1일 창간하여 통권 7호로 막을 내리기는 하였지만, 당시의 부산문단은 이 《문학시대》를 통해 한 차원 높은 단계로 진입하게 된 것은 부인할 수 없다. 이 잡지에 실린 글들을 살펴보면, 당시 전국에 있는 문인들을 필자로 확보함으로써 잡지의 질을 한 차원 높이고 있기 때문이다. 그리고 잡지 창간을 시작으로 해서 문학 강연회를 지속함으로써 부산의 문단분위기를 바꾸는 활력제가 되었기 때문이다.

사실 작가의 일은 개인적으로 자신의 작품을 만드는 일에 전념하는 데 있다. 그러므로 문학잡지를 창간하여 운영한다는 것은 귀찮고도 힘든 일이고, 여건이 형성되어 있지 못하고 출판재정이 확보되지 않은 상태에서는 사서하는 고생일 수밖에 없다. 그래서 잡지경영은 고역 중에 고역인 것이다. 이런 이유로 누구나 감히 잡지를 만들어 보겠다고 나서기를 주저하였다. 그런데 이 일을 향파 선생이 시작했다는 것은 그만큼 지역문학에 대한 남다른 애정을 가지고 있었다는 증거이다. 비록 잡지가 지속되지는 못했지만, 그 때 뿌려진 씨들이 오늘의 부산문단의 문예잡지들이 탄생할 수 있는 토대를 만든 것은 아닐까 하는 생각을 하게 된다.

5. 향파의 죽음에 대한 자세

한 인간을 평가하는 잣대는 다양하게 많다. 그 중에 중요한 하나의 잣대를 들라면, 죽음을 어떻게 맞이하고 있느냐 하는 문제이다. 죽음은 살아 있는 인간이 거쳐야 할 마지막 통과제의이면서, 한 인간의 전 삶을 총체적으로 평가할 수 있는 문이기 때문이다.

죽음을 담담하게 받아들일 준비가 되어 있는 사람은 보통 사람은 아니다. 그런데 향파 선생은 이 세상을 떠나시기 얼마 전 자신이 직접 편집한 동인지 『갈숲』(23朵)에 발표한 「새벽길」이란 시를 통해 죽을 채비를 스스로 하고 계셨다.

인제는 슬슬

일어설 때가 됐구나

자리 비기를 기다려

列 지어 서 있는

저 무수한 새 얼굴들

뭐 한 가지 해놓은 것도 없이

신세를 지고 떠나게 되다니

그래도 뒤가 허전해 돌아보면

빠뜨려져 있는 건

아무 것도 없고

자리값이라도 놓고 가야

체면이 서는 건데

땀이 저린 부채 한 자루 뿐

돈 대신 될만한 물건 한 가지나

똑똑히 가진 게 있어야지

가진 게 없으면 말이라도 한 마디
남겨놓고 가라 전하나
남에게 얹혀서만 살아온 내게
남 아니한 말인들 있을 거라구
떠나는 이 마당서 하는 實吐지만
너무나도 빈 껍질로 살아온 길
정말 부끄럽구려

지금 와서 후회한들 미칠 것인가
　　漠漠한 天地 사이
아버지 어머니와의 만남이
얼마나 소중한 일이었던가
그러면서도 제대로 한 가지
받들어 올린 게 없는 이 不肖
바람 속의 깃羽처럼
허공만 헤매다 돌아와
내 지금 이 자리에
이 꼴로 서 있음이여

인연 있으면 또 만나질까
나를 아껴준 정든 그대들

잘들 있게나

저는跛 나귀에 매질을 가하긴가

빚지고 떠남을 알고 업신여겨

未練과 餘恨도 나를 외면하네

招魂소리만큼이나 섬뜩한

저 城門 열리는 소리

닭아 이젠 그만 울려므나

다시 알려진 또 하나의

먼 旅路 위에

나는 어둠을 헤치며

혼자서 걸어가야만 하리

    죽음의 문 앞에 서서, 이 길을 혼자 걸어가야 한다고 담담히 고백하고 있는 한 인간의 정신의 높이를 본다. 문학이 궁극적으로 추구하고 있는 지점이 바로 이 정신의 높이라면, 향파 선생은 이를 문학으로, 몸으로 실천한 자가 아닌가? 우리가 그를 다시 생각하는 이유가 바로 여기에 있을 것이다.

향파와 요산 문학의 근저 더듬기

- 1950년대 수필을 중심으로

1. 여는 말

    부산지역문학의 토대를 이룬 문인을 들라면, 누구나 쉽게 향파와 요산을 든다. 그런데 이들이 이룬 부산지역문학의 토대가 무엇이냐 하는 질문에는 공통점과 차이점을 중심으로 다음과 같이 간단히 정리해 보인다. 향파는 인간을 향한 따뜻한 시선으로 내향적인 작품성을 내보인다면, 요산은 상대적으로 외향적이며, 직설적으로 사회와 역사를 향해 목청을 높이는 성향을 가진 작가라는 것이다. 충분히 공감할 수 있는 대목이다. 그러나 두 작가의 작품적 경향을 이렇게 쉽게 요약 정리할 수만은 없다. 그렇게 쉽게 대답할 수 있는 문제가 아니기 때문이다. 아직 이들의 문학세계가 온전히 정리·평가되지 않은 상태에 놓여있기 때문에 이 평가를 확고부동한 평가로 수용하는 데는 문제가 있다. 온전한 평가를 위해서는 남겨져 있는 과제들이 많다. 그렇다고 전혀 정리나 평가 작업이 이루어지지 않았다는 말은 아니다. 연구자들 나름대로의 평가 작업이 상당히 진전된 부분도 있다. 그러나 두 작가를 본격적으로 비교 검토한 작업은 그렇게 많지 않다.

향파와 요산문학의 근저를 파악하고자 하는 궁극적인 목적은 지역문학의 미래를 제대로 열기 위한 하나의 방안 모색이다. 뿌리의 확인은 지역문학의 현재를 정확하게 인식할 수 있는 눈을 제공해줄 뿐만 아니라, 지역문학의 미래를 여는데 필요한 시각을 가질 수 있기 때문이다. 미래를 연다는 것은 두 작가의 남긴 문학적 업적을 넘어설 때만 가능하다. 이 점에서 향파와 요산문학의 뿌리를 확인해보고자 하는 현실적 이유가 있다. 그러면 두 작가의 근저를 파악하기 위해 우선 무엇을 텍스트로 삼을 것이냐가 문제가 된다. 본고에서는 두 작가의 수필을 통해 이를 파악해 보려고 한다. 수필은 그 글이 지닌 성격상 개인적인 삶의 이야기를 직접적으로 엿들을 수 있는 장르이다. 삶의 태도와 현실인식의 모습이 직접적으로 드러나기 때문에 두 작가의 성향을 좀더 쉽게 파악할 수 있는 장점이 있다고 본다. 그리고 1950년대의 수필을 대상으로 잡은 이유는 요산의 경우 이 시기에 소설창작을 하지 않았지만, 신문을 통해 칼럼형식의 글들을 지속적으로 발표하고 있었고, 향파 역시 이 시기에 많은 수필을 발표하였기 때문이다.

50년대란 힘든 시기에 이 두 작가가 수필을 통해 보여주는 세계인식이나 지향점이 어떠했는지를 비교 검토할 수 있으리라 보기 때문이다.

2. 향파 수필의 다양성과 유연성

향파는 1957년에 『藝術과 人生』이란 첫 수필집을 펴냈고, 1961년에 두 번째 수필집 『조개껍질과 對話』를 펴냈다. 전자에 실린 수필들은 전부 79편으로 2편을 제외하고는 전부 1950년대 초반에서 중반까지의 수필들이다. 그리고 후자의 수필집에는 전부 94편이 실려 있는데, 56편이 50년대 후반의 수필이고, 나머지는 1960년 이후의 수필이다. 그래서 이 두 권의 수필집에서 1950년대에 쓰인 글을 중심으로 그의 수필이 보여주는 세계를 점검해 보고자 한다.

1) 문학에의 눈뜸과 문학수업

향파는 그의 어린 시절의 이야기를 수필 속에 다양하게 풀어놓고 있는데, 특히 그의 문학수업에 대한 회상을 그의 수필 「藝術과 人生」에서 자세하게 언급하고 있다. 자신을 객관화하여 서술하고 있는 다음 장면은 그의 문학에의 눈뜸이 어떻게 이루어졌는지를 확인할 수 있게 한다.

열대여섯 살 됨직한 어린 소년은 풀밭에 누워서 잡지를 보느라 삼매경에 들어 있다. 소년은 가끔 얼굴 위로부터 책을 걷고는 공상에 잠긴 맑은 눈으로 바다빛 푸른 하늘을 쳐다본다. 어디선지 뻐꾸기 소리가 흘러온다. 함박꽃처럼 피어오르는 하얀 구름송이에 눈이 지치면 소년은 가벼운 한숨을 남기면서 다시 책을 얼굴로 가져간다. 눈으로 보이는 실재 외에 세상에는 또 하나의 세계가 존재한다는 것을 소년은 이때에 다시 한번 확신한다. 「예술세계」, 이런 사치스런 어휘를 쓸 수 있는 소년은 아니었다. 그러나 적어도 그런 걸 거라는 것만은 스스로 규정하고 또 자신했다. 시라는 것이 뭣인가를 소년은 알만했다. 이것은 경이의 개안이었다. 인간은 시라는 세계에도 참여할 수 있는 또 하나의 의미, 신통한 영물이란 것을 소년은 발견했다. 소년의 눈빛은 놀라리만치 광채를 뽐내고 가슴은 부듯하게 부풀어 올랐다. – 중략 – 시라는 글자에서 오는 실감이 이렇듯 향기롭고 황홀한 것이었을 줄은 물론 소년으로서는 상상도 못하던 일이었다. 인간으로 태어난 고마움과 기쁨을 소년은 비로소 만끽했다. 기미만세 다음 해인 1921년 여름의 어느 오후의 일이었던가. 빈한하고 고독하던 소년 이주홍은 그 때 풀밭에 누워서 시 잡지 『금성』을 읽고 있었다. – 하략

- 「예술과 인생」, 1954. 1. 23 《국제신보》

향파가 처음 접하게 된 문학 장르가 시였다는 점과 현실세계와는 다른 예술세계가 존재한다는 인식은 여러 가지 의미가 있다. 시는 산문보다는 상상력을 촉발하는 힘이 강하며, 이는 새로운 세계를 창출하는 역동성을 가진다. 향파가 다른 작가들보다 예술성을 그의 문학에 있어, 중요한 토대로 삼고 있는 이유도 이러한 문학에 대한 인식과 무관하지 않다. 이러한 자신의 문학에 대한 인식을 글로 객관화하고 있는 이 시기가 33년이 지난 뒤의 논의이기는 하지만, 자신의 문학적 이력을 회고하고 있는 한 장면이란 점에서, 향파 문학의 근저를 확인할 수 있는 부분이라고 본다. 이때가 향파가 보통학교를 졸업하고, 1년 동안 서당을 다니다

가, 서울로 가서 1년 고학을 하고 시골로 내려온 상태이기 때문에 문학에 대해서 이제 눈뜨던 시기라고 할 수 있다. 시를 통해서 문학에 눈뜸도 있지만, 서당생활 역시 향파에게는 문학의 토대를 형성하는데 상당한 밑바탕을 이룬 것으로 보인다.

> 서당에서는 첨 동문선습으로부터 시작해서 통감, 논어, 맹자, 중용, 그리고 여름엔 연주시와 고문진보를 배우면서 훈장님이 시키는 대로 한시를 지었다. 엄청나게 무리한 분량으로 배우기도 했거니와 몇 시간을 달아 훈장 앞에 꿇어앉아서 논어 20권을 한자의 빠짐이 없이 암송해야 했었던 것을 생각하면 당시의 서당교육이 얼마나 잔인한 주입식이었던가를 짐작할 수 있다.
>
> 그러나 여름 동안의 시작시간만은 한없이 재미가 났었다. 훈장은 때마다 나의 시에 관주와 비점을 찍으면서 극구하여 칭찬을 해 주시었다. 때문에 이 동안만은 동무아이들로부터 猜疑와 敬遠의 적이 되어야 하는 것도 어찌할 수 없는 노릇이었다. 이때가 내게 있어서 제일 행복한 때이기도 했거니와 아버님께서 이 불초자에게 가장 큰 기대를 가져셨던 것도 아마 이때를 빼놓고는 다시없었으리라 생각된다.
>
> — 「고독한 소년」, 1954. 1. 24 《국제신보》

향파는 6살 때부터 서당에서 천자문을 배운 것으로 기록되고 있다. 그런데 위의 내용은 보통학교를 마치고 다시 서당에서 공부를 한 것의 회고이다. 서당에서의 공부가 힘들었지만, 향파에게 있어, 시작 시간만큼은 재미가 났다는 것은 시적인 감수성과 재능은 남달랐다는 것을 말한다. 이러한 시에 대한 재주가 이후에 시가 지닌 특별한 세계에 반응할 수 있는 바탕을 마련해 준 것으로 보인다. 향파의 유년기의 문학수업은 시만으로 이루어지지는 않았다. 개벽이란 잡지를 대하면서 소설과도 만나게 된다.

개벽이라고 쓴 표제의 典麗한 서체부텀이 구미를 돋구었다. 나는 한 권 한 권 빌려보기로 했다. 맨 처음으로 읽은 소설은 憑虛가 쓴 것이었던가는 잘 기억이 나지 않으나 아무튼 「病友」라는 것이었다. 훨씬 어릴 적에 이불 속에서 어머님이 읽으시던 「심청전」으로 눈물을 흘려 훌쩍거리던 생각은 나나 직접 눈을 통해서 소설이라고 읽어 본 것은 아마 이것이 생후 처음이 아니었던가 생각된다. 얼마나 감명이 깊었던지 나는 금방으로 모작하여 「病母」라는 소설을 쓰고 또 직각 각색을 하여 마을 동무들과 함께 방 가운데 담요를 쳐서 놓고는 연극을 했다. 이것이 나의 소설로서의 첫 작품이었고 동시에 굿쟁이로서 친히 무대에 올라서 본 것도 맨 첨의 일이었다. 열여섯 살 적의 일이었으나 소설이 무슨 소설이었으랴. 생각하면 웃음만 날 일이다. 염상섭 씨의 「표본실의 청개구리」도 이때 읽었다. 현실같은 세계 같으면서 실상 현실과 같지 않은 세계가 예술이었다. 동시에 현실과 같지 않는 세계 같으면서 실상 현실과 같은 세계이던 것도 또 이 예술이었다. 예술과 같은 이 불가사의의 세계 속으로 별반 다

감하지도 못했을 이 소년의 머리는 곧장 마력에 끌리는 듯 침잠해 가기만 했다.

– 「마력의 세계」, 1954. 1. 25 《국제신보》

소설을 처음 접하고, 그 감동으로 모작을 쓸 정도였다면, 소설에 어느 정도 빠져들었는지를 상상할 수 있다. 소설 모작과 함께 각색하여 연극을 했다는 사실이 향파의 예술적 감각과 방향을 암시해 주는 부분이다. 시를 통해 예술세계의 눈뜸이 시작되었지만, 이미 향파는 유년시절부터 소설과 연극에까지 그 시야를 넓혀가고 있었음을 확인할 수 있다. 이렇게 향파는 문학에 대해 재미를 갖고 심취해 갔지만 더욱 흥미로운 것은 작품을 실어내는 매체 만들기에 대한 관심과 실천도 남달랐다는 점이다.

一方문학이라는 것에 심취하는 이외에 나는 雜誌라는 물건에 대해서 말할 수 없는 흥미를 느꼈다. 各異各樣한 여러 사람들이 한데 모여서 제멋대로 찌끄리고 재주를 피우고 하는 이 잡지라는 市場體의 생리가 기막히도록 재미나는 것이었다. 직각 「三友」라는 종합잡지를 만들었다. 「開闢」이나 「新人間」 등의 체제를 본떠 논문, 논쟁, 유모어, 시, 소설, 광고 일체 외형은 갖추었다. 또 그 때의 잡지에 잦던 현상을 흉내 내어 한두 페이지는 伏字로 남겨두기까지 했다. 「三友」란 이 잡지를 만들기 위해서 竹馬의 마을동무들을 억지로 모아 만든 나 혼자의 취미만인 조작의 會名이었다.

잡지란 白鷺紙를 46절로 끊어서 깨알 같이 펜으로 쓴 노오트였다. 목차에 여러 사람의 이름을 나열하기는 했지만 이것이 체제를 위한 것 뿐이오, 전부가 나의 손으로 쓰여졌던 것임은 말할 필요도 없다. 이 외에도 數三 鍾 의 잡지가 있었으나 여기에만 만족할 수 없어서 일방으로는 시집 소설 등의 단행본도 만들어 냈다. 물론 모두가 펜으로 쓴 것이었다. 解說付의 名畵화보가 있는가 하면 제법 아담하게 장정이 된 장편소설도 있어서 남이 읽어주는 것을 무상의 쾌락으로 삼았다. 짓는 것도 재미있거니와 표지와 삽화를 그리는 것에 더 한층 희열을 느꼈다.

- 「사제잡지」, 1954. 1. 26 《국제신보》

성장한 후에 향파가 문학 활동을 하면서, 잡지를 만들고 장정까지 본인이 직접 했던 사실은 그가 유년기에 실천했던 자비로 책 만들기의 현실적인 실현이라는 점에서 의미를 갖는다. 특히 향파가 장정이나 삽화에 관심을 가진 것은 그의 유년기에 깊이 빠져 있었던 그림에 대한 관심과 깊이 관련이 있어 보인다.

奇를 추종하는 나의 분열된 취미는 잡지와 단행본 만드는 것만으로서는 또 만족할 수가 없었다. 그림이라는 데로 끌려가는 경향을 갈수록 우심해졌다. 心汕 노수현 씨가 자주 개벽에다 扉畵와 漫畵를 그렸는데 이 만화를 보고 흉내내는 것은 무엇보다도 신기한 일이었다. 때로는 나의 자제 잡지에 다 씨의 것을 그대로 전재하기도 했다.

-「심판받는 광상」, 1954. 1. 27 《국제신보》

유년기 때부터 향파는 문학과 함께 그림에 심취해 있었다. 「흘러간 세월」(1957.7, 신조)이란 수필에서 밝혀놓고 있듯이, "종이와 연필과 화구를 들고서 맘 맞는 풍경을 골라 쏘다니던 추억이란 잊을래야 잊을 수 없는 어린 시절의 아름다운 앨범이"라고 고백하고 있다. 이처럼 그의 그림에 대한 애착과 그의 솜씨는 문학과 맞먹는 열정을 가지고 있었다. 그래서 향파는 "문학을 본업으로 작정하여 명색이 문학작품이라고 지금껏 써오고 있지만 실상은 어지럽지 않게 여기로서 익혀온 그림쪼각이 본업처럼 알려지고 있는 건 내게 있어서 적지 않은 불행이다"(「鳥口餘談」, 1947, 봄)라고 고백할 정도로 그림에 대한 뛰어난 역량을 보여 주었다.

2) 개인사와 가족사

수필 장르가 지닌 특징의 하나는 개인의 삶을 있는 그대로 드러내 놓는 글쓰기란 점이다. 그러므로 수필은 글쓴이의 지나온 삶이 투명하게 드러난다. 향파의 경우도 그의 수필에는 개인사와 가족사들이 가감 없이 드러나고 있다. 그의 개인사 중에 뚜렷한 흔적의 하나는 감방의 체험이다.

나는 직업적인 반일 운동자가 아니었지만, 8·15의 해방은 감방 안에서 맞이했다. 서울에서 봄에 붙들려고 고향인 협천서에서 여름을 지내다가 광도에 원폭이 떨어진 뒤인 8월 8일, 9일(?)경에 거창 검사국으로 송치

되어 그 곳의 감방에서 해방 때까지 있은 것이다. 내가 요시찰인이 된 것은 프로문학에 참가하고, 또 지방에서 프로 연극 같은 것을 한 다음부터였다. 오랜 동안 미움 받아 오던 끝이라 전쟁말기에 그들이 맺음을 하렸던 것은 그리 기이한 일이 아닌 것이었다.

— 「감방의 문 – 나의 8·15 회상」, 1959. 8. 1 《민주신보》

프로문학에 관여한 죄로 결국 감방신세를 지게 된 사실을 회고하고 있다. 감방 생활이란 것이 사람을 힘들게 하는 고통스런 시간의 연속이다. 이 고통스런 시간 속에서도 시를 지었다는 회고는 감방생활의 또 다른 차원을 엿보게 한다.

간수들은 가끔 나한테 시를 써달라고 紙筆을 넣어주고 했지만 나는 여기서 그들과의 얘기를 쓰려는 것이 아니다, 다음의 얘기는 K군과의 얘기다. K군은 평소부터 나를 무척 아껴주는 친구였다. 밑도 끝도 없었지만 그가 나를 보고서 시 하나 지어보라고 한다 해도 그리 어색하게는 들리지 않는 사이었다. 그야말로 죄 없는 선의 勸이었기 때문이었다.

— 「戱作拾遺」, 1946. 2

이 수필에서 향파는 감방에서 썼던 8편의 한시를 선보이고 있는데, 이러한 것은 그의 현실 대응이 상당히 문학적이었음을 확인할 수 있는 대목이다. 그리고 향파는 자신의 감방 체험을 특별히 내세우거나 과장하기보다는 당시의 상황을 객관적으로 보여주고 있다. 향파의 가족사 중에 강하게 와 닿는 이야기는 일찍 세상을 떠난 누이동생에 대한 것이다.

 찌는 듯한 더운 여름철이었다. 내려가 보니 큰 자식 아이는 위쪽에 밀쳐 두었던 것이 기적적으로 살아나 있고, 누이동생은 운명직전에 있어 불러도 사람을 알아보지 못하고 있었다. 머리맡에는 서울에 있는 내게 띠우려던 연필로 쓴 편지가 있었다. <오빠 손이 떨려서 아무리 애를 써도 글자를 더 쓸 수 없습니다. 오빠> 울려서 울려서 견딜 수가 없었다. 그날 저녁나절엔가 숨을 걷우었다. 오빠와 는 말 한 마디 건넘 없이 또 오빠가 내려온 것도 알 바 없이 가버렸다. – 중략 – 참으로 불행한 소녀였다. 노상 우등생으로 돌았으면서도 경성사범학교에 수험했다가 오빠가 사상불온자란 이유로 떨어지고 말았으니 그 점으로도 면목없다.
            – 「少女의 幻影」, 1953. 10. 22 《부산일보》

일찍 병으로 가 버린 누이동생에 대한 애절한 감정은 평생 향파의 가슴에 남아 있었던 것 같다. 그가 누이동생을 떠나보내고 서울로 돌아갈 때, 누이동생이 남겨두었던 일기를 정리해서 「외로운이의 일기」로 발표할 수밖에 없었던 것은 이런 사정을 짐작하게 한다.

 그를 장사한 다음 날 나는 그의 약간의 유물인 일기, 노오트繡, 몇 점만 가지고 서울로 돌아오고 말았다. 고개를 갸우둥 해가지고 노상 수가

없이 무서운 듯 내 앞을 지나치던 그의 그림자가 지금도 내 눈 앞을 가로질러 나를 울게 한다. 나는 다시 그의 일기를 끄집어 내어 봄으로 해서 그와의 소리 없는 대화를 하고 싶고 동시에 그에게 허물을 빌고 싶다.

6월 24일

비가, 살금 왔다. 잠시 공부를 한 다음 소를 먹이러 갔다. 아버지는 또 약주에 취해 돌아오신다. 어머니하고, 마중을 해 모셨다. 이 작은 가슴 타는 줄 누가 헤아려 주랴. 오오 神이여 부디 오빠의 마음이 돌아 서도록! 末順의 心身을 紛碎해 빈다.

일찍 죽은 동생에 대한 안타까운 심정이 잘 드러나고 있다. 그런데 향파의 글쓰기의 특징은 동생에 대한 자기의 개인적이고 주관적인 심정만을 토로하는 것이 아니라, 동생이 남긴 글을 독자에게 보여줌으로써 더 객관적으로 화자의 안타까운 심정을 느낄 수 있게 만든다는 점이다. 글은 독자에게 무엇을 강요하는 것이 아니라 느끼게 해야 한다는 글쓰기에 대한 인식의 결과로 보인다. 이러한 글쓰기와 연관해서 나타나는 그의 수필에서의 특징 중의 하나는 한 편 한 편의 수필에서 가능한 많은 고전들을 인용 혹은 인유하고 있다는 점이다. 이는 고전에 대한 해박한 이해에서도 오지만, 독자에게 무엇을 강요하기보다는 이야기 속에서 느끼게 해야 한다는 예술에 대한, 미에 대한 인식의 결과가 아닌가 한다.

3) 현실인식의 대응과 문학의 자리

　어려운 1950년대를 살면서, 향파도 자기식의 현실대응력을 보여준다. 그런데 그 현실대응이란 것이 문학적인 대응이란 점에서 흥미롭다. 1958년에 보안법 통과 문제로 사회가 혼란스러웠다. 이 때 향파는 그 갈등의 문제를 극형식으로 표현하고 있어, 그의 문학적인 현실 대응방법이 특이해 보인다.

　「따분한 밤」이란 희곡이 그것이다. 이 희곡은 《부산일보》에 발표된 것인데, 일반 산문을 발표하는 신문지면에 희곡을 선택했다는 것은 내용도 문제지만, 그의 현실대응방식의 문제가 더 중요하다고 본다. 신문기자인 최와 그의 처를 등장시켜 보안법에 대한 갈등양상을 극으로 보여주고 있다.

　　최 : 여자들이란 말문이 막힐 만하면 저렇게 술 먹었단 소릴 허게 마련이야.
　　처 : 누가 뭘 못했기루 말문이 막혀요?
　　최 : 아주 이젠 플래카드까지 해 달구 여간 아닌데? 뭐? 국가 보안법을 직각 통과시키랴? 무슨 부인회, 무슨 분회라?
　　처 : 써 달았으면 내가 했나요?
　　최 : 흥, 사내는 언론인 협회 일로 매일 같이 목에 핏대를 올려 반대투쟁을 허구, 여편네는 부인회에 들어서 결사 통과시키라고만 우쭐대구, 그놈의 집구석 묘하게 돼먹었지.

처 : 그럼 남들은 다 입회를 하는데 나 혼자만 어떻게 빠져요.

최 : 누가 뭐라나! 앞으론 사내가 글 한줄 깔끔하게 쓰지두 못허도록 부지런히 나가서 시위만 허문 되는거야.

처 : 전 입회한 것 뿐야요.

최 : 회원답지를 못허게 왜 이렇게 비겁한 소릴 해! 이왕 들어갔으면 혈서라도 써서 회원다운 구실을 해야 허는거지.

- 보고 있는 신문을 홱 뺏는다.

처 : 이 양반이 정말? 더 있어 보다가 안 되면 혈서라두 쓰게 될지 누가 알우?

최 : 으응, 표창장이나 잡수시겠다구? 그렇지만 이것만은 알아두어야 해! 난 그런 일에 대해선 적어두 내 아내에게만은 경멸할 수 있는 권리를 보유하고 있다는 사실을! 들어보라구, 제 손으로 제몸의 피를 내다니. <身體髮膚는 受之父母라 不敢毁傷이 孝之始也니라>는 어디 갔단 말야!

처 : 케케묵은 소린 하지두 말아요. - 하략

- 「따분한 밤」, 1958. 12. 17 《부산일보》

보안법이란 사회 현상을 두고, 부부간의 서로 다른 입장을 극의 갈등으로 보여주고 있다. 이러한 사회적 문제에 대해서 문인이 글을 쓸 때, 일반적인 경우는 칼럼형식으로 입장을 분명히 드러내는 것이 상식이다. 그런데 향파는 보안법에 대해 찬성과 반대의 두 입장을 대변할 수 있는 인물을 설정하여 극형식으로 처리하고 있다. 이러한 방식으로의 현실문제에 대한 문학적 대응은 향파가 희곡작업을 많이 했다는 점도 무시할 수는 없지만, 문학은 언제나 문학의 영역을 지키면서 독자에게 강요보다는 스스로 느끼게 해야 한다는 그의 문학관이 작용한 결과로 보인다. 향파는 「主義의 편에 서는 文學」에서 이러한 문학의 자율성을 분명히 밝히고 있다.

> 문학은 먼저 누구를 위해서 하는가? 꾸밈없이 말한다면, 문학은 우선 누구를 위함보다도 자기 자신을 위해서 존재하는 것이 아니어서는 거짓말이다.
>
> 문학이 독자를 대상으로 하고 씌어진다는 것과 문학이 독자를 위해서 씌어져야 한다는 것과는 당초부터 별개의 것이다.
>
> 독자에게 이가 되는 것이냐, 해가 되는 것이냐는 문학의 결과에 대한 객관적 평가일 뿐이다. 엄격하게 말해서, 문학은 절대자유의 境에 있는 특권의 소유자인 것이요, 더 심하게 말한다면 모든 세속적인 풍속으로부터는 治外法權의 구역 안에 보장되어 있는 것이기도 하다.
>
> 정치나 윤리가 문학에 협력을 요구하는 것은 자유다. 그러나 어떤 특정된 시대의 문학과 정치가 그 理想은 같이하고 있는 것일지언정, 우리의 진정한 문학사는 한 때도 정치의 脚色자이거나 旣成論理의 나팔군이 된 적이 없다. 문학의 생명은 언제나 자기를 상실하지 않는 동안에만 한 해서 건강을 유지하는 것이다.
>
> 그러나 이 主義精神을 남이야 어찌 되었건 나만 위해서라는 경멸스런

<에고이즘>과 혼동해서는 안된다. 반대로 이 主義精神은 새로운 정치나 새로운 윤리가 꿈꾸는 것과 그 이상이 같은 것이 아니어서는 안 된다. 외면으로는 그것이 독자의 경계선 안에서 제 몸을 安保하고 있는 것 같으면서도 橫으로는 언제나 새로운 시대의 희구와 일치되는 것이 진정한 문학의 生理다.

또 한 번 追問해 보자. 문학은 누구를 위해서 있어야 하는 성질의 것인가? 한 작가가, 아내가 있는 남편으로서의 <남성일 경우라면> 자식이 있는 어버이로서의, 국가가 있는 국민으로서의 의무에서 벗어날 수 없는 것이지만, 의무의 일부로서 문학이 간섭을 받거나 문학이 分賣를 당할 수는 없는 것이다.

그것은 언론의 자유나, 사상의 자유나, 信敎의 자유 원칙과도 통하는 것이다. 佛道를 믿던 사람이 援助物資에 반해서 하루아침에 기독교인 된다는 것도 우스운 얘기가 되는 것이겠거니와, 寫實을 위주하던 작가가 갑자기 抽象의 유행 속에 뛰어들어 같이 춤을 춘다는 것도 쑥스러운 광경이 아닐 수 없다.

우리가 제일 경멸해야 하는 것은 자기라는 것은 亡失한 幽靈文學의 作業精神이다. 流行의 思潮가 어떻다고 해서 創作意識이 動搖를 받아서는 안 된다. 일부의 無定見한 비평가가 무어라 혼자의 食性을 중얼거린다고 해서 個性의 키를 돌릴 필요는 없다.

문학을 출세의 도구로서가 아니고 문학을 文學生活圈에 같이 끼워 보겠다는 브로오커로서 하는 것이 아니라면, 성실하게 침착하게 <생각>하고 그리고 그 <생각>을 가장 충실하게 표현할 수 있는 수업을 계속하면 그뿐이다.

누구나 빠지기 쉬운 일이기는 하지만, 얼른 문학인이 되고 싶다는 성급의 나머지에 자기는 이렇다 할 무엇도 못하면서 앉으면 남의 것이나 뜯는 것을 일로 삼고, 또 자기의 문학관에 안 맞는 것이면 어떤 작품이거나 격하해 버리려고만 하는 불성실한 태도처럼 천박한 것은 없다. 적어도 當代에서 하는 말이라면, 우리는 사람이 문학을 앞서야 한다는 말을 소홀히 생각할 수가 없다.

<사람이 되고 나서도 문학은 늦지 않다> 이것은 부족한 내 자신을 위해서도 해 보고 싶은 소리다. – 하략

— 「주의의 편에 서는 문학」, 1958. 9. 10 《국제신보》

좀은 길게 인용했지만, <井和君에게 해보고 싶은 말>이란 부제가 붙어있는 이 글에서, 향파의 문학에 대한 입장을 어느 정도는 읽어낼 수 있다. 첫째는 문학의 자율권을 확실히 하고 있다는 점이다. 그것을 <절대 자유의 境에 있는 특권> 혹은 <치외법권의 구역>으로 표현하고 있다. 문학이 건강한 것은 언제나 문학의 자기영역을 상실하지 않음에서 비롯된다고 생각하고 있다.

그러나 결코 그것이 다른 영역과 무관한 에고이즘이 아님을 분명히 하고 있다. <횡으로는 언제나 새로운 시대의 希求와 일치되는 것이 진정한 문학의 생리>임을 밝히고 있다. 다른 영역과의 관련성을 남편이 감당해야 할 다양한 역할에 비유하고 있다. 그러나 문학의 역할은 간섭을 받거나 分賣를 당해서는 안 된다는 입장이다. 그래서 향파는 많은 수필에서 사회 정치적인 이야기를 하면서도 현실의 문제를 비판하는 일방적인 주장보다는 문학적 양식을 통해 이를 풀어내고 있는 것이다.

둘째는 자기 개성의 문학을 지켜나가라는 점이다. 유행에 따라 가는 자세로 창작하여 자기 개성을 잃어버려서는 곤란하다는 것이다. 그것을 유령문학으로 명명하고 있다. 자기 개성을 지닌 문학이 필요함을 주문하고 있다.

셋째는 문학이 먼저가 아니고, 사람이 먼저 되어야 한다는 문학관을 보이고 있다. 결국 문학 자체가 문제가 아니고, 문학은 인간을 위해 존재한다는 점을 명확하게 드러내고 있는 것이다. 그래서 그의 많은 수필에서 바람직하지 않은 사람살이들에 대한 풍자와 은근한 비판이 산재해 있다.

3. 요산 수필의 강직성과 현실성

요산은 수필집으로 『낙동간의 파숫꾼』(한길사, 1985), 『사람답게 살아가라』(동보서적, 1985), 『황량한 들판에서』(황토, 1989) 등을 펴냈다. 이들 수필집에 실려 있는 수필 중 1950년대 글은 부산일보에 칼럼으로 쓴 30여 편이 있다. 그래서 이 수필들을 중심으로 1950년대 요산의 문학적 근저를 살펴보고자 한다.

1940년에 붓을 꺾고, 1966년에 「모래톱 이야기」로 문단에 복귀했다고 말하고 있지만, 문단 복귀 이전에도 1945년에는 《민주신보》에서, 1959년에는 《부산일보》에서 논설을 집필함으로써 엄격한 의미에서 요산은 글을 계속 써왔다고 할 수 있다. 특히 본격소설은 아니지만 대사회적 발언으로 가장 소통력이 있는 칼럼의 집필은 계속되었다는 점에서 1950년대의 수필이 갖는 의미가 있다. 소설로 대신할 수 있는 작가의 발언이 칼럼 형식의 수필로 대체된 시기로 볼 수 있기 때문이다.

1) 민주사회를 위한 발언과 계몽성

요산은 그의 소설에서와 마찬가지로 수필에서도 부조리한 현실에 대한 저항적 발언을 서슴지 않는다. 그가 보이는 저항의 궁극적인 목표는 온전한 민주사회의 실현이다. 그런데 이를 실현하기 위해서는 피를 흘리며 싸우는 일이 필요함을 역설한다.

> 민주주의는 편리한 가면이 아니다. 뒤집어쓴다고 되는 탈이 아니다. 남이 주는 것도 아니고 또 사 쓰는 것도 아니다. 어느 곳의 예를 보더라도 싸워서, 피를 흘려서 얻어지는 것이다. – 중략 –
>
> 8·15가 우리 민족에게 완전한 해방을 가져오지 못했듯이 건국이 이 땅에 민주주의를 꽃 피운 것은 아니다. 헌법이 그렇다고 선거법이 어떻고 제도가 어떻다고 곧 민주주의가 이루어지는 것으로 알아서는 안 된다. 우리는 짓밟히는 헌법과 허울 좋은 선거법과 명목만의 제도를 사수하고 바로 잡음으로써 전취해야 한다. 그러나 불행은 법과 제도를 가면 삼아 쓰고 날뛰는 반민주적 세력이 득세하고 있는 현실이다.
>
> 민주주의의 근본은 권력재민에 있는 것이요, 공명선거를 통해서만

그 기반이 이루어진다. 반민주적인 힘이 커가고 잇는 것은 5·2 총선거의 결과를 보아 전국민이 다 알고 있다.

나날이 드러나고 있는 선거부정! 우선 대법관에 의해서 밝혀진 울산, 부산, 대구 등지의 실정을 보라! 이래도 우리는 민주주의를 실천하는 나라라고 큰소리는커녕 얼굴을 들고 다닐 수가 있을까? – 중략 –

민주주의는 싸와 얻는 것 – 우리는 이같이 반민주, 반국가적 괴뢰민의원부터 신성한 의사당에서 곧 몰아내야 한다.

- 「민주주의는 싸와 얻는 것」, 1958

민주주의를 위해선 민주주의 실현을 위한 제도가 선결되어야 한다. 그러나 제도가 아무리 완비되어 있다하더라도 그 제도가 민주적으로 실천되지 않으면 민주주의의 실현이란 힘들다. 민주주의의 중요한 제도인 선거제도가 있지만, 현실적으로 부정선거가 이루어지고 있는 현실을 목도하면서, 우리나라에 온전한 민주주의가 실현되기까지는 얼마나 많은 과정을 겪어야 할 것인지를 말하고 있다. 즉 선거제도가 온전한 민주주의를 담보하기 위해서는 공명선거가 이루어져야 하는데, 그렇지 못한 현실을 개탄하고 있다. 그런데 그 말의 방식과 내용이 직설적이면서도 저항적이다. 느낌표와 의문부호를 자주 사용함은 이러한 정서의 표시이기도 하다. 급기야는 반민주적인 민의원을 의사당에서 몰아내야 한다고 주장함으로써 강하게 자기주장을 펼쳐내고 있다.

이렇게 아직도 민주주의가 멀게만 느껴지는 현상의 근본을 요산은 권위주의의 잔존에서 찾고 있다. 권위주의를 민주주의의 적으로 보고 있기 때문이다.

권위주의는 귀족주의 문명의 정신적 바탕이었다. 그러니까 귀족주의 문명의 몰락과 함께 선진국가에 있어서는 이미 자취를 감춘 지 오래다.

현실을 주관적으로만 보아오던 봉건군주시대의 이 권위주의가 객관적인 사실이 현실을 지배하고 있는 현대사회에서 발을 붙일 수 없는 것은 당연한 귀결이다. 권위주의는 그래서 민주주의의 적이 된 것이다.

그러나 민주주의를 표방하면서도 아직 모든 현실이 민주적인 방향과 거리가 먼 후진국가들에 있어서는 당연히 꺼져버려야 할 권위주의가 여전히 행세 뿐 아니라 숫제 제 세상인 듯 덤비고 있는 것을 볼 수 있다. 소위 편액적인 현상 – 가령 낙하산식 특혜융자 따위도 그러한 경향의 일례가 아닐까 저어한다.

이름이야 어떻든 실질적으로 편파성을 띤 정치는 민주정치라 할 수 없고, 그러한 편파성의 산모 구실을 도맡아 있는 소위 권력을 배경으로 하는 특혜융자가 민주경제발전을 저해한다는 것은 말하기조차 쑥스러운 일이다. 이렇게 권위주의가 일각을 들기 시작하면 그것은 비단 정치, 경제만이 아니고 문화, 사회전반에 걸쳐 악영향을 가져올 것은 상상하기 어렵지 않다. – 그저 권위의 배경이나 추천만 있으면 그만이란 사고방식

이 곧 그것이다. -중략-

우리 사회에는 이러한 권위주의의 애첩인 무능한 폭소감들이 곳곳에 섞여 있지나 않는지, 그리하여 국가사회의 건전한 민주적 발전을 좀 먹고 있지 않는지? 양식은 권위주의의 반역사적 해독을 냉정히 반성할 때가 아닐까 생각한다.

-「권위주의」, 1959

우리 사회가 민주주의로 나아가는데 있어, 가장 걸림돌이 되는 것이 권위주의임을 밝히고 있다. 이것이 민주주의의 발전을 좀 먹는 것이기에 이를 해소할 방법을 함께 고민해 볼 것을 제안하고 있다. 이렇게 요산의 수필들은 신문칼럼이란 형식적 제한성 때문이기도 하지만, 문제의 인식과 그 문제점의 파악, 그리고 그 극복의 방향성 모색이란 구도 속에서 이루어지는 현실적인 발언이 되고 있다.

2) 민중적 시각과 현실비판

요산의 관심사 중의 하나는 일반 민중들의 억울한 삶에 대한 동정적 시각이다. 그래서 그는 농민이나 서민들의 삶에 대한 관심이 많은 편이며, 약자들의 삶을 힘들게 하는 힘을 가진 자들에 대한 비판적 시각을 견지하고 있다. 그의 많은 수필에서 이러한 삶의 모습은 그대로 나타난다.

김해군 가락면이란 데서는 금년도에 납부 고지서를 발부한 수량이 4

천9백 석인데, 그 중 이미 납부한 것을 이중으로 발부해서 농민들이 납부 증서를 내밀고 "야, 이 도둑놈들아!" 하는 통에 당국이 얼굴에 똥칠을 하게 된 것만도 벌써 일천여 석이나 드러났다고 한다. 다음 해의 것까지 합하면 빼돌려 먹은 것이 수천 석은 넘을 것이라 하니 놀라운 일이 아닐 수 없다. 다행히 증서라도 가진 농민들은 뻗대기나 하겠거니와 그렇지 못한 농민들은 꼼짝부득 억울한 변을 당하고 농토를 내놓아야 될 형편이니, 어디가 이 사연을 해소해야 되는지? 협잡을 해 먹은 놈은 이미 삼십육계를 놓았다니 당국은 이 사실을 어떻게 처리할 것인가? 죽을 놈은 농민인가? 제발 이러한 백성의 원성이 나오지 않도록 농림부 당국은 농민들이 상환곡을 잘 바치지 않는다고 노발대발하지만 말고 억울한 이중부과가 없도록 민정을 좀 더 철저히 살펴야 될 것이다.

- 「죽을 놈은 농민인가」, 1958

　　힘들게 살고 있는 농민들이 관리들에 의해 어떻게 당하고 있는지를 고발하고 있는 내용이다. 죽을 놈은 농민인가 라고 항변함으로써 민중들의 억울함을 대변하고 있다. 이와 비슷한 경우가 「이리 짓밟히고 저리 등쳐 먹히고」에서 제시되고 있다. 농민들로부터 거둬들인 정부관리 양곡이 부정처분된 사건을 통해 관리들과 정부를 고발하고 있다. 결국 억울한 것은 백성이라는 사실을 강조함으로써 철저하게 민중적 시각을 보여주고 있다. 농민들의 삶에 대한 관심은 다음 사건에서도 그대로 이어지고 있다.

국책회사라면 으레 말썽이 있어야 되는 법인지 이번에 한국 고공품 주식회사란 데서 안싸움이 벌어졌다. 그저 정부를 대신하여 농민들로부터 새끼나 가마니 따위를 사들임으로써 다소의 국물을 얻어 먹는 기관인줄로 알았더니, 웬걸 싸움 내용을 들어본즉 그 집구석도 여간 더듬하고 엉큼스런 집구석이 아닌 상 싶다.

정부나 그 사람들의 말이사 비단이지, – 농민들은 새끼나 가마니를 많이 만들어서 어려운 용돈도 쓰고 생활의 안정에 도움이 되도록 하라고 – 그런데 왜 가마니 값은 다른 물가와는 정반대로 뚝뚝 떨어지기가 마련이며 게다가 또 가마니 한 장 파는데 자그마치 18환 씩이나 되는 수수료가 회사의 손에 들어가야 되는지 참 야릇한 일이다. – 중략 –

이러니 농민들만이 고래 싸움에 새우 등 터지는 격, 뉘가 이런 권리를 주었는지? 이러다간 바로 농민을 사겠다고 하는 놈이 나설지도 모를 일.

– 「그만 농민을 사버리시지」, 1958

힘없는 농민들을 통해 이익을 챙기는 집단들이 있음을 고발하고 있다. 요산의 수필은 그의 소설과 마찬가지로 현실의 부조리를 찾아내고, 그 부조리를 고발하고 문제시 하는 시각을 견지라고 있다. 이런 점에서 요산의 1950년대 수필에서 확인할 수 있는 공통적인 주제는 힘을 가지고 민중을 괴롭히는 관리들에 대한 비판적 시각이다. 교육부의 실업교육 정책을 비판하는 「실업교육 말만 마라」, 군당국과 교통부의 사고 책임을 추궁하고 있는 「사람은 비웃과 다르다」, 국민의 이익을 짓밟는 의원들을 논한 「나라를 좀먹는 민의원」, 조국을 위해 몸 바친 자들을 제대로 챙기지 못하는 정부를 고발하고 있는 「세관 창고가 충혼각인가」 등의 수필에서 이를 확인할 수 있다. 철저하게 민중의 입장에서 현실을 바라보고 있는 요산의 비판정신을 수필에서도 그대로 만난다. 이러한 요산 수필의 성격은 소설을 발표하지 못했던 시기에 소설을 대신할 수 있는 문학적 대응이었다고 할 수 있다. 그리고 1950년대의 요산의 수필은 산문에 게재된 칼럼 형식이기에 그 내용이나 글의 분위기가 다양하지 못한 부분이 보이나, 이후의 수필에서는 개인사나 가족사 그리고 다양한 소재들이 선택되고 있다. 이는 고를 달리하여 요산 수필의 성격을 정리해야 할 남은 과제이다.

4. 맺음말

1950년대 향파와 요산이 보여준 수필의 세계는 현실의 삶에 대한 비판적인 입장을 지니고 있다는 점에서는 서로 공통적이나, 그 현실을 드러내는 방식에 있어서는 약간의 차이를 보인다. 향파는 문학은 현실을 다루되 철저하게 문학의 자율권을 지켜가야 한다는 점을 견지하고 있으며, 독자들이 글을 통해 느끼게 해야 한다는 입장에서 글들이 씌어지고 있다. 이는 향파의 경우, 문학이 지녀야 할 예술성을 상당히 의식하고 있었던 결과로 보인다. 이러한 예술성은 향파가 유년시절에 심취했던 미술에의 관심과도 무관하지 않으리라 본다.

그러나 요산의 경우는 1950년대 수필이 신문의 칼럼이라는 제한성 때문에 주장과 현실비판적인 경향이 주로 이루고 있다. 이는 요산이 지닌 저항정신이 현실의 부조리에 대해 언제나 비판적인 시각을 견지하게 한 결과로 보인다. 이러한 비판적인 시각은 요산의 소설이 보여주는 현실 비판적 시각과 맥을 같이 한다는 점에서, 1950년대를 요산이 붓을 꺾은 시기로 단정해 버리는 것은 재고되어야 할 문제이다. 수필을 문학적 글쓰기의 한 양식으로 인정한다면, 1966년 「모래톱 이야기」까지를 요산 문학의 공백기로 설정할 필요는 없다는 말이다. 이는 앞으로 심도있게 논의 될 과제의 하나이다.

향파 이주홍과 소파 방정환

올해가 어린이날 제정 100주년이 되는 해이다. 그래서 어린이날을 제정한 방정환 선생을 새롭게 평가하고 기념하는 일들을 많이 준비하고 있다. 그런데 소파 선생과 향파 선생은 깊은 인연이 있다. 한국 아동문학의 초창기를 개척한 점뿐만 아니라, 두 분의 어린이를 향한 사랑이 남달랐기 때문이다. 향파 선생이 일본 히로시마 근영학원에서 일을 하다가 1929년 한국에 돌아와서 처음 만난 사람이 《개벽》사에서 일하던 신영철 선생이었다. 신영철 선생을 통해 《개벽》사에 근무하고 있던 당시의 많은 사람을 소개받았다고 한다. 이들 중 특별한 한 분이 방정환 선생이었다고 향파 선생은 「아동문학이 싹트던 무렵의 편편담」에서 회고하고 있다. 향파 선생은 방정환 선생에 대한 첫 인상을 다음과 같이 회고하고 있다.

"숨 쉬는 것만도 겨웁게 보이도록 뚱뚱한 체격이었다. 《어린이》의 글만 쓰는 게 아니라 때때로 교회당에다 소년들을 모아놓고 동화를 들려주는데 그 구연의 기술이 기가 막히더라고 신영철 선생도 설명해 주었다." 이런 첫 만남 이후 왕성하게 활동하던 방정환 선생은 1931년 갑자기

돌아가셨다. 1931년부터 과로와 스트레스, 비만에 엄청난 골초였던 탓에 지병인 고혈압과 신장염이 악화되었고, 결정적으로 동아일보의 《신동아》 창간으로 인해 《개벽》의 판매 조직이 와해되고 많은 빚을 지게 되면서 스트레스가 겹쳐 자리에 눕게 되었다. 결국 소파 선생은 1931년 7월 9일에 사무실에서 코피를 쏟으면서 쓰러졌고, 입원한 지 2주가 된 7월 23일 향년 31세에 고혈압과 신장염으로 별세했다. 세상을 하직하면서 다음과 같은 유언을 남긴 것으로도 유명하다.

"문간에 검정 말이 모는 검은 마차가 날 데리러 왔으니 가야겠다. 어린이를 두고 가니 잘 부탁하오"라고 유언을 남겼다.

소파 선생은 《개벽》사에서 1923년 3월 20일 창간한 국내 최초의 어린이 잡지 《어린이》를 펴냈고, 향파 선생은 《신소년》사에 입사하여 잡지를 편집하며, 어린이들을 위한 글을 썼다. 그래서 《신소년》과 《어린이》는 당시엔 한국을 대표하는 어린이 잡지였다. 향파 선생은 방정환 선생이 돌아가시고 난 뒤 방정환 전집을 그의 아들 박운용이 주선을 할 때에 많은 자료를 정리해서 도움을 줌으로써 인연을 이어왔다. 방정환의 전집은 1940년 박문서관에서 한 권으로 된 『소파전집』이 제일 먼저 나왔다. 최영주와 마해송이 펴낸 전집이다. 첫 번째 전집 발간 이후 주목할 만한 성과는 1965년 삼도사에서 편찬한 『소파아동문학전집』에서 찾을 수 있다. 삼도사 전집은 국판에 각권 200~250면 안팎인 5권짜리 전질형 전집으로 편찬되었는데, 박문서관의 『소파전집』과 비교하면 두 배가 넘는 분량의 작품을 수록했다. 편집위원으로는 마해송, 이주홍, 이원수 등 아동문학

작가 세 명이 참여하였는데, 이들은 자신들이 방정환의 거의 모든 저작을 망라하여 수집했다고 보고 "소파문학의 결정판(決定版)"을 냈다고 자부했다. 이듬해인 1966년 동양출판사에서도 같은 제목의 전집을 펴냈는데, 편집위원은 마해송, 이주홍, 이원수에 윤석중, 한인현 두 명이 추가되었지만 표지 정도만 달라졌을 뿐 본문은 삼도사본과 동일했다. 1970년에 출판된 덕영문화사의 『소파아동문학전집』도 마찬가지다. 표지와 권별 제목에 차이가 있을 뿐 본문의 조판은 삼도사본과 동일하다.

전집의 체제 구성 면에서 또 한 번의 중요한 변화는 1974년도에 문천사에서 나온 8권짜리 『소파방정환문학전집』에서 살필 수 있다. 삼도사 전집 이후 약 10년만에 새로 편찬된 문천사의 이 전집은 원문 대조를 보다 엄밀히 하였으며, 필명 추적의 방법을 통해 많은 자료를 새로 발굴해 수록했다. 문천사 전집의 편집위원이었던 이원수, 이주홍, 이재철은 방정환 문학전집의 "결정판"이라는 표현을 사용했는데, 이는 단순히 방정환의 저작을 총망라했다는 의미에서만이 아니라 '빠지거나 틀린 것이 거의 없는 바른 책', 꼼꼼한 원문 대조를 통해 '정본(定本)'을 냈다는 자부심을 표현한 것이라고 볼 수 있다.

문천사는 3년 후인 1977년에 '한국아동문학가전집 시리즈'로 6권짜리 『방정환문학전집』을 출판하였으나, 1974년에 만들어진 8권짜리 문천사 본에서 별책과 부록 두 권을 빼고 표지 디자인 등을 바꾸었을 뿐 본문의 판형은 그대로 사용하였다. 이 때도 편집위원은 이원수, 이주홍, 이재철 그대로였다. 1981년도에 출판된 문음사의 『방정환문학전집』과

1983년에 출판된 조광출판사의 『방정환문학전집』도 1974년도 문천사 전집과 비교할 때 권수는 두 권 더 많아졌고 목차도 달라졌지만, 문천사 전집의 판형을 그대로 활용하면서 권수를 늘리기 위해 권별 구성과 작품의 배치 순서를 바꾸었을 뿐이므로 새로운 체제를 보여준 전집으로 평가하기는 어렵다. 이 때도 편집위원은 이원수, 이주홍, 이재철이었다. 그러므로 향파 선생은 1966년부터 1981년까지 발간된 방정환 전집의 편집위원의 중요한 한 사람으로서 역할을 해온 것이다.

그런데 더 의미있는 것은 방정환 선생과 함께 그리고 사후에도 방정환 선생이 제정한 어린이날과 관련된 행사에 적극적으로 참여함과 동시에 평생 어린이들을 위한 글쓰기를 쉬지 않았다는 점이다. 향파 선생은 1930년 일제 때 어린이날 행사 및 심사위원으로 활동했으며, 1936년부터 10년간 일제의 탄압으로 어린이날 행사가 중단되었으나, 1946년 해방 후 어린이날 행사가 부활했을 때도 준비위원으로 활약했다. 부산으로 거처를 옮기고 난 뒤 부산에서도 1957년에 어린이날 기념 제1회 어린이 예술제를 준비했으며, 동요 동시 심사위원으로도 봉사했다. 뿐만 아니라 많은 학교의 교가를 작사하여 미래 세대에게 꿈과 희망을 심어주려고 했다. 이런 차원에서 방정환 선생이 제정한 어린이날의 정신과 어린이를 위한 활동은 방정환 선생 사후에는 향파 이주홍 선생으로 이어져 왔다고 할 수 있다. 이런 연유로 지난 해 (사)방정환 연구소와 (사)향파 이주홍 문학재단이 서로 협약식을 갖고 어린이날 100주년 기념행사를 함께 하기로 한 것이다.

준비되는 어린이날 100주년 기념행사들을 통해 소파 방정환 선생과 향파 이주홍 선생이 어린이들을 위해 헌신했던 정신이 제대로 이어져 나가길 기대해본다.

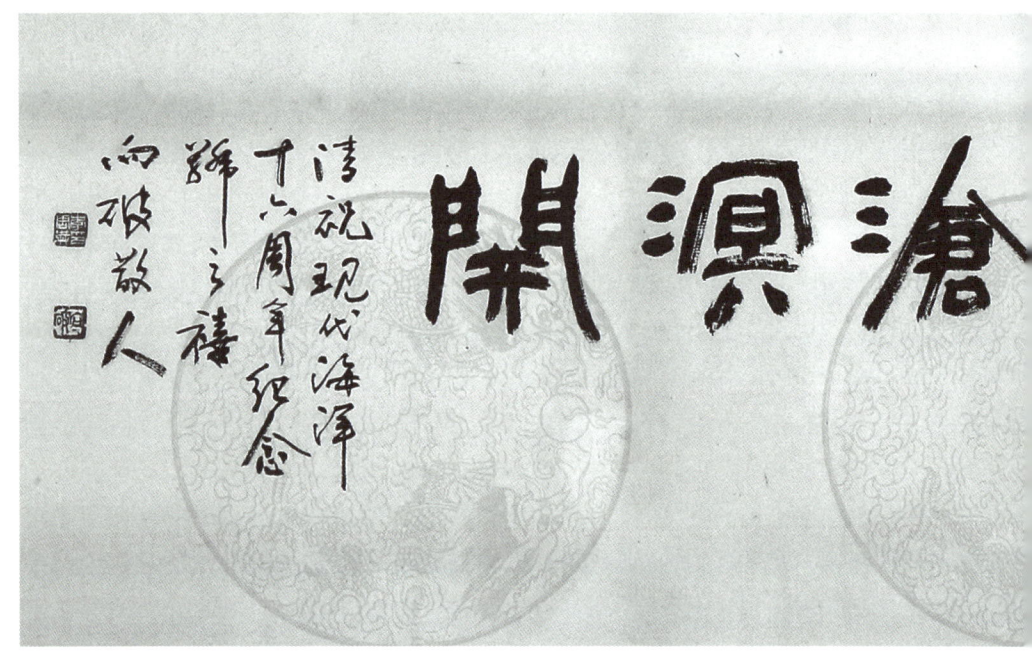

향파 이주홍 선생이 남긴 휘호

鯨魚跋浪滄溟開 (경어발랑창명개)

향파 이주홍 선생께서 ≪현대해양≫ 창간 16주년을 맞아 '고래가 파도를 헤치고 나아가듯 푸른 바다를 열라'는 의미로 현대해양에 휘호를 전해주셨다. 1985년 作.

鯨魚跋浪

향파 이주홍 선생의 다양한 편모

지 은 이   남송우
발 행 일   2022. 12. 30
발 행 인   송영택
편 　 집   박종면
교 　 정   김엘진
디 자 인   김주연
발 행 처   ㈜베토·현대해양
              서울 종로구 종로 128, 803호
              Tel. 02)2269-6114, Fax. 02)2269-6006
              e-mail. hdhy@hdhy.co.kr